本书的出版及相关研究得到以下基金及组织的资助与支持：

- 浙江省哲社社会科学规划后期资助项目（23HQZZ05YB）
- 国家自然科学基金项目（72003175，72273128）
- 浙江工业大学人文社科后期资助项目（SKY-ZX-20220282）
- 浙江工业大学经济学院
- 浙江省哲学社会科学重点研究基地浙江工业大学现代化产业体系研究院

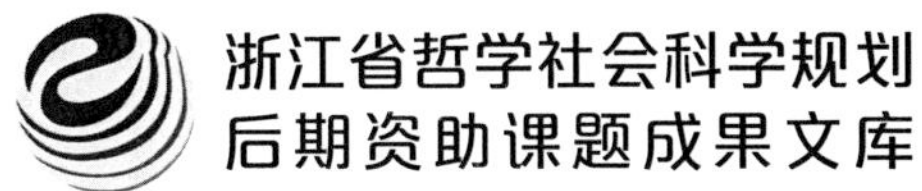

破译营养标签

中国标签政策及消费者营养标签使用行为研究

管丽君　金少胜　著

ZHEJIANG UNIVERSITY PRESS
浙江大学出版社
·杭州·

图书在版编目(CIP)数据

破译营养标签 : 中国标签政策及消费者营养标签使用行为研究 / 管丽君，金少胜著. —杭州 : 浙江大学出版社，2023.6
ISBN 978-7-308-23962-2

Ⅰ. ①破… Ⅱ. ①管…②金… Ⅲ. ①营养成分—标签—消费者行为论—研究—中国 Ⅳ. ①F723.55

中国国家版本馆 CIP 数据核字(2023)第 116023 号

破译营养标签
中国标签政策及消费者营养标签使用行为研究
管丽君　金少胜　著

责任编辑　蔡圆圆
责任校对　许艺涛
封面设计　周　灵
出版发行　浙江大学出版社
（杭州市天目山路 148 号　邮政编码 310007）
（网址:http://www.zjupress.com）
排　　版　浙江时代出版服务有限公司
印　　刷　广东虎彩云印刷有限公司绍兴分公司
开　　本　710mm×1000mm　1/16
印　　张　16.25
字　　数　300 千
版 印 次　2023 年 6 月第 1 版　2023 年 6 月第 1 次印刷
书　　号　ISBN 978-7-308-23962-2
定　　价　78.00 元

序

民以食为天，经济的快速发展虽然解决了中国居民“吃饱”的问题，但随着农业和食物系统日益全球化，食品安全和营养相关治理问题日趋复杂。中国传统的饮食以谷物和蔬菜为主，肉类摄入比较少，彼时的营养不良主要是由于摄入不足导致的营养不足或微量营养素不足，表现为消瘦、发育迟缓、体重不足等。现如今，中国居民的饮食正在从高碳水化合物向更加多样化但高糖、高脂肪、高胆固醇方向发展。西式快餐等高热量食品迅速普及，中国居民饮食中肉类、快餐食品、含糖软饮料等的消费越来越多。现阶段的营养不良主要是以摄入过多或摄入不均衡导致的超重、肥胖为主。《中国居民营养与慢性病状况报告(2020 年)》显示，我国 18 岁及以上居民超重率和肥胖率分别为 34.3% 和 16.4%，相比于 2015 年发布的报告结果，分别增加了 3.9 个百分点和 4.5 个百分点。超重肥胖不仅直接影响国民的健康和工作效率，还将增加心脑血管病、糖尿病、高血压等许多慢性疾病的风险，这将给社会带来沉重的医疗负担和财政负担。《中国疾病预防控制工作进展(2015 年)》显示，我国居民慢性病死亡人数占总死亡人数的比例高达 86.6%，造成的疾病负担已占总疾病负担的 70% 以上，这已成为影响社会发展的重大公共卫生问题。因此，如何“吃得好”“吃得健康”成为亟待解决的新课题。

营养是人类维持生命、生长发育和健康的重要物质基础，国民营养事关国民素质提高和经济社会发展。2017 年，党的十九大报告提出要实施健康中国战略，完善国民健康政策。同年发布的《健康中国 2030 规划纲要》进一步把人民健康放在优先发展的战略地位，并明确提出超重肥胖人口增长速度明显放缓的目标。为了贯彻落实规划纲要，《国民营养计划(2017—2030 年)》提出对超重肥胖进行饮食和运动干预，完善营养法规标准体系。营养标签作为促进居民健康食物选择、降低超重肥胖率的低成本干预措施，受到政府和学术界广泛关注。美国 1990 年开始实施的《营养标识和教育法》(Nutrition Labeling and Education Act)，是世界上首部强制性营养标签法律。欧盟 2011 年提出营养标签政策(Food Law News),强制企业披露食品的营养成分信息。中国政府自2013年1月起,也在全国开始实施强制性标签政策,规定食品企业必须按照一定格式披露食品的能量、蛋白质、脂肪、碳水化合物、钠等营养素信息。

本书围绕营养标签政策和中国消费者营养标签使用行为这一核心问题,明确营养标签政策的作用和机制,提出基于中国居民特点的标签政策如何设计,如何精准提高中国居民营养健康知识,如何根据中国居民心理特点设计助推措施等,为因地制宜完善我国营养标签政策,保障健康中国战略的顺利实施提供决策参考。

在研究内容上,首先,本书系统回顾了国内外营养标签政策的发展,通过梳理世界上营养标签政策起步比较早、发展比较成熟的国家的标签政策,与国内的营养标签政策进行对比,为完善现存的营养标签政策提供借鉴经验。其次,设计符合中国消费者习惯和特点的调查问卷,在全国范围内开展多层次的访谈和调查;同时整理官方健康与营养调查(CHNS)数据,进行系统的实证分析。实证分析主要分为五个部分:中国消费者营养标签使用行为现状分析;个体营养知识和时间偏好对消费者营养标签使用行为的影响;预包装食品消费对中国居民超重肥胖的影响;营养标签政策实施对抑制中国居民超重肥胖的作用。最后,设计新型营养标签类型,开展随机对照试验深入分析不同种类营养信息对消费者实际购买行为的影响。据此为设计和优化国内营养标签政策,引导消费者购买健康食品提供科学依据和建议。

目　录

1 绪 论

1.1 研究背景

1.1.1 现实背景

(1)发展中国家营养状况变迁与肥胖率的迅速增长

近年来,全球食物供给稳中有增,在食物数量和质量安全问题基本解决之后,人们越来越关注健康和营养。技术进步和城市化率的提高使多数发展中国家的食物供应和膳食普遍处于一种快速转变状态,被称为“营养状况变迁”(Popkin,2001)。中国是世界上发展最快的国家之一,经济的快速发展促使越来越多的农村地区转变成城镇,由此引发了中国居民饮食模式的转变(Popkin,2008)。中国传统的饮食以谷物和蔬菜为主,肉类摄入比较少,总体上来说是一种比较健康的饮食模式。然而,现如今中国居民的饮食消费结构正在从以植物性消费为主向更加多样化但高糖、高脂肪、高胆固醇的方向发展(杜树发等,2001)。饮食中肉类、快餐食品、含糖软饮料消费越来越多。在这种变迁中,营养不良和营养过剩在国家、社区、家庭水平上出现共存(WHO,2006)。

营养和慢性疾病之间有非常强的联系,营养健康问题已经成为一个严重的公众健康问题。截至 2020 年,全球至少有 26 亿成年人超重,9 亿人肥胖(WHO,2023),且超重人数已经超过了全球营养不良或体重过轻的人数(NCD-RisC,2016),超重和肥胖已成为当前更加严重的全球性的健康问题。2023 年 3 月,世界肥胖联盟(World Obesity Federation) 发布了 2023 版《世界肥胖地图》(World Obesity Atlas),再次对全球敲响警钟:全球肥胖人数急剧上升,预测到 2035 年,世界范围内 5 岁以上人群中,超重或肥胖人数(BMI≥25 kg/m^2)将超过 40 亿,占总人口比重从 2020 年的 38%(26 亿)上升至 51%。肥胖患病率(BMI≥30 kg/m^2)将达到近 20 亿,从 2020 年的 14%上升至 2035 年的 24%。若肥胖趋势得不到控制,将会很快取代吸烟成为造成死亡的主要可控诱因。以美国为例，每年因肥胖导致的死亡人数超过16万人，肥胖导致的经济损失超过1000亿美元（National Institutes of Health，2007）。即使控制吸烟、年龄等因素，肥胖直接导致的死亡人数每年也已超过11.2万人（Ogden et al.，2012）。

中国消费者饮食模式的转变诱发了肥胖和非传染性疾病在国内的流行。2014年，中国的肥胖人数已超过了美国，成为世界上肥胖人口数量最多的国家（NCD-RisC，2016）。《中国居民营养与慢性病状况报告（2020年）》显示，我国18岁及以上居民超重率和肥胖率分别为34.3%和16.4%，相比2015年发布的报告结果分别增加了3.9个百分点和4.5个百分点（2002—2015年的13年间，我国18岁及以上居民超重率和肥胖率仅增加7.3个百分点和4.8个百分点），2015—2020年间超重肥胖率呈加速上升态势。肥胖不仅与心脑血管病、高血压、糖尿病、中风、癌症等几乎所有的慢性疾病发病率有关，还会给社会和政府带来沉重的财政负担。慢性疾病已经成为中国健康的头号威胁，《中国疾病预防控制工作进展（2015年）》中显示，我国居民慢性病死亡占总死亡人数的比例高达86.6%，造成的疾病负担已占总疾病负担的70%以上，成为影响社会发展的重大公共卫生问题，控制和抑制肥胖已经成为政府亟须解决的问题。

(2)国内预包装食品消费量迅速增加

预包装食品因其耐储存、风味佳、即食性、价格低等优点受到各国尤其是中低收入国家消费者的青睐，因此，其消费量也迅速增长（Machado et al.，2017；Popkin，2014；Popkin，Adair and Ng，2012）。在墨西哥等拉丁美洲国家，超过一半的卡路里摄入来自预包装食品（Popkin，2014）。中国的食品消费模式正在从以基础食品为主转向以高附加值的预包装食品为主，逐渐趋向发达国家"高能量密度"的食品消费模式（杨秀平，2011；翟凤英等，2005），且脂肪提供的能量比重不断增加（何宇纳等，2005）。在中国，预包装食品的消费量每年以50%的速度增长（见图1.1）。2011年，中国成年人日常能量摄入中有28.5%来自预包装食品；大城市青少年日常能量摄入中来自预包装食品的比例超过40.2%（Zhou et al.，2015）。

一些研究表明，预包装食品的消费是导致超重和肥胖的主要原因之一（Louzada et al.，2015；Moubarac et al.，2013）。首先，预包装食品在加工过程中，通常会加入一些食物提取物或化学合成品，因而经过加工的预包装食品通常含有更多的饱和脂肪、添加糖等，能量密度更高（Cutler，Glaeser and Shapiro，2003；Moubarac et al.，2013）。其中，预包装食品中添加糖的含量是未经过加工的食品的5倍（Steele et al.，2016）。其次，预包装食品通常在超市中出售，口感更好，价格却比其他食品零售店低约37%（Machado et al.，2017），因而容易导致消费者过量食用。

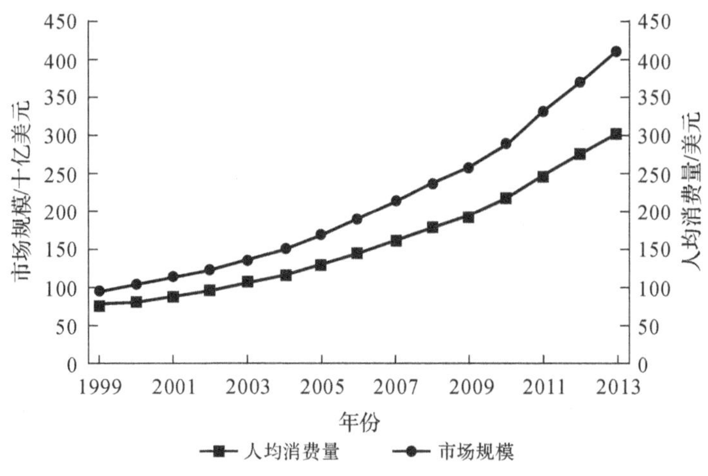

图 1.1 1999—2013 年中国预包装食品零售值

数据来源:Zhou et al.(2015)。

(3)营养标签是政府鼓励消费者健康饮食、抑制肥胖率的重要干预措施

食品营养属性是一种信任品(Nelson,1970;Stigler,1961),消费者即使在消费了食品之后也很难确定其中的营养成分及含量。而生产者由于对食品生产过程更加了解而拥有更多的产品质量信息,这导致生产者和消费者之间存在严重的信息不对称。这种信息的不对称增加了消费者的不确定性和焦虑,减弱了消费者对食品市场的信心(Houghton et al., 2008),不利于消费者控制饮食和形成健康的饮食习惯。

为了修正市场失灵,抑制肥胖率的增长,促进消费者健康饮食,世界各国政府采取了很多措施,主要有两大类。一是信息手段,如开展消费者教育项目、营养信息学习项目,推广各种形式的营养标签,严格规定商业或食品广告内容等。二是市场干预,如对不健康食品进行征税,对健康食品进行税收补贴,制定食品可靠性规则或食品标准等。

在所有的政策选择中,营养标签是向消费者传递营养信息,帮助消费者进行健康的饮食选择的有效方式。第一,在信息化蓬勃发展的今天,消费者购买食品时依然难以知晓其营养组成,这导致消费者无法有效地进行膳食健康管理。营养标签可以向消费者传递食品的营养信息,改变消费者的信息环境,提高信任属性的信息可获得性,解决消费者与食品制造商之间的信息不对称问题(Akerlof,1970;Roe,Teisl and Deans,2014);可以减少消费者的搜寻成本,将信任品和经验品转化为搜寻品(Caswell and Mojduszka,1996;Nelson,1970)。第二,消费者通过搜寻营养信息可以对商品的健康状况有一个更好的感知,减弱

不健康食品的吸引力(Boztuğ et al.，2015)，进而选择更加健康和营养的食品(Kim，Nayga and Capps，2000；张利庠、王录安和刘晓鸥，2017)。营养标签可以将营养信息量化，从而方便消费者在不同食品间进行比较。消费者可以通过改变其消费选择来控制或降低总的热量摄入量(Barreiro-Hurlé，Gracia and de-Magistris，2010；Drichoutis，2005)。

(4)中国开始实施强制性标签政策

国家对提高国民营养健康水平高度重视，先后出台了一系列的重大决策部署。2016年中共中央、国务院印发实施《健康中国2030规划纲要》，标志着党和政府将人民健康上升到优先发展的战略地位。党的十九大报告中进一步将"健康中国战略"确立为一项国家战略。随后，《国民营养计划(2017—2030年)》《健康中国行动(2019—2030年)》等具体行动指南相继发布。其中，《健康中国2030规划纲要》和《健康中国行动(2019—2030年)》均明确提出了超重肥胖人口增长速度明显放缓的目标。《国民营养计划(2017—2030年)》则提出对超重肥胖进行饮食和运动干预。2022年，习近平总书记在党的二十大报告中进一步强调推进健康中国建设，完善人民健康促进政策。

为了帮助消费者进行健康的食物选择，抑制肥胖率的增长，中国政府于2013年1月1日起在全国实施强制性标签政策，明确规定："所有预包装食品营养标签强制标示的内容包括：能量，以及蛋白质、脂肪、碳水化合物、钠4种核心营养素的含量值及其占营养素参考值(NRV)的百分比。"此前，中国的预包装食品营养标签标示标准一直采用自愿标示的方式，并没有受到食品企业和消费者的重视。强制性标签政策的实施标志着我国食品营养标签的管理迈上了一个新台阶。

1.1.2 理论背景

(1)缺乏针对我国消费者、利用计量方法开展实证分析的研究

如前所述，营养标示信息是向消费者传递营养信息，帮助其进行健康的食物选择的重要手段。因而近年来，消费者营养标签使用行为相关的研究逐渐受到重视；然而，现阶段针对我国消费者、利用计量方法进行实证分析的研究非常少。

首先，虽然国外已有较多的消费者营养标签使用行为相关的研究，但其研究结果对我国消费者的借鉴意义十分有限。中国消费者的饮食习惯和生活方式与国外尤其是西方消费者具有明显的不同。近年来，虽然国内消费者营养摄入正在发生重大改变，但目前饮食仍然以富含碳水化合物的主食为主；而国外尤其是西方消费者的饮食以脂肪含量较高的肉类为主。另外，我国的社会经济

条件、自然资源禀赋、食品市场环境也与发达国家存在很大差异。前文分析到我国强制性标签政策从2013年才开始实施，目前仍处于起步阶段。而欧美等发达国家的强制性标签政策已经实施20余年，已经处于相对成熟阶段。因此，国外的研究成果对我国消费者营养标签使用行为的理解、政府如何采取有效措施帮助消费者搜寻食品营养信息、做出更健康的食物选择等的借鉴意义十分有限。

其次，目前已有一些研究对我国消费者的营养标签使用行为进行了分析，并总结了一些重要的启示和建议；但主要集中在强制性标签政策实施之前，且缺乏系统的研究全国范围内、不同偏好的消费者的标签使用行为。研究对象主要使用一到两个城市的消费者调查数据，难以代表全国消费者的实际行为决策。在研究内容和方法上，主要运用描述性统计、消费者问卷调查的方法对我国消费者营养标签使用行为现状进行梳理；同时主要从人口统计学因素的视角总结影响消费者标签使用行为的因素。虽然现存研究对于如何促进消费者使用营养信息、做出更健康的食物选择，具有重要的现实意义，但实证研究的缺乏对于更加深入、客观、全面地考察中国消费者的标签使用行为造成了阻碍。

(2)营养知识与消费者标签使用行为之间存在复杂的关系

为了更加深入地了解消费者的营养标签使用行为，世界各国的学者对标签使用行为的影响因素和机制开展了广泛的研究。其中，营养知识作为消费者理解和使用营养标识信息的基础，受到了广泛的重视。然而，营养知识是否能如期发挥帮助消费者理解和应用营养信息的作用，目前学界仍存在诸多争议(详见2.2.3节)。

营养知识可能是标签使用行为的重要影响因素。充足的标签信息可以帮助消费者判断食品的健康程度，不仅有助于消费者在不同类别的食品之间(如肉类和蔬菜)进行比较，还可以帮助消费者在同一类别的食品(如猪肉和鸡肉)中进行对比，从而选择更健康的食品。但是上述标签信息发挥作用的前提是，消费者具备一定程度的认知和信息处理能力，也就是说，对消费者的营养知识水平具有一定的要求。而目前我国营养标签中的各种营养成分信息的词语、内容、表现形式等比较专业和复杂，营养知识水平较低的消费者可能并不能很好地理解营养标签的内容，进而阻碍对营养信息的搜寻和利用。总的来说，营养知识可能从两个方面影响标签使用行为。第一，营养知识水平较高的消费者健康意识更强，使用营养标签信息的动机和意愿可能会更加强烈，进而可能会增加消费者搜寻和使用营养标签信息的频率。第二，营养知识可以帮助消费者正确理解和记忆食品标签中的营养信息，便于其在不同类别或同一类别的食品中进行比较和选择，从而增强信息的搜寻效率。

然而，一些研究发现营养知识对标签使用的影响并不显著(Liu，Hoefkens and Verbeke，2015；Nayga，2000；Norazlanshah et al.，2013；Sapp and Jensen，1997；Shepherd and Towler，1992)。可能的原因是营养知识较高的消费者容易产生晕轮效应(halo-effect)，并不一定会把知识转化成行动。即营养知识水平较高的消费者可能由于过于自信，更加倾向于应用自己的知识储备直接进行决策，而不是搜寻和应用外在的营养信息。另外，营养知识的作用可能对不同形式的标签的影响有所不同。例如，Barreiro-Hurlé，Gracia and de-Magistris(2010)发现营养知识有助于促进消费者对营养成分表标签的使用频率，对营养声称的影响则并不显著。可能的原因是营养成分表内容比营养声称更加复杂，理解起来更加困难，因而对消费者的营养知识水平具有更高的要求。此外，还有研究认为，营养知识本身对标签的使用并没有直接影响，而是通过改变消费者对标签的态度产生间接影响，如增加消费者对标签有效性的感知，增强消费者对营养标签信息的信任程度等(Rasberry et al.，2007)。

总之，营养知识教育是世界各国政府采取的促进消费者健康饮食行为的重要举措，然而营养知识对消费者营养标签使用行为的作用并不明晰。基于中国样本的研究不仅可以为营养知识是否有效提供证据，还可以为中国政府制定相关的营养知识教育项目提供决策依据和参考。

(3)缺乏基于行为学和心理学视角的标签使用行为研究

现阶段对标签使用行为的研究主要集中于消费者个人和家庭特征、态度和日常行为特征、产品和标签特征以及社会政策等因素(详细总结见 2.2.2 节和图 2.4)，基于行为学或者心理学视角的研究比较缺乏。分析消费者的行为学和心理学特征，如时间偏好等对其营养标签使用行为的影响，有助于更加深入、全面地理解消费者的标签使用行为。

时间偏好是消费者对当下效用和未来效用的权衡比率，广泛应用于投资、储蓄等消费者行为。近年来，一些学者尝试应用时间偏好理论研究消费者肥胖、饮食选择等健康行为(详见 2.4.2 节)；但目前尚无学者关注时间偏好对于消费者营养标签使用行为决策的影响。时间偏好与消费者营养标签使用行为之间可能具有非常重要的联系。营养标签使用行为的收益主要是更加健康的身体状况、更低的患病率等。这些收益并不能立即实现，而是存在一定的时间跨度。因此营养标签使用行为实际上是一种跨期决策，时间偏好在消费者的跨期决策中可能具有非常重要的影响。时间偏好较高的消费者，对当下的效用和享受更加重视，更不看重长远的收益，因而可能更不愿意花费时间和精力使用标签。而时间偏好较低的消费者，更加重视未来的效用，因而更加可能利用标签信息选择更加健康的食品。时间偏好理论为研究消费者的标签使用行为开辟了一个新的视角，有助于更加深入地理解消费者营养标签使用决策等健康行为。

(4)标签使用对个体肥胖率的影响结论并不明晰

营养标签作为帮助消费者进行食品选择、促进健康饮食行为的重要措施，正被世界各国政府广泛采纳和实施；然而，标签信息是否能起到改善消费者饮食质量、抑制肥胖率的作用并不明晰(详见 2.2.3 节)。一方面，向消费者提供营养信息可以修正食品市场中的信息不对称，将食品的营养特征由经验或信任品转化为搜寻品，从而帮助消费者了解不同食品中的营养素含量，选择更加健康的食品。另一方面，标签作用的转化取决于消费者对营养信息的利用情况。一些研究发现营养标签对消费者购买行为和饮食质量并没有显著影响(如 Wansink and Chandon，2006；Boztuğ et al.，2015；Wang et al.，2016)，可能的原因是消费者并没有真正地利用营养信息进行食品决策，从而削弱了营养标签应有的作用。

另外，中国政府自 2013 年 1 月 1 日起在全国实施强制性标签标示政策(详见 3.4 节)。政策实施至今已 10 年有余，但鲜少有研究评估消费者的营养标签使用行为对其超重肥胖状况的影响。此外，无法观测的个人特征对标签使用者和非使用者可能产生不同的影响。因而，研究营养标签的作用时，容易出现自选择问题。若不采取有效的方法对自选择问题进行控制，则难以获得可信的结论。然而，现存的大多数研究在分析时并未控制消费者的自选择问题。

(5)结合中国消费者特点设计有效的营养标签类型，是帮助消费者使用营养信息选择健康食品的关键

目前中国市场上使用的营养标签以背面营养成分表为主，种类单一且披露的营养信息种类较少，难以有效传递食品的营养信息。我国的食品标签政策起步晚，尚未建立系统的营养标签体系(何梅和杨月欣，2008；刘文哲，2019)。目前我国政策强制食品企业披露的营养信息种类只有 5 种(包括能量、蛋白质、脂肪、碳水化合物和钠)，其他国家广泛要求披露的“添加糖”“饱和脂肪”等信息尚未纳入我国强制要求披露的营养信息范畴(见第 3 章中表 3.2)。标签应用范围方面，主要适用于预包装食品，散装食品以及餐馆提供的食品尚未纳入营养标签披露的范畴。标签表现形式方面，目前国内市场上广泛采用的标签类型有两种：①营养成分表，按照表格的形式披露每 100g 食品中含有的主要营养素信息及其占每日营养素参考摄入量的百分比；②营养声称，部分食品厂商自愿披露，如“高钙”“低脂”等。营养成分表由于位置不够明显、字体过小、内容复杂难懂等原因，难以起到促进消费者选择健康食品的作用(Aschemann-Witzel et al.，2013；Siegrist et al.，2015；Fenko et al.，2018)。相较而言，消费者使用具有总结性的、简单易懂的营养声称等正面标签的频率更高(Grebitus and Davis，

2017;Guan et al.，2021)。但过于简化的信息难以披露食品中各种营养素的实际含量情况;且厂商出于营销目的往往选择性披露食品的优点,而忽略缺点,容易误导消费者高估食品的健康程度(Andrews et al.，2011)。

缺乏丰富、有效的营养信息表现形式是影响国内市场标签作用发挥的主要原因,如何设计有效的营养标签帮助消费者选择健康食品在国内外学界也尚无定论。研究表明,正面食品标签比背面食品标签的搜寻成本更低,有助于消费者迅速理解和使用营养信息(Bialkova and van Trijp，2010)。目前国内市场上的正面食品标签以营养声称为主,过于简化的信息容易误导消费者。放眼国际市场,欧美等发达国家尝试应用了其他形式的正面食品营养标签,如红绿灯标签(利用红、黄、绿三种颜色披露食品中营养素含量的高、中、低情况);身体活动标签(使用运动时间,披露食品中能量含量)等。然而,不同特征的消费者群体搜寻营养信息的动机不同(Aschemann-Witzel et al.，2013),对营养标签内容的理解能力也不同(Gregori et al.，2014),导致不同种类正面营养标签的有效性在不同特征的消费者群体之间差异很大。结合中国消费者特点设计有效的正面营养标签内容,是帮助消费者应用营养信息选择健康食品的关键。

1.2 研究问题的提出

1.2.1 研究目标

中国消费者和其他发展中国家的消费者一样正在经历饮食习惯和营养状况的变迁,预包装食品消费量和超重肥胖都在迅速增加。国外一些研究表明,预包装食品消费是导致超重肥胖的重要因素之一(Monteiro et al.，2011;Moubarac et al.，2013;Steele et al.，2016)。为了抑制肥胖率的增长,中国政府于2013年开始实施强制性标签政策,要求食品企业按照一定格式披露预包装食品中的能量、蛋白质、脂肪、碳水化合物、钠信息。由此,本书主要提出以下现实问题:首先,强制性营养标签政策实施后,消费者对不同形式的食品营养标签以及不同种类的营养素信息的阅读频率如何?消费者营养知识以及时间偏好等心理学因素对其标签使用行为产生怎样的影响?其次,预包装食品消费对中国消费者超重肥胖的影响有多大?强制食品企业披露营养信息是否起到了抑制中国居民超重肥胖的作用?最后,有效的营养标签政策体系如何设计?哪一种营养标签可以更有效地指导消费者选择健康食品?

在上述现实问题的基础上,首先,本书系统性地分析中国强制性标签政策实施后消费者的营养标签使用行为,包括国内消费者营养标签使用行为现状;

并进一步剖析消费者营养知识水平、个体时间偏好对标签使用行为的影响。其次,量化研究预包装食品消费对中国消费者肥胖的实际影响;并分析中国强制性营养标签政策实施后,营养标签信息的披露对于抑制中国居民超重肥胖的作用。最后,结合国内消费者特点设计新型营养标签类型,开展随机对照试验对比分析不同种类营养标签的实施效果。在当前中国预包装食品消费和肥胖率迅速增加的背景下,全面研究中国消费者营养标签使用行为的现状、影响因素,及其对抑制体重和肥胖率的作用,并探索有效的营养标签设计形式,有助于国内外学者更全面、更系统地了解中国消费者的营养标签使用行为;同时,为政府更深入了解当前中国消费者营养标签使用现状、制定更加有效的消费者教育项目和标签政策提供参考,从而进一步鼓励消费者选择更加健康的预包装食品,抑制肥胖率的增长。此外,本书还为有志于控制体重、进行更健康的膳食选择的消费者提供决策依据。

本书的总目标是系统地分析中国营养标签政策以及消费者的营养标签使用行为,为国内外学界、政府机构更深入地了解我国消费者不同形式的营养标签的使用现状、决策特点,营养标签信息对抑制个体体重和肥胖率的作用,以及设计有效的营养标签政策体系提供依据。本书的重点,首先,在于整理中国健康与营养调查(China Health and Nutrition Survey,CHNS)数据,量化分析预包装食品消费对中国消费者超重肥胖的影响。其次,借助官方调查数据和消费者问卷调查数据,深入探究消费者标签使用行为对控制体重和抑制肥胖率的作用。同时,基于中国消费者的饮食习惯和特点,设计适合我国消费者营养标签使用行为的调查问卷,并在全国范围内开展消费者调查,改善当前因缺乏相关数据而导致的对我国消费者营养标签使用行为知之甚少的现状。再次,基于信息经济学理论和累积前景理论分析影响消费者标签使用行为的因素。实证分析中,重点关注消费者的营养知识水平和个体时间偏好对其标签使用行为的影响。最后,根据中国消费者特点设计新型营养标签类型,包括颜色类的颜色编码标签、图片类的身体活动标签和健康选择标签、文字类的警告标签和声称标签等,并开展随机对照试验对比分析不同种类营养标签的实施效果,为设计合理有效的营养标签体系提供决策参考和政策建议。

具体来说,分为以下几个子目标。

(1)全面剖析中国消费者营养标签使用行为的现状

营养信息提供是影响消费者预包装食品消费的重要因素,也是世界各国政府抑制肥胖率的重要干预手段。通过自主设计问卷,对中国消费者营养标签使用行为现状进行调查,了解消费者标签使用行为的现状和特点,作为本书的事实基础。本书分析了消费者对不同种类的营养信息的搜寻情况,具体包括营养成分表和营养声称，两种在中国市场上最普遍的营养标签形式；以及能量、蛋白质、脂肪、碳水化合物、钠等 5 种中国政府强制企业披露的营养素信息。同时，根据消费者年龄、性别、受教育程度等因素，异质化分析其对中国消费者不同种类营养标签和营养素信息使用频率的影响。

(2)探究营养知识对消费者标签使用行为的影响

首先，本书基于国际文献以及中国消费者饮食和认知特点，设计了一份适合中国消费者的营养知识调查量表。其次，总体识别影响中国消费者营养知识的因素。最后，从营养知识的角度分析消费者标签使用决策。具体而言，本书将营养知识分为主观知识和客观知识，并将客观营养知识进一步细分成 5 个维度——专家饮食建议知识、营养素来源知识、营养素功能知识、日常食物选择知识、饮食疾病的关系知识，详细分析不同维度的营养知识对消费者标签使用行为的影响。

(3)探究时间偏好对消费者标签使用行为的影响

首先，为了保障结果的稳健性，本书分别从心理学视角和金钱视角对中国消费者的时间偏好进行了测度。其次，总体识别影响中国消费者时间偏好的因素。最后，基于累积前景理论和时间偏好理论，构建时间偏好对消费者营养标签使用行为的影响的理论模型；在全国范围内开展问卷调查，实证检验消费者的时间偏好对其标签使用行为的影响。分析中，利用两种维度(心理学视角和金钱视角)的消费者个体时间偏好对结果的稳健性进行检验。

(4)量化分析预包装食品消费对中国消费者超重肥胖的影响

中国消费者和其他发展中国家的消费者一样正在经历饮食习惯和营养状况的变迁，基于中国健康与营养调查数据深入分析预包装食品对中国消费者超重肥胖的影响，是本书重要的研究基础。首先，根据 2002 年《中国食物营养成分表》对中国健康与营养调查中 2004 年、2006 年、2009 年和 2011 年的饮食摄入数据进行食物编码匹配整理。其次，根据实际测量的消费者身高、体重、腰围和臀围等数据，构建消费者 BMI、超重、腹型肥胖等变量，多维度反映消费者的体重情况。最后，实证分析预包装食品消费对中国成年消费者身体质量指数、超重肥胖以及腹型肥胖的影响。

(5)深入探究营养标签的使用对于抑制中国消费者超重肥胖的作用

利用自主设计的问卷，获取全国性的调查数据，探究消费者标签使用行为对其体重和肥胖率的影响。首先，建立营养标签使用行为对消费者体重和肥胖率影响的理论模型。其次，使用倾向分数匹配法控制消费者在标签使用决策时出现的自选择问题，实证检验标签使用的作用。最后，使用罗森鲍姆界限(Rosenbaum Bounds)法进行敏感性分析，检验结果的可靠性。

(6)新型营养标签设计及其对消费者购买行为的影响

首先,结合中国消费者特点设计不同类型的营养标签,包括营养成分表(数值类)、颜色编码标签(颜色类)、身体活动标签和健康选择标签(图片类)、警告标签和营养声称(文字类)6种不同的营养标签类型。其次,采用随机对照试验设置一个对照组和5个干预组。其中,已在国内市场上广泛应用的营养成分表作为对照组,其他5种正面营养标签作为干预组。应用随机数将消费者随机分配到不同的干预组或对照组中,排除不可观测的个人特征对结果的干扰。应用随机对照试验科学分离消费者在不同营养标签情境下的食品选择和支付意愿。最后,应用经济学实证策略量化估计不同种类的营养标签对消费者食品选择和支付意愿的影响。

1.2.2 研究意义

本书将立足我国政策和食品消费市场现状,系统地研究消费者食品营养标签使用行为及其超重肥胖现状。具体包括中国强制性标签政策实施后的消费者营养标签使用行为现状的特征事实;在此基础上分别从个体营养知识和个体时间偏好的视角深入剖析消费者标签使用行为决策的内在动因;然后,量化分析预包装食品消费对中国消费者超重肥胖的影响;以及营养标签的使用对中国消费者超重肥胖的抑制作用;最后,结合中国消费者特点设计不同类型的营养标签,开展随机对照试验对比分析不同种类营养标签对消费者健康食品选择和支付意愿的影响。以期为设计有效的营养标签政策体系、提高中国消费者搜寻频率、增强营养信息利用效率的政策制定提供有益的借鉴和启示。

(1)理论意义

首先,本书借鉴国际经验,并针对中国消费者的饮食、认知等特点,设计了适合中国消费者的营养知识量表,并从5个维度刻画中国消费者的营养知识水平,推进了关于食物营养知识研究的深度。以往国内同类研究大多偏重描述性研究,国际虽已有大量解释性研究,但大多将营养知识视为一维变量,解释效果存在局限。本书进一步探寻不同维度营养知识的作用,从营养知识的视角解释消费者标签使用决策的内在动因。其次,本书依据行为经济学理论,分别从金钱和心理学维度识别和测度消费者的个体时间偏好,分析不同时间偏好的消费者在营养标签使用决策过程中的差异,为解释消费者营养标签使用行为提供了新的视角和理论支撑。再次,营养标签信息作为干预食品市场的一种有效的措施,受到各国政府的广泛采纳;但其是否能发挥改善消费者食物选择、抑制肥胖率的作用,学界一直存在争论。本书使用中国消费者的调查数据,深入研究了消费者食品营养标签使用行为对其超重肥胖的影响,其结论为国际和国内相关研究提供了有价值的参考。最后，缺乏丰富、有效的营养信息表现形式是影响标签作用发挥的主要原因，哪一种营养标签可以更有效地向消费者传递营养信息国内外学界也尚无定论。本书因地制宜，设计多种不同表现形式的正面营养标签，并通过开展随机对照试验对比分析不同种类标签的干预效果，探索有效的营养标签干预形式。

(2)现实意义

首先，本书基于中国5个省份10个城市的问卷调查数据，揭示了中国消费者在强制性标签政策实施后的营养标签使用行为现状，有助于加深对中国消费者营养标签使用行为的理解和认识。其次，本书聚焦于个体营养知识和个体时间偏好，分析了消费者营养标签使用决策的内在动因，有助于管理者制定更为贴近消费者效用水平和需求的标签政策，进一步完善标签政策体系，开发和推进消费者教育相关的配套措施，调动消费者搜寻营养信息、选择更加健康的预包装食品的积极性。再次，本书结合官方调查数据，从预包装食品消费的视角，对中国当前飞速增长的超重肥胖趋势进行了解读，有助于帮助政府和消费者正确认识预包装食品在当前中国居民饮食中的地位和影响，并采取合理的措施促进消费者选择健康的预包装食品、抑制肥胖率的增长。另外，本书量化分析了强制性标签政策的实施对抑制消费者超重肥胖的作用，有助于政府和消费者正确认识营养标签的作用，合理利用营养标签信息进行决策。最后，本书根据中国消费者特点设计并验证有效的营养标签形式，为我国因地制宜设计有效的营养标签政策体系、帮助消费者选择健康食品提供政策建议。

1.3 研究思路与主要内容

1.3.1 相关概念界定

预包装食品：使用材料或者容器预先进行定量包装的食品，包括在包装材料或者容器中预先进行定量生产，或者预先进行定量包装，并标有统一的体积或质量信息的食品。

食品标签：食品外包装上所有的文字、符号、图形等说明。

营养标签：食品的外包装上说明该食品中含有的营养素信息或营养特征的食品标签。中国市场上目前主要的营养标签形式是营养成分表和营养声称等。

营养成分表：向消费者提供食品营养成分名称、含量及其占营养素参考值(NRV)百分比等信息的表格(见图1.2，左侧)。

营养声称：向消费者披露食品含有的营养特征。具体包括营养素的含量声称(如富含钙、铁)和营养素的比较声称(如高钙低脂)(见图 1.2,右侧)。

营养成分表

项目	每100g	NRV
能量	1474KJ	18%
蛋白质	12.5g	21%
脂肪	0.5g	1%
碳水化合物	73.1g	24%
钠	2mg	0

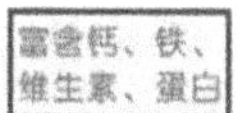

图 1.2　营养成分表和营养声称示例

超重肥胖:检验超重肥胖的方法有很多,如体质指数(Body Mass Index,BMI)、腰臀比、体脂肪率等。其中 BMI 值为体重(kg)/身高(m)的平方,可以消除身高对体重指数的影响。

大多数个体的 BMI 值和身体密度法测定得出的体脂肪率相关性比较高,且测定的方法比较简单。因此,BMI 是用于测定不同群体肥胖率的一个国际常用的指标。根据世界卫生组织(WHO)制定的国际标准,个体 BMI 值大于等于 25 小于 30 为前期肥胖,大于等于 30 小于 35 为肥胖一级,大于等于 35 小于 40 为肥胖二级,大于等于 40 为肥胖三级(见表 1.1)。然而,该肥胖标准主要是根据西方人的 BMI 值分布及其与心脑血管等疾病的发病和死亡率的关系制定的,对东方人的普适性有限。

鉴于此,卫健委疾病控制司编写了《中国成人超重和肥胖症预防控制指南》,对中国 21 个省区市人群,共计 24 万人的体质指数、腰围、血压、血糖、血脂等进行了调查和汇总分析,并据此提出了适合中国居民的肥胖标准,以 BMI 值 24 和 28 定为中国成年群体超重和肥胖的边界值。如表 1.1 所示,若成年个体的 BMI<18.5,则说明体重过低;若成年个体的 18.5≤BMI<24,则说明体重正常;若成年个体的 24≤BMI<28,则说明体重超重;若成年个体的 BMI≥28,则说明已经肥胖。本书在后续的研究中所采用的即为卫健委以中国消费者为基础制定的体重标准。

表 1.1　国内外体重标准对比

BMI/(kg/m²)	WHO 标准	BMI/(kg/m²)	卫健委标准
BMI<18.5	体重过低	BMI<18.5	体重过低
18.5≤BMI<25.0	体重正常	18.5≤BMI<24.0	体重正常
25≤BMI<30	前期肥胖	24≤BMI<28	超重
30≤BMI<35	肥胖一级	28≤BMI	肥胖

续表

BMI/(kg/m^2)	WHO 标准	BMI/(kg/m^2)	卫健委标准
35≤BMI<40	肥胖二级		
40≤BMI	肥胖三级		

1.3.2 总体研究思路

本书的总技术路线如图 1.3 所示，其中的阴影部分为核心内容。

首先，本书基于我国预包装食品消费和超重肥胖迅速增长的现实背景，以及强制性营养标签政策于 2013 年 1 月起在全国范围内正式开始实施的政策背景，回顾已有相关研究，提出了主要的研究问题：中国强制性标签政策实施后，消费者营养标签的使用现状如何？个体营养知识水平和个体时间偏好对消费者营养标签使用行为产生了怎样的影响？预包装食品消费是不是中国居民超重肥胖迅速增长的重要原因？通过在预包装食品的外包装上提供食品营养信息是否有助于抑制肥胖率的增长？如何设计丰富有效的正面营养标签类型，改善国内目前营养标签种类单一、指导消费者决策的效果不佳的现状？

其次，通过梳理世界上营养标签政策起步比较早、发展比较成熟的国家，如美国、欧盟、澳大利亚的标签政策，同时与国内的营养标签政策进行对比，对当前各国标签政策的实施状况有了更清晰的认识，也为完善我国现存的营养标签政策提供借鉴经验。之后，在相关理论的指导下，设计适合中国消费者的调查问卷，开展多层次的全国范围内的访谈和调查，收集整合全面的消费者数据；同时整理和匹配中国健康与营养调查数据，采用多种方法对主要的 5 个问题分别进行研究。研究设计所依赖的主要基础理论见 2.1 节。如图 1.3 所示，第 4—9 章为研究的重点章。第 4—6 章将通过构建理论模型和计量模型对强制性标签政策实施后，我国消费者的营养标签使用行为进行实证研究。其中第 4 章总体上揭露了我国消费者的营养标签使用行为现状。第 5 章和第 6 章分别聚焦于消费者营养知识和个体时间偏好，深入分析其对消费者标签使用行为决策的影响机制。在前 3 章的研究成果基础上，第 7 章和第 8 章主要研究超重肥胖的影响因素。其中第 7 章主要整理和运用官方调查——中国健康与营养调查数据量化分析预包装食品消费对中国居民超重肥胖的影响。第 8 章使用消费者问卷调查数据，量化研究营养标签对于抑制中国居民超重肥胖的作用。第 9 章则设计新型营养标签形式，并开展随机对照试验对比分析不同种类营养标签的实施效果。

最后，根据各部分的研究分结论，得出研究的总结论，并提出相应的研究启

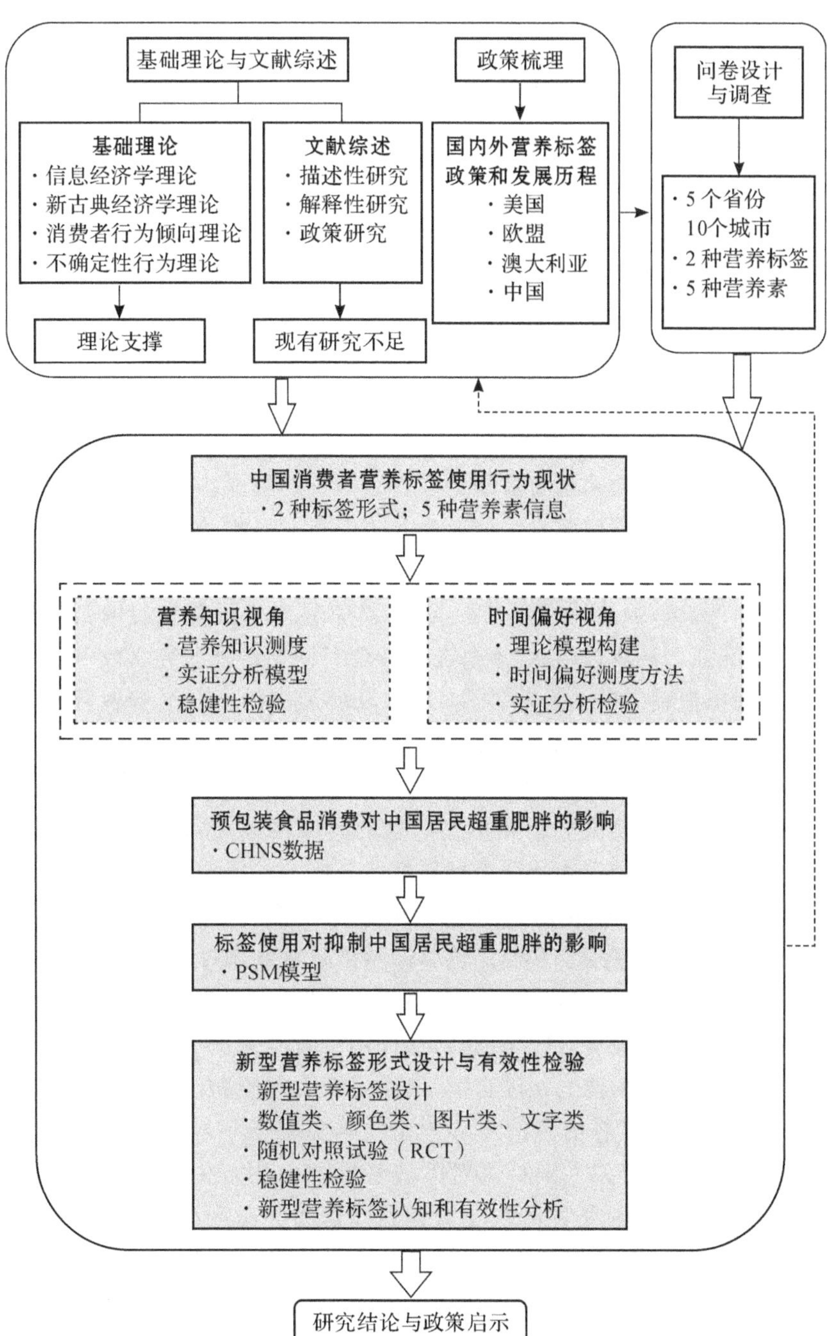
基础理论与文献综述
政策梳理
问卷设计与调查
基础理论
·信息经济学理论
·新古典经济学理论
·消费者行为倾向理论
·不确定性行为理论
文献综述
·描述性研究
·解释性研究
·政策研究
国内外营养标签政策和发展历程
·美国
·欧盟
·澳大利亚
·中国
·5个省份
10个城市
·2种营养标签
·5种营养素
理论支撑
现有研究不足
中国消费者营养标签使用行为现状
·2种标签形式；5种营养素信息
营养知识视角
·营养知识测度
·实证分析模型
·稳健性检验
时间偏好视角
·理论模型构建
·时间偏好测度方法
·实证分析检验
预包装食品消费对中国居民超重肥胖的影响
·CHNS数据
标签使用对抑制中国居民超重肥胖的影响
·PSM模型
新型营养标签形式设计与有效性检验
·新型营养标签设计
·数值类、颜色类、图片类、文字类
·随机对照试验（RCT）
·稳健性检验
·新型营养标签认知和有效性分析
研究结论与政策启示

图 1.3　总技术路线

示和政策建议。

1.3.3 主要研究内容

如图 1.3 中的技术路线所示，第 4—9 章是本书设计的重点章，以下对每一章的研究内容进行具体阐述。

(1)国内外营养标签发展历程和政策梳理

本书根据现有的文献、图书以及各国的营养标签政策法律，梳理了美国、欧盟、澳大利亚、中国的营养标签政策的发展历程，对各国强制性营养标签政策的实施时间、强制食品企业披露的营养信息种类、政策的适用范围，以及各国的营养标签形式进行了详细的对比分析。

(2)总体上披露我国消费者标签使用行为现状

营养标示信息是影响消费者预包装食品消费的重要因素之一，也是帮助消费者选择更加健康的预包装食品的最有效的措施。因此，中国政府自 2013 年 1 月开始实施强制性标签政策，强制食品企业披露能量、蛋白质、脂肪、碳水化合物和钠信息。然而，强制性标签政策实施后，学界对中国消费者的营养标示信息的使用情况知之甚少。因此，本书在总结现有的国内外研究文献和书籍的基础上，根据中国消费者的消费和饮食习惯，设计了一份中国消费者营养信息使用行为调查问卷，并在中国北部(河北)、中部(湖北)、东部(浙江)、南部(广东)、西部(四川)5 个省份开展消费者调查。使用描述性统计方法归纳分析国内消费者在强制性标签政策实施后营养标签信息的阅读频率，并区分性别、受教育程度、收入、地理位置等消费者特征进行异质性分析。

(3)研究消费者营养知识对其标签使用行为决策的影响

营养知识是消费者理解和使用营养标示信息的基础，因而一般认为是营养标签使用行为的重要影响因素。然而，很多研究发现营养知识对消费者的标签使用行为的影响并不显著，甚至会起到反作用。营养知识水平较高的消费者主观上对选择健康食品的能力比较自信，因而可能更加倾向于基于知识和经验选择食品，降低对食品营养信息的搜寻频率。本书基于中国消费者问卷调查数据，从营养知识的视角深入剖析其对消费者标签使用行为决策中的作用和机制。其中营养知识分为两个维度：主观营养知识和客观营养知识。并将客观营养知识进一步细分成 5 个维度——饮食疾病关系知识、营养素含量知识、营养素功能知识、日常食品选择知识和专家饮食建议知识，旨在从不同视角和维度深入剖析营养知识对消费者标签使用行为的影响。

(4)研究个体时间偏好对其标签使用行为决策的影响

现存研究很少关注消费者的心理学因素对其标签使用行为决策可能产生的作用。本书认为消费者的心理学因素，如时间偏好，在其行为决策中可能起到非常重要的作用。消费者营养标签使用行为是一种跨期决策，其收益主要是提高健康水平、降低疾病患病率等，均不能立即实现。时间偏好在消费者对未来可能产生的收益进行评估的过程中可能发挥非常重要的作用。首先，本书基于时间偏好理论和累积前景理论，构建了消费者个体时间偏好对标签使用行为决策的影响的理论模型。其次，分别从心理学视角和金钱视角两个维度对个体时间偏好进行量化，实证检验时间偏好对消费者标签使用行为的影响。

(5)基于中国健康与营养调查数据量化分析预包装食品消费对中国居民超重肥胖的影响

中国居民的饮食模式正在经历营养状况变迁，预包装食品因其口感好、风味佳、耐储存、价格低、食用方便等优点，消费量迅速增加。与此同时，中国居民超重肥胖迅速增长；中国现已成为世界上肥胖人口最多的国家。预包装食品相比于传统食品往往含有更多的添加糖、脂肪等致胖营养素，因而可能是当前中国居民超重肥胖迅速增长的重要原因之一。本书利用中国健康与营养调查数据，整理和匹配消费者每日营养素摄入数据，以及来自预包装食品的大量营养素摄入数据，根据实际测量的消费者身高、体重、腰围和臀围，多维度反映消费者的体重情况。最后，使用最小二乘法和逻辑回归法分析预包装食品消费，对中国成年居民身体质量指数、超重肥胖以及腹型肥胖的影响。

(6)量化分析营养标签的使用对抑制中国居民超重肥胖的影响

营养标签一直被认为是向消费者传递食品营养信息，帮助消费者进行更健康的食物选择的重要举措。然而，仍然有一些研究对营养标签的作用产生了怀疑，并发现消费者虽然阅读了营养标签，但并没有将其应用到实际的食物选择中，因而标签的作用可能非常有限。本书拟结合中国官方调查数据，披露当前中国消费者的超重肥胖现状和趋势，然后使用自主设计并开展的全国范围的消费者调查数据，通过倾向分数匹配法控制可能出现的个体自选择问题，量化分析消费者营养标签的使用对抑制其超重肥胖的作用。

(7)新型营养标签设计及其对消费者购买行为的影响

缺乏丰富、有效的营养信息表现形式是影响标签作用发挥的主要原因，对于哪一种营养标签可以更有效地向消费者传递营养信息国内外学界尚无定论。首先，本书结合中国消费者认知和消费特点设计不同类型的营养标签，包括营养成分表、颜色编码标签、身体活动标签、健康选择标签、警告标签和营养声称 6 种不同的营养标签类型。其次，采用随机对照试验设置 1 个对照组和 5 个干预组。其中，背面营养标签营养成分表作为对照组，其他 5 种正面营养标签作为干预组。并将消费者根据随机数随机分配到不同的干预组或对照组中，采用随机对照试验分离出消费者在不同种类营养标签信息环境下的购物选择和支付意愿。最后，应用经济学实证策略量化估计不同营养标签表现形式和价值判断方式对消费者选择和支付意愿的影响。

1.4 研究可能的创新与不足

1.4.1 研究可能的创新

(1)研究方法创新

本书第 4 章通过自主设计的消费者调查量表，深入分析了中国强制性标签政策实施后，消费者标签使用行为现状。具体包括营养成分表和营养声称两种标签形式，以及能量、蛋白质、脂肪、碳水化合物、钠 5 种强制食品企业披露的营养素信息。本书第 5 章通过文献综述、消费者采访、专家评审等方法，设计了一套针对中国消费者的营养知识调查量表，检验结果表明问卷具有良好的信度和效度。并将营养知识分为 5 个维度：专家饮食建议知识、日常食物选择知识、营养素来源知识、营养素功能知识、饮食疾病间的关系知识。构建了总体的营养知识指数用以反映知识的多维度特征。最后从整体营养知识指数、不同维度的知识等多个角度，深入分析营养知识对中国消费者标签使用行为的影响。

另外，多数研究在分析中由于没有设置对照组，难以解决不可观测因素对结果的干扰，由此得出的研究结论和政策建议的可信度有待进一步检验。部分研究尝试使用倾向分数匹配模型、内生转换模型、差分模型等解决研究过程中的自选择问题。但倾向分数匹配法和内生转换模型具有较强的排斥性前提假设，一般情况下很难满足；差分法虽不依赖该假设，但对数据收集的要求更高，需同时收集有标签信息和没有标签信息两种场景下的数据，难度较大。随机对照试验可以更直接地进行对比分析，数据收集的可操作性也更强，却很少被应用于食物经济政策评价领域。本书第 9 章在研究方法上，利用规范的随机对照试验进行设计和实施，避免了不可观测的消费者特征对结果的影响，对未来采用随机对照试验研究消费者偏好和购买行为提供了借鉴经验。

(2)研究视角创新

在深入披露当前中国消费者的营养标签使用行为现状之后，本书第 6 章从时间偏好的视角分析了消费者标签使用行为的内在动因。首先，在信息经济学理论和时间偏好理论的基础上，构建了个体时间偏好对标签使用行为影响的理论模型，并提出假设。其次，分别从金钱维度和心理学维度对消费者的个体时间偏好进行测量，并对上述提出的理论模型进行实证检验。本书第8章量化分析了中国强制性标签政策对抑制中国居民超重肥胖的作用。通过使用倾向分数匹配方法控制个体自选择因素，研究不同形式的营养标签的使用对消费者体重和肥胖率的影响，从而揭示中国强制性标签政策的实施效果。

另外，已有研究在分析营养标签的种类时，多局限于比较颜色类标签和数值型标签，而很少将图片类、警告声称等其他类型的标签纳入分析框架中。同时，国内外鲜少有研究从营养信息的价值判断方式的视角（正面评价和负面评价）剖析营养标签的特点。我国营养标签政策起步比较晚，目前市场上的营养标签仍然以印制在食品外包装的背面、内容较为复杂难懂的营养成分表为主；且披露的信息种类比较少，只包括能量、蛋白质、脂肪、碳水化合物和钠，尚未披露加工食品中含量比较高的致胖营养素——“添加糖”信息。缺乏丰富、有效的营养信息表现形式是影响标签作用发挥的关键性问题。本书第9章借鉴发达国家经验以及中国消费者的认知和饮食特点，将“添加糖”信息融入营养信息的披露列表中，以软饮料产品为例设计了颜色类、图片类、文字类等不同形式的营养标签，并从价值判断方式的视角（正面评价、负面评价、中性评价等）进一步将营养标签信息内容进行分类，为我国营养标签政策的制定、设计、优化和实施提供参考和依据。

（3）研究内容创新

现有文献主要从信息经济学或行为经济学的视角分析营养标签的有效性，但结论存在很大争议，从已有研究未有定论的结果中难以得出营养信息是否能真正发挥改变消费者购买行为，帮助消费者选择健康食品的作用。少量研究从消费者的注意力、对食物健康程度的评价能力等视角分析了信息传递的有效性，但消费者的注意力或对食物健康程度的评价能力并不一定能够转化为实际行为决策。同时，国内关于营养信息传递有效性的研究也尚未展开。总体来说，缺乏系统深入的研究直接分析不同种类的营养标签对消费者实际购买行为的影响。本书在研究内容和机理分析上，以计划行为理论和预期效用理论为基础，构建理论和计量模型，并结合经济学实证策略，量化验证不同种类营养标签对消费者实际购买行为的影响，评价不同表现形式和价值判断方式的营养标签进行信息传递的效果，弥补了相关研究的不足。

（4）研究数据整合

除了自主设计问卷获取消费者数据之外，本书同时整合了中国健康与营养调查数据，深入分析中国消费者食品消费行为趋势和超重肥胖趋势。本书第7章主要利用中国健康与营养调查中，消费者为期3天的24小时饮食回顾数据，深入研究预包装食品消费对当前中国居民体重情况的影响。根据2002年《中国食物营养成分表》对中国健康与营养调查中2004年、2006年、2009年和2011年的饮食摄入数据进行食物编码匹配整理。匹配和计算每个消费者大量营养素的摄入量，具体包括能量、蛋白质、脂肪、碳水化合物、膳食纤维和钠。同时匹配和计算每个消费者摄入的来自预包装食品的大量营养素摄入量。同时本书第8章整合了自主调查数据和中国健康与营养调查数据，详细披露当前中国消费者体重和超重、肥胖现状和发展态势，有助于更清晰、全面地了解中国消费者的饮食行为和超重肥胖趋势。本书第4、5、6章主要分析中国消费者营养标签使用行为现状及其决策机制，由于缺乏消费者营养标签使用行为相关的数据，本书在实证分析中主要采用自主设计的调查问卷在全国范围内开展消费者调查获取横截面数据，进行深入分析。

1.4.2 研究不足

本书主要的不足在于因缺乏更加广泛和细致的消费者营养标签使用行为的相关数据，而导致研究结果存在一定的限制。

由于数据限制，无法获得全国每个省份以及农村消费者的营养标签使用行为数据。首先，由于试验基础和条件的限制，只获取了中国河北、湖北、四川、浙江、广东5个省份的城市消费者数据，虽然这5个省份分别位于中国北部、中部、西部、东部、南部，但难以涵盖整个中国消费者群体的情况。其次，本书结合了官方调查数据，该数据库虽然涵盖了中国各个省份和地区消费者的食物消费情况，但缺乏消费者营养标签使用行为的相关数据，因此无法为该部分研究内容的数据做有效的补充。最后，在利用中国健康与营养调查数据研究预包装食品消费对消费者超重肥胖现状产生的影响时，仅有2011年的数据能够区分消费者摄入的食品是否为预包装食品，难以观测预包装食品消费的趋势性影响。

2 基础理论与文献综述

本章将对本书相关的基础理论和国内外消费者标签使用行为、营养知识、个体时间偏好以及超重肥胖相关的研究文献进行综述。首先，阐述与本书相关的基础理论，包括信息经济学理论、新古典经济学理论、消费者行为倾向理论、不确定性行为理论等。其次，总结国内外消费者标签使用行为的相关研究，包括营养标签使用频率现状、影响因素和机制；并分别从消费者营养知识和个体时间偏好的视角对相关研究进行总结。最后，梳理消费者超重肥胖的相关研究，包括超重肥胖的危害、影响因素识别，以及相关的研究方法，并对国内外相关研究成果做出评述。

2.1 基础理论

与本书研究视角相关、对本书研究主题的思路和框架形成、变量选取等有重要启示意义的理论主要有以下几个方面。

2.1.1 信息经济学理论

(1)信息不对称理论

食品营养属性是一种信任品，在市场经济活动中，食品生产商和消费者对有关信息的了解存在差异，因此容易产生信息不对称问题。食品生产商对食品的原材料、生产过程等信息掌握得比较完全，而消费者则对此知之甚少。根据信息不对称理论，食品生产商比消费者对商品的各种信息更加了解，并可以通过向消费者传递可靠信息、提高商品的信任感，从而在市场中获益；同时消费者也具有获取可靠信息的动机，因此，市场信号传递有助于减弱信息不对称产生的影响。

信息不完全和不对称原理说明信息的不完全和不对称是一种无法消除的现象；同时也说明信息是一种特殊的商品，具有经济价值，行为人需要花费一定的成本才能获得。其中，不对称信息主要指部分市场参与者拥有，而其他市场参与者并不拥有的信息。根据不对称信息发生的具体时间,分为事前信息不对称和事后信息不对称。其中,事前信息不对称发生在双方交易之前,容易产生逆向选择问题,导致市场中的劣质品驱逐优质品,进而出现市场交易产品平均质量下降的现象(Akerlof,1970)。而事后信息不对称发生在双方交易之后,容易产生道德风险,即拥有更多信息的一方可能通过改变行为而损害到另一方的利益。

信息不对称理论揭示了市场经济体系中的缺陷,指出完全靠自由市场机制并不一定能给市场带来最佳的经济效果。该理论证明了在当今市场经济中信息的重要作用。该理论同时强调了政府在经济运行中的作用,呼吁政府加强对经济运行的监管,使市场中的不对称信息通过披露尽量变得对称,由此缓解市场机制导致的不良影响。

(2)信息搜寻理论

信息搜寻理论是由 Stigler(1961)提出的,该理论主要认为现实经济中的价格分散现象不可避免。其中,价格分散现象是指市场中的产品同质不同价的现象。同时,消费者无法完全知晓同一种商品的所有卖价以及市场的价格分布。因此,消费者具有搜寻商品信息的动机,同时需要花费时间、交通费用等搜寻成本。最终,当搜寻行为产生的边际成本恰好等于其产生的边际收益时,消费者会停止信息搜寻。此时标签使用的频率和价格即为消费者最佳的搜寻频率和截止价格。

从搜寻策略上来看,消费者的搜寻行为主要有两种:固定样本搜寻和连续搜寻。假设消费者知晓市场上食品健康程度的总体分布,但并不拥有每一个食品具体的健康信息。消费者可以有两种搜寻策略:一是事先选定几个食品,然后通过标签使用和比较,选择其中最健康的食品,这种搜寻方式即为固定样本搜寻。二是连续不断地进行标签使用,直到找到可以接受的健康程度的食品为止(或者放弃搜寻),这种搜寻方式即为连续搜寻。

(3)经验理论

Nelson(1970)在标签使用理论的基础上提出了经验理论,认为消费者不仅缺乏价格信息,更缺乏产品的质量信息。且质量信息相比价格信息的获取过程更加昂贵,这也是导致消费者质量效用的方差比价格效用的方差更大的原因之一。因为产品的质量信息往往无法通过简单的搜寻行为获得,而是需要通过经验获得。即通过对不同品牌产品的购买和体验获得产品的质量信息。经验理论中,边际成本是消费者放弃已知的最佳选择,而随机选择某一个品牌进行消费产生的效用损失。边际收益来源于对该商品持续不断的购买产生的效用。经验的最优化条件是边际成本恰好等于边际收益时,消费者购买和使用的品牌个数。结果发现，对某种产品品牌的经验数量的选择与该产品的购买频率有十分密切的关系。购买频率增加会导致边际收益上升，从而导致均衡数量增加。因此，在具体应用经验理论时，一般将“经验”定义为“过去的购买频率”。经验作用的体现主要通过比较频繁购买的消费者和不频繁购买的消费者的消费行为差异。在本书中即通过比较频繁使用营养标签的消费者和不频繁使用营养标签的消费者，因为频繁使用营养标签的消费者基于自我经验可能对产品信息具有更多的了解。

2.1.2 新古典经济学理论

与消费者营养标签使用行为相关的新古典经济学理论主要为家庭生产理论和预期效用理论。

(1)家庭生产理论

家庭生产理论认为，一个家庭可利用的时间一般花费在3个方面：工作、闲暇和家务劳动。其中家务劳动是一种生产性行为。因此，家庭既是一个消费单位，也是一个生产单位。家庭生产理论分析劳动力的供给决策时，倾向于以家庭为单位，整体考虑夫妻双方的劳动力供给决策。另外，夫妻双方可以通过两种方式的家务劳动生产家庭产品：一是使用较少的半成品或辅助设备而花费较多的时间，即时间密集型的生产方式；二是使用大量的半成品或辅助设备而花费较少的时间，即商品密集型生产方式。一个家庭所有成员需要做出的整体决策是如何分配闲暇时间、家庭产品的生产时间和工作时间。分配的原则是比较优势原则，每个家庭成员均应选择个人相对效率最高的时间利用方式。家庭生产理论广泛应用于研究家庭食品消费情况尤其是解释家庭的餐馆消费等在外用餐行为。按照家庭生产理论，家庭非常看重时间价值。因此，时间机会成本越高，家庭越倾向于外包诸如烹饪等家庭生产行为，即通过在外用餐购买节省下来的时间。

(2)预期效用理论

预期效用理论在分析“理性人”的最优决策行为时考虑了不确定性，分析了在存在一定风险时，个体决策的效用即为对所有可能结果的加权评价。其中，个体做决策的目标是追求效用最大化。效用最大化是预期效用理论进行市场分析时对理性行为人的基本假设。消费者的满意程度称之为效用，当其最为满足的时候效用即达到最大。但在消费者追求效用最大化的过程中，会受到一系列的约束，如收入预算约束、时间约束等。因此，消费者实现效用最大化的条件是：在个人可支配资源的一系列约束条件下，消费者对若干消费品进行选择，每一种消费品的单位货币支付获得的边际效用相等。

预期效用理论在完全理性行为人的基础之上，进行了一系列的假设。具体包括完备性公理、传递性公理、连续性公理、独立性公理等。预期效用理论认为只要个体的效用函数满足以上公理，则可以建立一个一致的效用函数，用于表示不确定条件下的决策行为。

2.1.3 消费者行为倾向理论

(1)计划行为理论

Ajzen(1991)提出了计划行为理论，该理论是理性行为理论的延伸，主要用于理解经济行为人对自我行为模式的思考和决策。计划行为理论认为理性经济人的行为是经过深思熟虑计划之后的结果，人的行为并不是百分之百地出于自愿，而是存在自我行为控制认知。对个体行为可能产生影响的因素，均通过影响个体的行为意向(intention)从而对个体行为产生间接影响。其中，影响行为意向的因素主要有 3 类：一是个体对采取某项行为的总体态度(attitudes toward the behavior)，个人对采取某项行为的态度越积极，行为意向就会越强；二是外在的会影响个人行为的主观标准(subjective norm)，即是否应该实行该行为，如感知到的社会压力等，对于某项行为的主观标准越积极，行为意向也会越强；三是个体的行为控制力(perceived behavioral control)，即主观感知的实施该行为的难易程度。其中，行为控制力是计划行为理论的核心。计划行为理论将个体的行为控制力视为连续体，一个极端是完全受意志控制的行为，另一个极端是完全不受意志控制的行为。大多数的人类行为均处于这两个极端之间。因此，在预测不完全在意志控制下的行为时，需要控制个体的行为控制力变量。当个人对自己的行为控制力接近最强，或控制力并不是影响个人进行决策的因素时，计划行为理论的预测效果和理性行为理论是非常相似的。

总之，行为态度、主观标准和个体的行为控制力是影响个体行为意向的主要因素；但这三方面因素可能拥有共同的信念基础，因此，它们既彼此独立，又相互关联。具体的相关关系如图 2.1 所示。

(2)健康信念理论

Kasl and Cobb(1966)最早提出了健康信念理论的框架。同年，Rosenstock(1966)对成本概念进行了扩展，包括经济费用、身体疼痛、不良的副作用、导致的不便等。此外，还引入了“行动刺激”变量，即一些提醒存在健康风险的信号。健康信念模型定义了公共意识和认知的离散集合，可以中和人口统计学变量的影响。自提出后，广泛应用于对健康行为的研究，尤其是健康和疾病行为的社会心理学因素的影响，如健康饮食、锻炼、疫苗接种、体检等预防性健康行为；吸

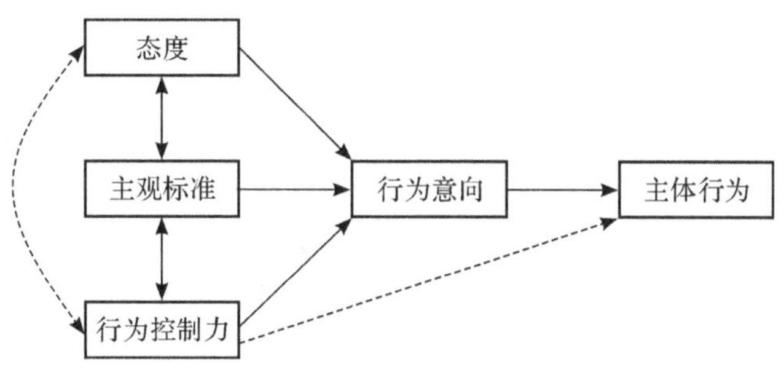

图 2.1 计划行为理论框架

烟、喝酒等健康风险；高血压、糖尿病等患病群体的行为等。

健康信念模型主要关注健康或健康行为的两个方面：风险感知和行为价值评估。模型共包括六部分。前两个部分主要衡量个体的风险感知，包括“对疾病或健康问题的敏感性感知”(perceived susceptibility)和“对疾病后果的预期严重程度”(perceived severity)；中间两个部分衡量个体对健康行为的价值评估，包括“对健康行为的收益或功效的关注”(perceived benefits)和“对实施该健康行为的成本或障碍的关注”(perceived barriers)；最后两个部分是“行动刺激”(cues to action)和“个人一般的健康动机”(health motivation)，属于模型中较次要的组成部分。其中“对疾病或健康问题的敏感性感知”一般包括被传染得病的可能性、自己生病的可能性、治愈复发的可能性等。“对疾病后果的预期严重程度”包括该疾病医疗的严重性、疼痛、并发症等，以及心理上的严重性、疾病对其社会角色的影响等。“健康行为的收益或功效”主要包括医疗收益和心理收益。“实施该健康行为的成本或障碍”中实际障碍主要包括时间、花费、可获得性、交通、等待时间等；心理障碍主要包括疼痛、无聊、对生活和幸福等的威胁。“行动刺激”主要是指引起或刺激人们实施健康行为的因素，包括：内部刺激，如症状；外部刺激，如大众媒体的宣传、与其他人的交流、健康医疗机构的提醒等。“个人一般的健康动机”主要是指个人关注健康问题所做的准备情况。变量之间的具体关系如图 2.2 所示。

2.1.4 不确定性行为理论

(1)时间偏好理论

时间偏好是指行为主体对现在的偏好甚于对未来的偏好的现象，广泛应用于投资、储蓄、养老等主体行为。时间偏好率在数值上等于现在消费与未来消费的边际替代率，一般用贴现率表示。总体来说，时间偏好理论自 19 世纪提出以来，主要经历了古典时间偏好理论、新古典时间偏好理论以及非一致性时间

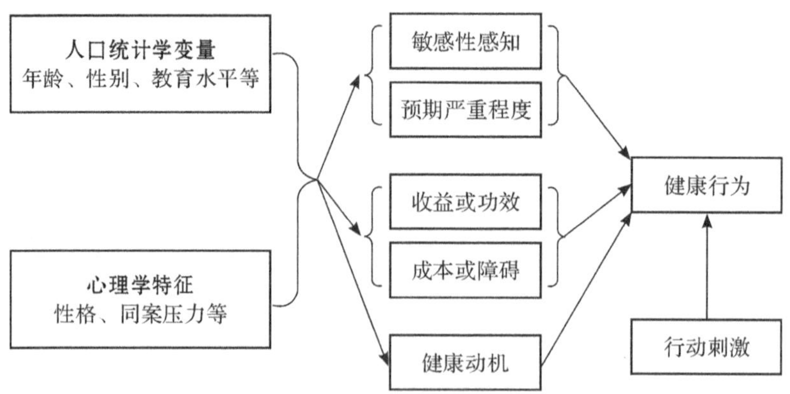

图 2.2　健康信念模型框架

偏好理论 3 个时期。

第一阶段，形成于 19 世纪的古典时间偏好理论。该时期尝试定性分析个体时间偏好的差异性，并将动机、情感、认知等心理学因素纳入分析框架中。时间偏好理论最早由美国经济学家欧文·费雪提出。费雪指出：利息其实是通过货币或证券市场对当下物品与未来物品进行买卖时的比率。主要受两方面因素的影响：一是社会公众对当下物品的时间偏好等主观因素，主要决定资本的供给；二是可能的投资机会等客观因素，主要决定资本的需求。最终利率水平取决于主观因素和客观因素的一致性。

第二阶段，新古典时间偏好理论。沿用了古典时间偏好理论中的理性经济人假设，Samuelson(1937)创造性地提出了贴现思想，使用贴现率表示社会公众的各种心理因素。同时利用指数贴现效用模型，将传统的两期比较拓展至多期，简化了跨期效用比较的计算。消费者效用函数形式如式(2.1)所示：

$$U(x_0,\cdots,x_T)=\sum_{t=0}^{T}\delta(t)\mu(x_t) \tag{2.1}$$

其中，权重函数为指数形式，即 $\delta(t)=\delta^t$，$\delta=1/(1+\rho)$，ρ 为消费者的固定贴现率。该效用函数形式中，每个时期折现率都是固定的，因此该模型也被称为固定贴现效用模型。

由于固定贴现率的假设，Samuelson 模型中时间偏好并不会随着时间发生改变。然而，随着试验经济学的发展，一些实证研究发现，贴现率递减、时间偏好逆转、量值效应、符号效应、框架效应等诸多市场“异常”，对传统的时间偏好理论形成了挑战。其中，贴现率递减是指随着时间的推移，个体贴现率呈现递减趋势；这与模型中的固定贴现效用假设和消费独立性假设相矛盾。时间偏好逆转是指主体的实际短期决策与实际长期决策并不一致的情况。量值效应是指主体对小金额收益的贴现率远大于对大金额收益的贴现率。符号效应是指主体对损失的贴现率低于对收益的贴现率。框架效应是指主体对拖延实现收入的贴现率高于对加速得到支付的贴现率。

第三阶段,20 世纪 80 年代,为了修正上述这些市场异常,行为经济学对传统的一致性时间偏好理论进行了突破和发展,完成了分析框架的转换。主要假设经济人并不是完全理性的,而是存在一定的认知偏差,时间偏好也并不是完全一致的。其中双曲线贴现模型,作为指数贴现的替代,得到了广泛的应用。双曲线贴现模型的效用函数形式与指数贴现模型相同,但权重函数 $\delta(t)$ 为双曲线形式,表达形式如下:

$$\delta(t)=\frac{1}{(1+\alpha t)^{\frac{\gamma}{\alpha}}} \tag{2.2}$$

由上述权重函数解出的消费者贴现率为 $\rho=\frac{\gamma}{1+\alpha t}$,可见给定 α 和 γ 的情况下消费者的贴现率随着时间 t 的增加而下降。

Laibson(1997)对双曲线贴现模型进行了改进,将指数贴现形式和双曲线贴现形式融入同一个模型中,提出了拟双曲线贴现模型。效用函数形式如式(2.3)所示:

$$U(x_0,\cdots,x_T)=\mu_0+\beta\sum_{t=1}^{T}\delta^t\mu(x_t) \tag{2.3}$$

其中,参数 δ 表示长期贴现因子,反映消费者随时间一致的偏好。参数 β 是短期贴现因子,反映消费者时间上不一致的偏好。当 $\beta<1$ 时,消费者存在对当下状态的偏差(present-bias),容易高估短期可以实现的收益;当 $\beta>1$ 时,消费者存在对未来状态的偏差(future-bias),容易高估未来可以实现的收益;当 $\beta=1$ 时,消费者不存在偏误,以指数形式折现,此时该模型等价于指数贴现效用模型。

(2)前景理论

前景理论为进一步分析不确定情形下的个体行为决策提供了理论基础。当面对不确定的结果时,个体行为决策经常是不完全理性的。客观环境因素以及主观心理因素会使个体行为人产生认知偏差,最终导致确定性效应、反射效应、孤立效应等理性行为人假设下无法合理解释的现象。

Kahneman and Tversky(1979)在之前研究和大量试验的基础上,提出了前景理论,挑战了主流经济学"理性人"为基本假设的期望效用理论,基于一系列试验对理性人的几个基本假设公理提出了质疑。一是试验发现,与不确定性的结果相比,主体在决策时会加重对确定性结果的选择,即产生"确定性效应"

(certainty effect)。这种确定性效应导致个体对于选择中出现的确定性收益产生风险厌恶,而对于选择中出现的确定性损失产生风险寻求。前景理论的主要观点是同一个消费者在面对损失和收益时的风险偏好并不一致。对于损失更加容易对风险进行规避;而对于收益则容易进行风险追逐。二是试验发现了"孤立效应"(isolation effect),即当个体在不同的前景选项中进行选择时,容易忽略所有前景所共有的部分。这种孤立效应导致同一前景的不同描述方法往往会改变个体的决策。三是试验还发现了"反射效应"(reflection effect),即当正向前景和负向前景的绝对值相等时,在负向前景之间的决策和在正向前景之间的决策呈现一种镜像关系。

期望价值是前景理论的核心,主要由"决策权重"(decision weight)和"价值函数"(value function)决定,价值模型的一般形式如式(2.4)所示:

$$V=\sum_{i=1}^{n} w(p_i)v(x_i) \tag{2.4}$$

其中,$w(p_i)$是决策权重,是概率评价性 p_i 的单调增函数;$v(x)$是价值函数,即个体主观感受形成的价值。前景理论的一个重大突破是将传统的效用函数用价值函数替代,从而使用效用的变化而不是最终的收益作为价值的载体。Kahneman 和 Tversky 模型中价值函数采用指数形式,如式(2.5)所示:

$$v(x)=\begin{cases}x^{\alpha},x\geqslant 0\\-\lambda(-x)^{\beta},x<0\end{cases} \tag{2.5}$$

其中,α、β 分别为收益和损失价值函数的凹凸性,代表个体对收益或损失的敏感程度。若 α、$\beta<1$,则说明个体对收益或损失的敏感性递减;λ 代表损失比收益更加陡峭,若 $\lambda>1$,说明个体存在损失厌恶。

前景理论开启了不确定性行为的研究,但仍存在一些不足。原始前景理论仅针对个人的心理行为进行研究,因而其结论虽然能够解释个体在经济社会中的一些行为,但对社会总体行为的解释力度有限。Tversky and Kahneman (1992)对前景理论进行了拓展,提出了累积的函数形式,将原来的个体概率拓展成累积概率。具体来说主要进行了以下拓展:首先,累积前景理论对于任意有限的前景以及连续分布依然有效,拓展了最初前景理论的应用范围;其次,累积前景理论对收益和损失可以出现不同的决策权重,用以反映消费者对收益和损失的偏好差异;最后,累积前景理论发展了等级依赖模型,解决了前景理论无法解决的第一等级随机优势问题。

在累积前景理论中,价值函数一般假定是线性的或凹的,但权重函数不再是某一种形态(线性、凹的或凸的),而是混合权重函数形式。累积前景理论可以很好地解释随机占优现象,极大地拓展了前景理论的应用范围。

2.1.5 小结

已有的相关理论为消费者营养标签使用行为的研究提供了重要的理论基础和分析思路。

信息经济学理论对营养标签使用行为的发生机制和过程进行了概述。首先,消费者进行标签使用的本质原因是市场上存在信息不对称的现象,食品营养属性是一种信任品;生产者比消费者掌握更多的商品信息。因此消费者需要通过标签使用减弱市场信息的不对称,实现效用最大化。其次,消费者使用营养标签会发生搜寻成本,最佳搜寻频率和截止价格即为搜寻的边际成本恰好等于搜寻的边际收益时的频率和价格。最后,信息经济学理论中的经验理论认为,食品的质量信息是一种经验品,即可以通过对不同品牌产品的购买和体验经历获得。因此,消费者过去的购买频率可能会影响其对食品营养信息的阅读频率。

新古典经济学理论对消费者营养标签使用行为的整体性和目标性进行了定义。首先,家庭生产理论看重消费者的时间价值,回答了作为家庭成员的个体,是如何分配工作、闲暇和家务劳动时间的。消费者使用营养标签也需要花费时间成本,消费者对可支配时间的分配会直接影响其营养标签使用行为。其次,预期效用理论回答了在存在风险的情形下消费者如何决策的问题。进一步定义了,在存在一定风险的情形下,消费者决策的目标是个体对各种可能出现的结果的加权评价后效用最大化的结果。

消费者行为倾向理论有助于进一步理解消费者行为,尤其是健康行为决策的过程和影响因素,为营养标签使用行为提供了分析框架和思路。首先,计划行为理论认为个体行为意向是影响主体行为的直接因素,其他因素均通过影响个体的行为意向进而影响个体的实际行为,并将影响个体行为意向的因素分为3个方面:行为态度、主观标准和个体的行为控制力。其次,健康信念模型为分析健康行为的影响因素提供了一个研究框架,与计划行为理论相比,考虑了风险和敏感性感知因素。健康信念模型主张从6个方面进行分析:对疾病或健康问题的敏感性感知、对疾病后果的预期严重程度、对健康行为的收益或功效的关注、对实施该健康行为的成本或障碍的关注、行动刺激以及个人一般的健康动机。

时间偏好理论可以从另一个角度分析消费者标签使用行为的发生。由于消费者进行营养标签使用的收益主要是更加健康的饮食、更低的患病率和肥胖率等,这些收益的实现需要一定的时间跨度。而标签使用的成本,如交通、时间等成本则在当下就会产生。因此,标签使用行为实际上是一种跨期决策。消费者在进行跨期决策时，个体时间偏好可能产生非常重要的影响。时间偏好理论对于个体时间偏好的识别和应用，提供了重要的理论参考。

前景理论挑战了主流经济学中“理性人”基本假设的期望效用理论，在投资行为和健康经济学等领域中应用比较广泛，但在农业经济学领域并未得到重视。在研究消费者标签使用行为时，前景理论可以作为时间偏好理论的有效补充。与确定性的结果相比，消费者会显著降低对不确定性结果的预期，出现选择的不一致。与此同时，双曲线折现率（hyperbolic discounting）的特征可以用于评估个体时间偏好的参数，减少时间偏好的估计偏差。

2.2 消费者营养标签使用行为研究及述评

上节梳理了消费者标签使用行为相关的一般性理论，大多数相关研究均基于上述基础理论。近年来，越来越多的学者关注消费者的营养标签使用行为以及超重肥胖等健康行为，并对此开展了广泛的实证研究。根据本书的研究框架，本节将主要从以下 5 个方面对营养标签使用行为相关的研究进行总结：国内外营养标签种类及消费者的营养标签使用频率；影响消费者营养标签使用行为的因素；营养知识对消费者健康行为决策的影响；个体时间偏好对消费者健康行为的影响；消费者营养标签使用行为的作用及相关研究方法。

2.2.1 国内外营养标签种类以及消费者的营养标签使用频率

国内外食品市场上的营养标签形式主要有两种（见图 2.3）：一种是印制在食品外包装背面，具有详细的营养素含量信息的背面标签（back-of-package，BOP），如营养成分表，客观地披露食品中的营养素信息，并没有价值判断。另一种是印制在食品外包装的正面，基于客观事实或官方标准披露的，具有总结性营养信息的正面标签（front-of-package，FOP）。我国的正面营养标签主要是“高钙”“低脂”等营养声称标签。国际上已经出现很多不同形式的正面营养标签。例如，基于客观事实的正面标签，如颜色编码标签和身体活动标签；基于官方标准的正面标签，如警告标签和营养声称等。其中，颜色编码标签（traffic lights label）通过使用不同的颜色（如红、黄、绿）客观披露食品中能量、脂肪等营养素含量的高中低情况。身体活动标签（physical-activity label）通过使用慢跑、走路等身体活动时间更加直观地表达食品中的卡路里含量。警告标签（warning label）和营养声称（nutrition claims）则并不披露食品中营养素的准确含量，而是基于官方标准对食品中营养素含量直接用文字进行总结判断。警告标签通常进行负面的价值判断，如高胆固醇、高脂肪、低膳食纤维等。营养声称则主要进行正面的价值判断，如高钙、低脂、低糖等。

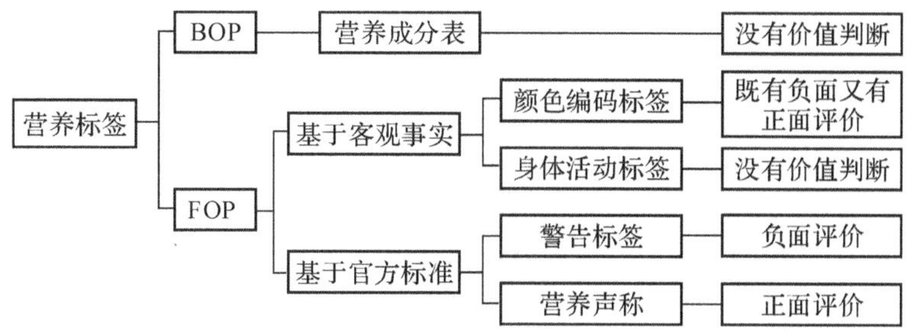

图 2.3 国内外营养标签的分类

现存关于消费者营养标签使用行为的研究多集中于欧美等发达国家，研究结论随着调研地点、调查时间等的不同而有所差异（见表 2.1）。总体来说，美国成人消费者营养标签使用频率较高；且更喜欢阅读信息含量比较多的食物营养成分表，而较少关注比较简短的食品声称标签。大约有 60％的美国成人消费者在购买食品时，会经常或总是阅读食品包装上的食物营养成分表信息；相较而言，只有 44％的美国成人消费者会经常或总是阅读食品包装上的食物声称信息（Ollberding，Wolf and Contento，2011）。在 1～5 级（1－从不，2－很少，3－偶尔，4－经常，5－总是）标签使用频率的李克特量表中，美国成人消费者的平均标签使用频率为 3.8（Miller and Cassady，2015）。美国大学生群体标签使用频率也较高，但略低于美国成人消费者的标签使用频率。在 1～5 级标签使用频率的李克特量表中，美国大学生群体的平均标签使用频率为 3.3（Misra，2007）。

欧洲各国消费者的营养标签使用频率差异较大，但总体上对食品营养信息的关注度比较高。90％以上的西班牙消费者在购买食品时至少会偶尔阅读食品营养标签信息（Gracia，Loureiro and Nayga，2009）；而在希腊雅典，这一比例不足 50％（Drichoutis et al.，2008）。瑞士德语区和法语区消费者对营养信息的关注度也存在差异，德语区成人消费者对营养信息关注度的平均水平是 3.3（1～5）（Hess，Visschers and Siegrist，2012）；而德语区和法语区成人消费者的平均关注水平是 2.8（1～5）（Visschers et al.，2013）。相较而言，英国大学生对食品营养信息的关注度较高，超过 60％的英国大学生至少会偶尔阅读食品包装上的营养信息（Cooke and Papadaki，2014）。

表 2.1　各国营养标签使用频率相关文献整理

作者(年份)	调研时间	调研地点	有效样本数	研究对象	从不/%	很少/%	偶尔/%	经常/%	总是/%	总体/%	均值(1—5)
Liu,Hoefkens and Verbeke(2015)	2012	中国北京和保定	660	中国成人	16	55.5		28.5		100	—
Song et al.(2015)	2014	中国芜湖	1153	中国成人	12.1	59.2		28.7		100	
张睿佳等(2014)	2013	中国广州	570	中国成人	38.5	61.5				100	
徐爱萍等(2010)	2008	中国8个城市	1815	中国成人	8.1	33.3	58.6			100	
陈卫平和牛明婵(2009)	2008	中国北京市海淀区	688	中国成人	2.8	31.5	33.9	19.6	12.2	100	
Elfassy et al.(2015)	2010	纽约官方数据	1656	美国成人	18.8	10.4	27.1	20.7	22.9	100	
Ollberding, Wolf and Contento(2011)	2005—2006	官方数据(NHANES)	5502	美国成人	营养成分表:38.5;营养声称:56.2		营养成分表:61.5;营养声称:43.8			100	
Miller and Cassady(2015)	2013—2014	问卷调查	392	美国成人	未汇报						3.8
Graham, Orquin and Visschers(2012)	2010	美国明尼苏达州	1201	美国大学生	64.96			35.04		100	—
Misra(2007)	2004	俄亥俄大学、杜鲁门州立大学	537	美国大学生	未汇报						3.28

续表

作者(年份)	调研时间	调研地点	有效样本数	研究对象	从不/%	很少/%	偶尔/%	经常/%	总是/%	总体/%	均值(1—5)
Drichoutis et al. (2008)	2005—2006	希腊雅典	356	希腊成人	33.99	19.1	11.24	24.72	10.96	100	—
Gracia, Loureiro and Nayga(2009)	2004	西班牙	400	西班牙成人	0.6	5.7	42.8	37.1	13.8	100	
Hess, Visschers and Siegrist(2012)	2009	瑞士德语区	1149	瑞士成人	13	82			5	100	3.33
Visschers et al. (2013)	2010	瑞士德语区和法语区	6061	瑞士成人	—						2.77
Cooke and Papadaki (2014)	2013	英国 37 所大学	524	英国大学生	36.3		63.7			100	—
Ahmadi et al. (2013)	2012	伊朗设拉子	380	伊朗妇女	10.5	56.6			32.9	100	—
Cannoosamy, Pugo-Gunsam and Jeewon (2014)	—	毛里求斯	400	非洲成人	3.2	22.5	32	20.1	22.2	100	—
Kim, Oh and No (2016)	2012	韩国国家官方数据	5223	韩国成人	65.22			34.78		100	
Kumar and Kapoor (2017)	2016	印度	300	印度 18～30 岁年轻人	—	8.4	15.6	46.6	29.4	100	—

现阶段，针对中国消费者的研究比较少，调研地点涵盖范围有限，样本代表性明显不足；但研究整体表明，中国消费者的营养信息关注度偏低。购买食品时，从不或很少阅读营养标签的城市居民消费者占比超过40%（徐爱萍等，2010）；经常或总是阅读营养标签的成人消费者不足30%（Liu，Hoefkens and Verbeke，2015；Song et al.，2015）。经常或总是阅读营养信息的中国成人消费者比例不仅远低于欧美等发达国家，甚至显著低于毛里求斯、伊朗等非洲国家（Ahmadi et al.，2013；Cannoosamy，Pugo-Gunsam and Jeewon，2014），以及韩国、印度等亚洲国家（Kim，Oh and No，2016；Kumar and Kapoor，2017）。

2.2.2 影响消费者营养标签使用行为的因素

上一部分主要对比了国内外消费者营养标签使用频率的差异，可以看出中国消费者对营养信息的关注度明显不足。是什么导致了消费者的低关注度？哪些因素会影响消费者营养标签使用行为？本部分将通过总结现有研究，梳理影响消费者营养标签使用行为的因素。目前大多数研究主要通过消费者问卷调查微观数据，实证分析影响消费者营养标签使用行为的因素。总体来说，可以总结为以下几个方面：消费者个人和家庭特征、态度和行为特征、产品和标签特征以及社会政策等其他特征（见图2.3）。

（1）消费者个人和家庭特征

消费者个人特征是影响其标签使用行为的重要因素（Ippolito，1999）。过去的研究发现年龄、性别、教育等消费者个人特征可能会影响信息的搜寻行为，还可能会影响标签使用策略的采纳，但具体的影响方向并不确定。例如，一些研究发现年长的消费者由于生活和市场经验更加丰富，因而标签使用频率比年轻人要低（Drichoutis et al.，2008；Kim，Nayga and Capps，2000；Liu，Pieniak and Verbeke，2014；Moorman，1990；钞凤等，2016）。另一些研究发现年长的消费者标签使用频率比年轻人高，因为他们更容易出现与饮食相关的健康问题，因而更加关注营养信息（Drichoutis，2005；Lin and Yen，2008）。还有研究发现年龄差异对营养标签使用频率并没有显著影响（Carrillo，Varela and Fiszman，2012；Nayga，2000）。

教育对标签使用行为的作用的研究结论也不统一。大多数研究认为教育水平更高的消费者标签使用频率也会增加（Guthrie et al.，1995；Kim，Nayga and Capps，2001；Lin and Yen，2008；徐爱萍、何梅和杨月欣，2010）。一方面，教育可以促进读写能力的提高，进而促进对营养信息的理解，减少信息的搜寻成本；另一方面，教育水平较高的消费者，健康和膳食之间的关系意识往往更强，因而标签使用的动机也会更加强烈。但也有一些研究发现教育并不能促进消费者的标签使用行为，甚至会起到反作用（Moorman，1990）。因为受教育程度较高的消费者可能对自己的知识水平和食物选择能力过于自信，因而倾向于基于知识和经验选择食品，而不是借助其他手段如食品标签等搜集营养信息。

性别对标签使用行为的作用也存在一些争议。一般的观点认为女性比男性标签使用更加频繁（Drichoutis，Lazaridis and Nayga，2009；Drichoutis et al.，2008；Guthrie et al.，1995；Unnevehr and Jagmanaite，2008；张睿佳等，2014），一方面，女性往往是家庭饮食的主要规划者，承担更多的家庭营养责任，因而更加关注营养信息；另一方面，女性比男性更加注重身材和保养，标签使用的动机可能更加强烈。然而，另一些研究发现标签使用行为的性别差异并不显著，男性消费者与女性消费者的标签使用频率并没有显著差异（Carrillo，Varela and Fiszman，2012；Nayga，2000）。

消费者的工作状况和收入也是标签使用行为的潜在影响因素，但是影响机制和方向仍存在争议。工作对标签使用可能有正向影响（Drichoutis，2005；Kim，Nayga and Capps，2001）。Drichoutis et al.（2008）研究发现工作中的一些负面情绪，如压力大、时间不灵活等，会激发消费者选择更加健康的饮食进行补偿，因而有助于促进消费者标签使用行为。然而，Nayga（2000）发现工作对消费者标签使用会起到反作用。因为有工作的消费者时间约束更加强烈，进行标签使用的机会成本更高。收入对标签使用行为的作用也并不确定。一方面，收入高的消费者时间压力比较大，并且有能力购买价格更高的食品。而消费者对食品高价格和高质量之间的相关关系往往比较自信，因而会减少对营养信息的搜寻频率（Drichoutis，2005）；另一方面，收入高的消费者相对于低收入群体进行标签使用的机会成本比较低，相比于低收入群体，对食品的健康和营养属性要求更高，因而对标签使用可能会起到促进作用（Barreiro-Hurlé，Gracia and de-Magistris，2010）。

消费者的家庭特征是影响其标签使用的重要因素。如家庭规模比较大的消费者，家庭中具有特殊饮食习惯的成员的可能性更高，因而可能会更加注重标签使用（Guthrie et al.，1995）；另外，共同生活的人越多，食品的消费量和种类也可能更多，因而食品信息的可获得性可能会增加（Nayga，1996；陈卫平和牛明婵，2009）。然而，一些研究发现家庭规模越大，其标签使用的频率反而会减少（Drichoutis，Lazaridis and Nayga，2006；Drichoutis，Lazaridis and Nayga，2009；Gracia，Loureiro and Nayga，2007）。这可能是因为家庭成员越多，购物的时间压力可能越大，因而没有时间仔细搜寻营养信息。家庭中如果有儿童、老人或者孕妇等特殊群体也会影响其标签使用行为，这些特殊群体对食品的营养需求更大，因而可能更加关注营养信息。

(2)态度和行为特征

生活和饮食习惯是标签使用行为的重要影响因素。如经常购买食品的消费者,接触营养信息的概率更高,标签使用频率可能会更加频繁(Drichoutis,2005;Kim,Nayga and Capps,2001)。在家庭中主要承担计划家庭饮食责任的消费者标签使用频率可能会更高(Guthrie et al.,1995;Kim,Nayga and Capps,2000;Unnevehr and Jagmanaite,2008)。但 Drichoutis(2005)发现规划家庭饮食的消费者标签使用频率也可能更低,因为很多规划者更加重视食品的口味而不是营养。另外,经常参加体育锻炼的消费者,健康意识更强,标签使用频率可能更高(Unnevehr and Jagmanaite,2008)。而追求享乐主义的生活方式或有抽烟、饮酒习惯的消费者标签使用频率可能更低(Barreiro-Hurlé,Gracia and de-Magistris,2010;Lin and Yen,2008)。具有特殊饮食习惯的消费者,如喜欢吃素、控制饮食中脂肪或盐的摄入量、关注饮食中维生素和矿物质的摄入量等,利用食品标签等途径进行标签使用的动机可能会更加强烈(Kim,Nayga and Capps,2000;Unnevehr and Jagmanaite,2008)。

消费者的健康状况对其标签使用行为具有显著影响。主观上认为自己患有饮食相关疾病的消费者阅读营养标签进行标签使用的频率会显著增加(Barreiro-Hurlé, Gracia and de-Magistris, 2010; Drichoutis, Lazaridis and Nayga,2009;Guthrie et al.,1995)。实际上被诊断患有与饮食相关的健康问题,如糖尿病、高血压、高血脂、心脑血管疾病等的消费者需要按医嘱遵循特定的饮食,因而标签使用频率更高(Barreiro-Hurlé,Gracia and de-Magistris,2010;Guthrie et al.,1995)。还有研究发现,患有饮食相关疾病的消费者营养知识水平更高,标签利用效率可能更高(Gracia,Loureiro and Nayga,2007)。另外,一些研究发现超重人群比正常人群更倾向于使用标签(Blitstein and Evans,2006;Drichoutis et al.,2008;Liu,Hoefkens and Verbeke,2015),因为标签可以向消费者提供营养信息,帮助超重人群控制饮食和体重。然而,Drichoutis et al.(2008)和 Blitstein and Evans(2006)发现比超重更加严重的肥胖群体的营养标签使用频率却并没有显著提高。可能是因为肥胖群体相比于超重群体控制饮食和体重的意向更弱,尽管他们更加肥胖,但缺乏控制饮食的自控力等。

消费者对于营养信息的态度与其标签使用行为有很大关联。对食品标签比较熟悉的消费者,信息处理效率可能会提高,营养标签使用频率也会增加(Cowburn and Stockley,2007;Grunert and Wills,2007;Moorman,1990)。一些消费者认为食品标签中提供的信息过多,内容缺乏真实性,这种怀疑态度会显著降低消费者的标签使用行为(Drichoutis et al.,2008)。而对营养标签态度比较积极,信任标签的内容或肯定营养信息的有效性的消费者标签使用频率会显著更高(Grunert,Scholderer and Rogeaux,2011;Pajor et al.,2017)。另外,认为病从口入,对饮食与身体疾病之间的联系有较强意识的消费者会显著增加营养信息的搜寻频率(Kim,Nayga and Capps,2001;Nayga,2000)。

(3)产品和标签特征

消费者对营养信息的关注情况,因消费者的购买动机而异,消费者的购物目标决定了其对产品信息类别的关注情况(Bialkova and van Trijp,2010;Drichoutis,2005;Guthrie et al.,1995)。购买食品时认为价格比较重要的消费者会显著降低信息的搜寻频率(Barreiro-Hurlé,Gracia and de-Magistris,2010;Drichoutis,2005;Gracia,Loureiro and Nayga,2007)。看重口味的消费者标签使用频率也会更低(Guthrie et al.,1995)。认为食品的方便属性比较重要的消费者,为了权衡食品的方便和营养,从而更频繁地搜集营养信息(Barreiro-Hurlé,Gracia and de-Magistris,2010)。认为食品的营养属性非常重要的消费者会显著增加信息的搜寻频率(Kim,Nayga and Capps,2000;Nayga,1999;陈卫平和牛明婵,2009)。而对于食品品牌比较热衷的消费者,标签使用频率显著降低(Barreiro-Hurlé, Gracia and de-Magistris, 2010; Verbeke and Ward, 2006)。这主要是因为品牌和食品质量具有一定的关联,品牌爱好者通常对所钟爱品牌的食品质量有着充分的信任(Drichoutis,2005),因而更少地通过搜寻营养信息确定食品的质量或健康程度。

营养信息的种类也会影响消费者标签使用的行为决策。容易导致健康问题的负面营养信息(negative information)如脂肪、糖分、胆固醇等的含量,比相对健康的正面营养信息(positive information)如维生素等的含量信息,更受消费者关注(Burton,Garretson and Velliquette,1999;Moorman and Matulich,1993),搜寻频率也会更高(Merwe et al.,2010;Miller and Cassady,2012)。研究发现,避免不良的健康后果比促进身体健康更能激发消费者搜寻和使用营养信息的动机(Moorman,1990)。

此外,标签在食品包装上的位置、大小、颜色等属性,对消费者标签使用行为也有显著影响。放置在包装正面,内容简短,使用一些特殊的颜色或图片的标签,有助于突出食品的营养信息,提高消费者的注意力(Aschemann-Witzel et al.,2013;Bialkova and van Trijp,2010)。且有助于消费者理解标签的内容(Khandpur,Graham and Roberto,2017),产生更加积极的态度(Wansink,Sonka and Hasler,2004),最终帮助消费者做出更健康的食物选择(Russell et al.,2017)。

(4)其他特征

外部环境对标签使用行为有显著影响,如食品可获得性、城市化发展等。

随着城市化的推进，市场环境更加规范，消费者食品的可获得性也会增加。一些研究发现，城市化对标签使用行为具有显著的正向影响（Kim，Nayga and Capps，2000），居住在农村或郊区等非城市区域的消费者标签使用频率会显著降低（Kim，Nayga and Capps，2001；陈卫平和牛明婵，2009）。政策环境对消费者标签使用行为的影响也很显著。例如政府实施强制性标签政策后，每个食品企业必须按要求披露食品的营养信息，从而增加了消费者信息的可获得性，减弱市场中的信息不对称，有助于良好的食品市场环境的形成（Caswell and Mojduszka，1996；冯小双等，2016）。此外，Wansink，Just and Payne（2009）发现外部就餐环境，如餐具大小、餐具的形状、灯光效果以及周围其他人的表现等因素，对消费者的标签使用和饮食行为具有显著影响。

2.2.3 营养知识对消费者健康行为决策的影响

上一部分主要梳理了影响消费者营养标签使用行为的因素，其中，消费者的营养知识作为理解和使用营养信息的基础，受到学界的广泛关注。国内外很多学者对消费者营养知识的测量和影响等方面展开了广泛的研究。本部分将主要从营养知识对消费者标签使用行为、饮食行为、超重肥胖等健康行为的影响机制 3 个方面对现存的研究进行总结。

(1)消费者营养知识对标签使用行为的影响研究

营养知识可能是标签使用行为的重要影响因素。充足的标签信息可以帮助消费者判断食品的健康程度，从而选择更健康的食品。但是标签信息作用的发挥需要消费者具备一定程度的认知和信息处理能力。因为营养标签上面的各种营养成分信息的词汇、内容比较专业和复杂，营养知识水平比较低的消费者可能并不能很好地理解这些营养信息，从而会影响信息的搜寻和利用。一些研究表明，营养知识是消费者使用、理解标签的基础，营养知识较丰富的消费者在购买食品时，更可能使用营养标签（Barreiro-Hurlé，Gracia and de-Magistris，2010；Elbon，Johnson and Fischer，1996；Gracia，Loureiro and Nayga，2007；Misra，2007）。而营养知识较缺乏的消费者不能有效地处理标签中的营养信息，进而降低了信息的搜寻频率（Campos，Doxey and Hammond，2011；Cowburn and Stockley，2007；Grunert and Wills，2007）。总的来说，营养知识可能从频率和效率两个方面影响标签使用行为。第一，营养知识水平更高的消费者健康意识更强（Rasberry et al.，2007），对营养信息的作用更加了解，进而可能会增强消费者标签使用的频率。第二，营养知识可以帮助消费者正确理解和记忆食品标签中的营养信息（Cowburn and Stockley，2007；Grunert，Wills and Fernández-Celemín，2010），从而增强信息的搜寻效率。

然而，也有学者认为营养知识对标签使用的影响并不显著（如 Liu, Hoefkens and Verbeke, 2015; Nayga, 2000; Norazlanshah et al. , 2013; Sapp and Jensen, 1997; Shepherd and Towler, 1992）。其中 Nayga(2000)认为研究营养知识对标签使用的作用时，需要考虑内生性。因为随着标签使用频率的增加，消费者的营养知识也可能随之积累，这种反向因果关系可能导致内生性问题的存在。若不考虑知识的内生性，就可能得到不一致的估计结果。将营养知识和标签的使用行为都视作内生后，Nayga 发现营养知识对标签的使用行为并没有显著影响。可能的原因是营养知识水平较高的消费者并不一定会把知识转化成行动。另外，营养知识作用的发挥可能与不同的营养信息标示形式有关。例如，Barreiro-Hurlé, Gracia and de-Magistris(2010)发现营养知识对营养成分表等复杂标签的使用率具有正向影响，而对营养声称等简化标签的影响并不显著。可能的原因是内容比较复杂的标签相比于简化的标签需要更多的营养知识进行理解和使用。还有一种观点认为，营养知识本身对标签的使用并没有直接影响，而是通过改变消费者对标签的有用性、可靠性等态度产生间接影响（Rasberry et al. , 2007）。

(2)消费者营养知识对饮食行为的影响研究

营养知识可能会促进健康的饮食行为，提高消费者的饮食质量（赵丽云等，2001）。首先，营养知识有助于改善目标群体，如超重、肥胖等有健康问题的人群（Klohe-Lehman et al. , 2006; 下川哲, 2015）或文化水平较低的人群（Howard-Pitney et al. ,1997）的饮食行为。其中下川哲(2015)研究发现肥胖人群更容易受食品价格和收入变化的影响，猪肉和油价上涨对肥胖人群的饮食质量产生显著的负向作用，而膳食知识可以有效地减弱这种不良影响。其次，较高的营养知识水平能显著增加水果蔬菜的消费量（Vriendt et al. , 2009; Wardle, Parmenter and Waller, 2000），降低不良营养成分如脂肪、胆固醇等营养素的消费量，提高消费者饮食质量。其中，Wardle, Parmenter and Waller (2000)调查了 1040 位 18～75 岁的英国人，发现营养知识与饮食质量和健康具有显著的正向影响，营养知识最多的 1/4 人群的脂肪、水果蔬菜等食品的摄入量，满足推荐摄入标准的概率，是营养知识最少的 1/4 人群的 25 倍。Shimokawa(2013)引入了人们的预期食品可获得性变量(EFA)，发现若不区分 EFA 的变化方向，营养知识对营养成分摄入的作用会被明显低估；当 EFA 增加时，营养知识主要影响饮食数量，能够显著降低各种营养成分摄入量；当 EFA 减少时，营养知识主要影响饮食质量，可以降低来自脂肪的卡路里比重。

然而，另一些研究表明营养知识与饮食摄入之间的关联很小（如 Sapp and Jensen, 1997; Shepherd and Towler, 1992），对购买决策和饮食行为的影响并不显著(Shepherd and Towler,1992),甚至会产生副作用(Acheampong and Haldeman,2013)。例如,Acheampong and Haldeman(2013)通过研究低收入水平非裔美国妇女和西班牙妇女的营养知识、态度、信念和自我认知对其健康饮食行为以及体重的影响,发现无论哪一个种族,拥有更多膳食知识的个体肥胖率都更高。Vriendt et al. (2009)问卷调查了803位比利时18～39岁的妇女,使用Kruskal-Wallis法,检验不同营养知识水平消费者饮食摄入量的差异。发现尽管营养知识会增加蔬菜和水果的消费量,但对其他的膳食指标(如面包、鱼类、总脂肪、饱和脂肪酸、酒精、水等)的影响并不显著。原因可能是营养知识并不是影响消费者饮食摄入的唯一因素,时间约束、个人情绪、家庭传统等因素也会影响个体的食物选择。

营养知识与标签使用和饮食行为之间的不确定性关系还可能是对营养知识的测量方法不当造成的(Dickson-Spillmann et al.,2011)。如生僻的专业术语的使用,可能会影响消费者的理解,造成营养知识水平测量结果偏低等。因此科学、全面的营养知识问卷设计非常重要。

(3)消费者营养知识对超重肥胖的影响研究

营养知识对超重肥胖是否具有影响目前结论尚不清晰。一方面,一些研究发现营养知识水平的提高可以改善消费者饮食质量,起到控制体重的效果。例如,Brown and Schrader(1990)使用可变系数模型研究了胆固醇知识指数与动脉疾病之间的关系,发现随着鸡蛋价格的下降,胆固醇知识水平较高的群体的带壳蛋消费增加量少于缺乏胆固醇知识的群体。Moore,Cotner and Bates(2009)、Ward-Begnoche et al. (2009)均以中小学生为研究对象,发现营养知识水平的提高有助于中小学生形成健康的饮食观念,做出正确的食物选择,继而降低BMI、控制肥胖率。

另一方面,很多研究发现营养知识对体重的影响并不显著(Levy et al.,1993;Wansink et al.,2005)。一些研究分别以女性(De Vriendt et al., 2009)、男性(Dallongeville et al., 2001)、儿童(Reinehr et al., 2003)等为研究对象,发现膳食营养知识和肥胖之间并无显著相关性,超重肥胖群体与体重正常群体的膳食营养知识水平基本相同。O'Brien and Davies(2007)问卷调查了英国500位18～65岁居民,发现膳食知识对肥胖没有显著影响;但该研究的样本回收率很低,跟踪调查获得的有效样本只有145个,无法获得未回收的样本信息,且问卷中影响膳食知识的其他因素,比如社会经济地位等信息并未涉及。

因此,一些学者尝试探寻营养知识对饮食行为或健康结果的影响存在争议的原因,部分解释是知识种类或维度的影响。不同学者采用的营养知识测量方法不尽相同,而营养知识是多维度的。例如主观知识(Moorman et al., 2004)、客观知识(Andrews,Netemeyer and Burton,2009)、膳食和疾病之间的关系知识、营养素来源知识、营养标签知识、大众膳食知识等。不同种类的营养知识,例如主观营养知识和客观营养知识,对消费者饮食行为或体重的影响可能是不同的(Brucks, Mitchell and Staelin, 1984)。此外,Wansink, Westgren and Cheney(2005)认为消费者的客观营养知识还可以进一步细分成两个层级:一是属性水平的知识,例如卡路里、脂肪等营养素的含量知识;二是与消费量和肥胖相关的健康结果知识。并认为这两种客观营养知识类型对消费者的行为和饮食选择可能产生不同的影响。

2.2.4 个体时间偏好对消费者健康行为的影响

上一部分主要梳理了营养知识相关的研究,营养知识作为消费者阅读和理解营养标签信息的基础,已受到学界的广泛关注。然而,其是否能发挥促进消费者营养标签使用行为的作用存在很多争议。相比于营养知识,很少有研究将个体时间偏好应用于消费者的健康行为,且几乎没有研究将个体时间偏好应用于营养标签使用行为的分析中。本书认为消费者的个体时间偏好可能是影响其标签使用行为的重要因素。营养标签使用行为实际上也是一种跨期决策。因为其收益主要是更加健康的身体、更低的患病率等,这些收益并不能立即实现,因此可能会受时间偏好的影响。因此,本部分将主要从时间偏好的角度对相关的文献进行梳理。

时间偏好是行为主体对现在的满意程度与对将来的满意程度的比值(Frederick,Loewenstein and O'Donoghue,2002),广泛应用于投资、储蓄、养老等领域,在农业经济学领域的应用比较少。根据时间偏好理论,个体总是偏好现在的消费束超过将来同样水平的消费束。低时间偏好意味着行为主体比较有耐心,更加看重未来的效用,有较好的自控力。高时间偏好意味着行为主体缺乏耐心,更加看重当下的效用,自控力较差,对未来的折现系数比较高。时间偏好理论是分析跨期决策的重要基础,广泛应用于投资、储蓄、消费等行为的研究中。近年来,一些学者尝试将时间偏好应用于消费者的健康行为,如肥胖、吸烟、食物选择等(De Marchi et al., 2016;Ikeda,Kang and Ohtake,2010;Sutter et al., 2013;Zimmerman et al., 2017;汪浩瀚,2006)。

时间偏好与个体超重和肥胖可能有非常重要的联系。一些研究发现时间偏好越高,肥胖的概率越大(Courtemanche, Heutel and McAlvanah, 2014; Komlos,Smith and Bogin,2004;Scharff,2009)。很多导致肥胖的行为,例如偏好静止的生活方式或难以控制的饮食行为,实际上反映的都是消费者的跨期选择(Frederick,Loewenstein and O'Donoghue,2002)。大多数的控制体重的方式，如节食、运动等，都需要消费者抵制当下不健康食品的诱惑，或牺牲当下的效用。而对当下效用有强烈偏好的消费者自控能力较差，难以抵制油炸食品等带来的即时满足感(曹聪和李乃和，2012)，因而体重更容易增加。还有研究发现双曲线形式的时间偏好与肥胖呈现显著的正相关关系(Ikeda，Kang and Ohtake，2010)。双曲线形式的时间偏好指的是个体时间偏好发生逆转的现象。即个体在较短的时间内折现率很高，而在较长的时间内折现率降低，导致个体的短期选择和长期选择并不一致(Thaler，1981)。也就是说，相比于较长的时间期限，消费者在较短的期限做选择时更没有耐心。

时间偏好对消费者健康行为和食物选择可能有显著影响。时间偏好较高的消费者更不愿意投资健康行为，体育锻炼的频率降低，吸烟和喝酒频率增加(Bradford et al.，2014；Munasinghe and Sicherman，2006)，饮食质量进而变差(Huston and Finke，2003)。而时间偏好较低的消费者更加重视未来的效用，体育锻炼的频率更高，饮食也更加健康(Joireman et al.，2012)。Zimmerman et al.(2017)发现时间偏好较高的消费者对饥饿感或饱胀感比较缺乏关注，对两餐之间的时间间隔也更不敏感，当两餐时间间隔不确定的时候，更容易选择相对较少的餐食量。

2.2.5 消费者营养标签使用行为的作用及相关研究方法

营养标签是世界各国政府用于传递食品营养信息，引导消费者进行健康的食品选择的重要的政策干预措施。但营养标签是否能起到抑制超重肥胖的作用，在学界仍存在诸多争议。本部分将主要梳理国内外关于消费者营养标签使用行为的作用的相关研究，并对研究方法进行总结。

(1)消费者营养标签使用行为的作用

已有研究从信息经济学的视角分析营养标签的使用对购买行为的影响，发现营养标签能够有效地减少消费者的信息搜寻成本，帮助消费者进行健康的食品选择。营养标签可以减少食品市场中的不对称信息、不确定性信息，降低消费者的搜寻成本，把经验品或信任品转化为搜寻品(Caswell and Mojduszka，1996)，因此一直被认为是提高食品市场有效性的最佳可获得工具。一些研究发现，营养标签可以减少消费者卡路里(Shimokawa，2016)、饱和脂肪、胆固醇以及钠的摄入量(Guthrie et al.，1995)，并增加膳食纤维和维生素等的摄入量(Coulson，2000；Teisl，Bockstael and Levy，2001；Grasso et al.，2017；Kumar and Kapoor，2017)，因而有助于消费者形成更健康的饮食模式(Guthrie et al.，1995；Kim，Nayga and Capps，2001；Barreiro-Hurlé，Gracia and de-Magistris，2010)。营养标签能够影响消费者的食物选择动机(Miller and Cassady，2012)，改善消费者的购买行为(Drichoutis,2005),提高饮食质量(Kim,Nayga and Capps,2001)。Wang,Wei and Caswell(2016)研究了反式脂肪标签信息对消费者购买决策的影响,发现向消费者提供"不含反式脂肪"信息的标签,可以显著增加购买量。Kim,Nayga and Capps(2001)发现营养标签信息的使用可以使消费者的健康饮食指数(Healthy Eating Index,HEI)从3.5增加到6.1;且简化标签,如营养或健康声称标签的作用比复杂标签,如营养成分表的作用更加显著。

然而,已有从行为经济学视角出发的分析发现,营养标签信息并不一定能有效地传递给消费者,使得营养信息的作用大打折扣。消费者在购物时往往面临着大量的选择,购物环境中的信息也多种多样,因而非常容易忽略食品外包装上的营养信息(Aschemann-Witzel et al., 2013; Fenko et al., 2018; Gębski et al., 2019)。Stranieri et al.(2010)研究发现,尽管大多数消费者认为营养标签是非常重要的,但在实际购物选择中却很少甚至并不使用营养标签。Drichoutis et al.(2009)使用2005年和2006年的美国官方调查数据,研究发现营养标签信息的使用对消费者的体重情况并无显著影响,并使用多种检验方法发现结果依然稳健。

由于标签使用群体和非标签使用群体在个人特征、家庭特征等方面存在明显的差异,因此研究标签的作用的过程中往往会出现自选择问题。Drichoutis,Lazaridis and Nayga(2009)使用了倾向性得分匹配法控制了标签使用过程中的自选择问题后,发现标签的使用对消费者的身体质量指数(BMI)和超重肥胖并没有显著影响。Variyam(2008)使用双重差分分析法控制了标签使用过程中的自选择问题后,发现标签使用有利于提高膳食纤维和铁的摄入量,但对脂肪、蛋白质、碳水化合物、胆固醇、钠、维生素C、维生素E等的摄入量并没有显著影响。

过去营养标签使用的研究主要集中于其对消费者日常食物选择和饮食摄入量的影响;较少有研究直接讨论营养标签使用行为对消费者体重、超重肥胖的作用,且研究结论并不统一。一方面,一些研究发现营养标签信息的使用对于消费者控制体重、抑制肥胖率具有显著的积极作用(Variyam and Cawley,2008;Mandal,2010),且对女性的影响更加显著(Loureiro,Yen and Nayga Jr,2012)。另一方面,Drichoutis,Nayga and Lazaridis(2009)使用2005年和2006年的美国官方调查数据,研究发现营养标签信息的使用对消费者的身体质量指数并无显著影响,并使用多种稳健性检验方法发现结果依然稳健。

此外,哪一种形式的营养标签进行信息传递的有效性最强,国内外学界仍未有定论。①营养标签信息含量方面。一些研究发现,具有详细的营养素含量信息的标签,如背面营养成分表,有助于帮助消费者全面地了解和识别食品的营养健康状况，因而比简化的总结性标签如正面营养声称的有效性更强（Méjean et al.，2012；Bialkova et al.，2014）。另一些研究发现，简化的总结性标签有助于进一步降低消费者的搜寻成本，因而比复杂标签的作用更加明显（Zhu et al.，2016；Klopčič et al.，2020）。②营养标签表现形式方面。近年来，随着颜色编码标签在欧美等国家的推广，学界对通过颜色披露营养信息的标签形式进行了大量的研究。利用不同的颜色揭示营养素含量的高低更容易吸引消费者的注意力，帮助消费者理解标签内容，因而有效性可能更强（Bialkova et al.，2014；Fenko et al.，2018；张雪萌和陈红，2019；Defago et al.，2020）。但仍有研究质疑了颜色编码标签的有效性，因为颜色标签中的红色容易使消费者反应过度，与“禁止食用”产生联想（Balcombe et al.，2009；Grunert et al.，2010）。同时，为了进一步增强营养标签的信息传递效果，发达国家市场尝试推出了新型的营养标签形式，如利用图片形式传递能量含量高低的身体活动标签等，关于图片类标签有效性的研究，目前学界尚未展开。③营养标签的价值判断方式方面。目前国内的营养标签政策实施的主要目的是客观披露食品中的营养素含量信息，而不对营养素含量高低情况做出价值判断。一些企业出于营销目的采用“高钙”“低脂”等营养声称的形式对食品的健康程度进行正面的总结宣传；尚未出现披露食品的负面营养信息，提醒消费者关于不健康食品中某些营养素含量超标情况的营养标签形式。同时，目前学界尚未开展从营养标签的价值判断方式的视角分析对信息传递和购买行为的影响的研究。

(2)相关研究方法总结

在研究营养标签信息的使用对消费者饮食行为或超重肥胖的作用时，容易产生自选择问题。使用标签信息的群体和不使用标签信息的群体，可观测的社会经济因素和人口统计学变量可能存在系统性差异。然而，现存的大多数研究仅是简单地比较两个群体健康结果的差异，没有考虑消费者个体本身对是否使用标签存在自我选择问题，因而可能出现自选择偏差。

自选择问题可以用式(2.6)中的模型描述：

$$y_i = \beta_0 + \sum_{j=1}^{k} \beta_j x_{ij} + \beta_{k+1} L + \varepsilon_i \tag{2.6}$$

其中，y_i 是感兴趣的健康结果，x_{ij} 是人口统计学变量、社会经济变量等一系列的自变量，L 为是否进行营养标签使用的二元变量。当营养标签使用决策是基于消费者个体的自我选择，或标签使用群体和标签非使用群体无法观测的特征存在系统性差异时，自选择问题就会出现，并严重影响最终估计结果的可靠性。估计时如果忽略子样本之间的异质性，就会导致不一致的估计结果。

尽管大多数研究并没有考虑消费者营养标签使用过程中的自选择问题，仍有少数研究使用不同的方法对消费者的自选择问题进行了控制，采取的方法主要有 3 种。

一是运用内生转换模型（Endogenous Switching Model，ESM）。Kim，Nayga and Capps（2000）使用内生转换模型研究了营养标签信息的使用对消费者不同营养素摄入量以及饮食总体健康程度的影响；比较了标签使用者和如果不使用标签的情况下，同一个个体的预期饮食质量，从而解决了自选择问题。内生转换模型与 Heckman 多阶段模型的思路基本一致，主要采用式（2.7）至式（2.9）3 个估计模型：

$$P(L=1)=\Phi(\gamma_0+\sum_{j=1}^{n}\gamma_j w_{ij}+\mu_i) \tag{2.7}$$

$$y_{iL}=\beta_{0L}+\sum_{j=1}^{k}\beta_{jL}x_{ij}+\varepsilon_{1i} \tag{2.8}$$

$$y_{iN}=\beta_{0N}+\sum_{j=1}^{k}\beta_{jN}x_{ij}+\varepsilon_{2i} \tag{2.9}$$

式（2.7）估计的是消费者是否使用营养标签信息的决策，用概率表示。w_{ij} 是一系列可观测的消费者特征。式（2.8）和式（2.9）分别估计标签使用群体和非标签使用群体的健康结果差异。其中，y_i 表示消费者的健康结果变量，如总体饮食健康程度变量或超重肥胖等。假设影响 y_i 的消费者特征 x_{ij} 在标签使用群体（L）和非标签使用群体（N）中存在系统性差异。且 3 个等式中的随机误差项相互关联，式（2.8）和式（2.9）中的随机误差项有非零的期望值，则可以使用完全信息最大似然估计法（Full Information Maximum Likelihood Method）对上面的等式进行估计。

二是使用差分法（Difference-in-Difference，DID）。市场上销售的绝大多数食品的营养标签信息是强制披露的。比如一般在超市等场所购买，并在家中消费的食品，外包装上一般均含有标签。但餐馆等在外用餐场所并没有普及营养标签信息。基于此，Variyam（2008）使用差分模型，比较了两种市场环境下同一个个体使用标签和不使用标签两种情形下饮食行为的差异，使用固定效应模型分别估计在家消费和在外消费时标签的作用，两个系数差即为标签使用行为的净影响。该方法最重要的是数据的获取，需要同时获得同一个消费者两种情形下，即在家中用餐和在餐馆用餐的饮食摄入的数据。具体模型形式如式（2.10）和式（2.11）所示：

$$y_{iH}=\beta_{0H}+\sum_{j=1}^{k}\beta_{jH}x_{ij}+\beta_{k+1H}L_i+\gamma_i+\varepsilon_{i1} \tag{2.10}$$

$$y_{iA}=\beta_{0A}+\sum_{j=1}^{k}\beta_{jA}x_{ij}+\beta_{k+1A}L_i+\gamma_i+\varepsilon_{i2} \tag{2.11}$$

式（2.10）表示消费者在家中消费的各种食品营养素的摄入量，也就是强制性披露标签信息的环境下营养素的摄入量；式（2.11）表示消费者在餐馆等外面用餐的各种食品营养素的摄入量，也就是在没有披露标签信息的环境下消费者的营养素摄入量。系数 γ_i 表示个体水平上无法观测的固定效应。x_{ij} 是可观测的消费者特征变量，系数 β_{k+1H} 是在提供标签信息的情况下，消费者营养标签的使用对其营养素摄入的影响；系数 β_{k+1A} 则为在不提供营养标签信息的情况下，同一个消费者不使用营养标签对其营养素摄入的影响。因此两者的差异即为标签信息的实际作用。

三是应用倾向分数匹配法(Propensity Score Matching，PSM)。Drichoutis，Nayga and Lazaridis(2009)使用 PSM 法研究了消费者营养标签的使用情况对其体重状况的影响。PSM 法的优势是对数据的要求不高，可以应用于截面数据，且只需要观测同一个个体在使用标签或者不使用标签两种情况中任意一种情形下的结果。通过匹配处理组(使用标签群体)和非处理组(不使用标签群体)，可以得到每一个处理组个体对应的不使用标签情形下的结果，进而分析标签使用的实际作用。实际上，PSM 法模拟了一个随机试验，为了提高匹配的准确度，匹配的机制通过一系列可观测的消费者特征进行预测。标签使用的实际作用最终用平均处理组效应来表示，也就是处理组和非处理组个体差异的平均值。

倾向分数是指给定非处理组(不使用标签个体)的特征 w_{ij}，获得一个处理组(使用标签个体)的条件概率 P。这一阶段的估计使用的概率模型形式如式(2.12)所示：

$$P(L=1)=\Phi(\gamma_0+\sum\nolimits_{j=1}^{k}\gamma_j w_{ij}+\mu_i) \tag{2.12}$$

PSM 法中最重要的估计参数是平均处理组效应，表述形式如式(2.13)：

$$t_{ATT}=E(t \mid T=1)=E[H_1 \mid T=1]-E[H_0 \mid T=1] \tag{2.13}$$

其中，H_0 和 H_1 分别为 $T=0$ 和 $T=1$ 情形下，研究关注的消费者的健康结果。

总体来说，内生转换法可以对样本直接进行处理，但是结果依赖于用于识别标签效应的排斥性前提假设。DID 分析法不需要依赖于该假设，但是对数据要求较高，需要收集在餐馆等无标签的用餐场所中，同一个消费者营养摄入的数据作为对照组；还需要同一个个体在两种情形下健康结果表现存在可分离的差异。如果研究标签使用对消费者 BMI 的影响，则会因为无法分离同一个个体两种情形下 BMI 的差异而难以应用这种方法。倾向分数匹配法对数据要求比较低，只需要获得个体在使用标签或不使用标签的任意一种情形下的健康结果，然后通过匹配得到使用标签的个体在不使用标签情形下可能出现的结果。

2.2.6 小结与述评

综观上述研究，从研究内容、视角和研究方法等方面为本书提供了借鉴和支撑。然而，由于方法和数据的限制，目前仍然缺少针对中国消费者标签使用行为的实证研究。

现存的关于中国消费者的研究，一方面主要是描述性研究，解释性研究比较少；另一方面调研时间主要集中在中国强制性标签政策实施（2013年）之前，几乎没有政策实施后消费者标签使用频率是否有所变化的研究。此前，中国自2007年开始实施自愿标签政策，虽然有助于良好市场环境的形成，但由于自愿标示，市场上预包装食品的营养信息标示率并不高，且缺乏统一的标示方法，限制了营养标签作用的发挥。2013年开始实施的强制性标签政策对于改善市场信息环境，提高营养标签标示率有很大的作用。因此，研究中国消费者标签使用行为，尤其是2013年开始实施强制性标签政策之后，营养标签使用情况是否有所改善，具有重要意义。

营养标签是否能发挥帮助消费者选择健康食品的作用，学界存在很大争议。已有研究从信息经济学的视角分析发现，营养标签能够有效地减少消费者的信息搜寻成本，帮助消费者进行健康的食品选择。但行为经济学视角的研究发现，营养标签信息并不一定能有效地传递给消费者，消费者在购物时容易习惯性忽略营养标签，使得营养信息的作用大打折扣。我国目前的标签体系以背面营养成分表为主，内容复杂，消费者难以理解和应用，缺乏丰富、有效的营养信息表现形式是影响标签作用发挥的关键，但国内关于营养信息传递有效性的研究尚未展开。

目前学界虽然从消费者自身因素和环境因素两大方面研究了影响标签作用发挥的原因，但是哪一种形式的营养标签信息传递的有效性最强仍未有定论。国外一些学者开始比较颜色编码标签和数值型标签的有效性，但很少将一些新兴的标签形式加入分析框架中，如身体活动标签、警告标签等。我国标签体系比较单一，尚未有研究分析标签的种类、表现形式等对消费者行为决策的影响。同时，国内外鲜少有研究评估营养信息的价值判断（正面评价和负面评价）对信息传递有效性和消费者行为决策的效应。

在研究方法上，目前国内外大多数相关研究并未考虑消费者在营养标签使用过程中存在的自选择问题。然而，营养标签使用者和非使用者的社会经济变量、人口统计学变量等多种因素均可能存在系统性差异（见图2.4）。若不考虑可能出现的自选择问题，容易导致不一致的估计结果。目前，将消费者自选择问题纳入分析框架的研究采用的分析方法主要有3种：倾向分数匹配法、差分法和内生转换法。总体来说，内生转换法可以对样本直接进行处理，但是结果依赖于用于识别标签效应的排斥性前提假设。差分法不需要依赖于该假设，但是对数据要求较高，需要收集在餐馆等无标签的用餐场所中，同一个消费者营

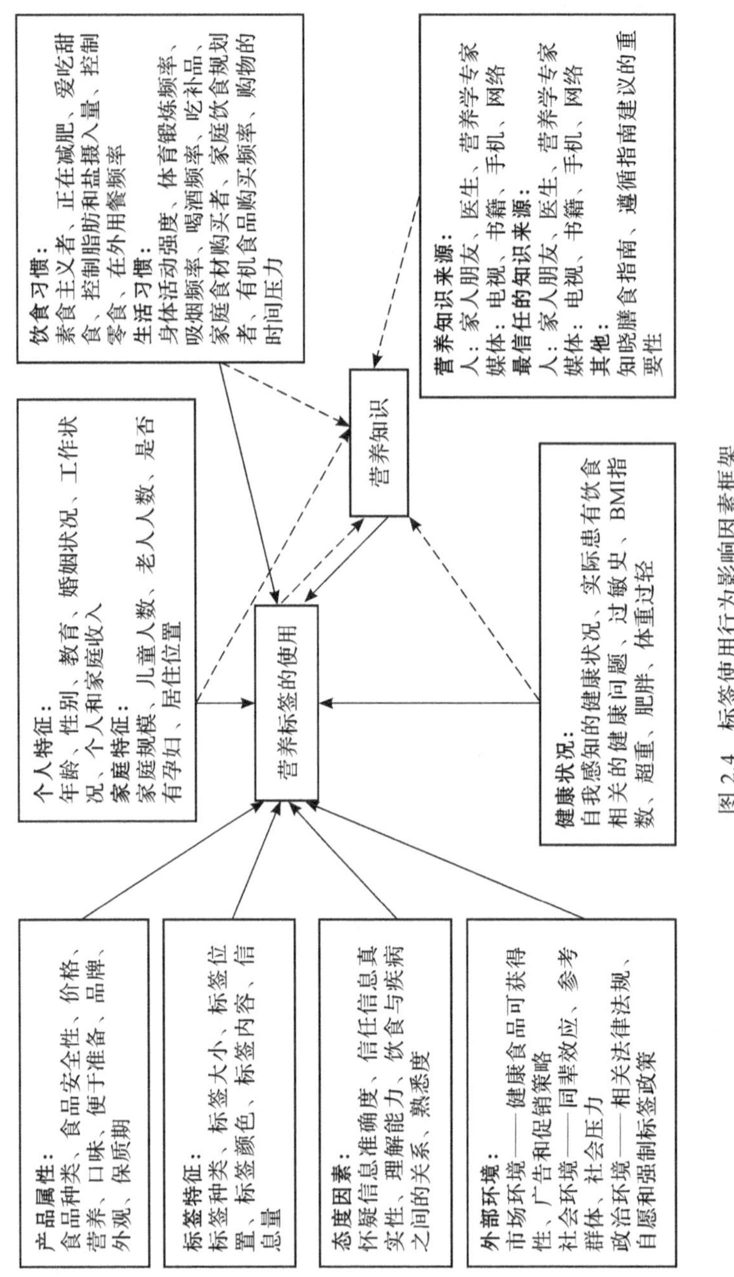

图 2.4 标签使用行为影响因素框架

养摄入的数据作为对照组；还需要同一个个体在两种情形下健康结果表现存在可分离的差异。而倾向分数匹配法对数据要求比较低，只需要获得个体在使用标签或不使用标签任意一种情形下的健康结果，然后通过匹配得到使用标签的个体在不使用标签情形下可能出现的结果。因此，在后面章节的分析中，本书主要采用倾向分数匹配法控制标签使用过程中可能出现的自选择问题。

此外，多数研究由于没有设置对照组，难以解决不可观测因素对结果产生的干扰，因此得出的政策建议可信度有待进一步检验。一些研究尝试使用内生转换模型、倾向分数匹配模型、差分模型等解决标签使用行为中的自选择问题。但内生转换模型和倾向分数匹配模型依赖于较强的排斥性前提假设；差分法虽不依赖该假设，但需收集市场中有标签信息和没有标签信息两种场景下的数据，可操作性较差。随机对照试验作为更直接、可操作性更强的研究工具，却很少应用于食物经济和政策效果评价领域。因此，在后面章节的分析中，本书结合随机对照试验获取数据进行分析。

2.3 消费者超重肥胖研究现状及述评

上部分主要基于本书的研究目的，从营养标签使用现状及其作用、消费者营养知识、个体时间偏好等角度，对营养标签使用行为相关的文献进行了梳理。营养标签一直被认为是促进消费者健康饮食、抑制肥胖率的重要措施。然而营养标签使用是否真正能起作用呢？现存文献对此存在诸多争议。另外，在当前中国预包装食品消费量以及超重肥胖群体迅速增加的大背景下，很少有研究量化分析预包装食品消费对中国居民超重肥胖的影响。因此，探究预包装食品消费对中国消费者超重肥胖的影响，以及营养标签对抑制中国消费者超重肥胖的作用，也是本书的研究目的之一。本部分将主要总结消费者超重肥胖相关研究，以期为本书后续研究提供参考和借鉴。

2.3.1 超重肥胖的危害

超重肥胖不仅严重影响个体的健康状况，还会给社会和政府带来沉重的财政负担。超重肥胖的危害可以总结为 3 个方面。

首先，超重肥胖与很多身体疾病有关（Must et al.，1999；Field et al.，2001），直接影响消费者个体的身心健康。Andreyeva，Michaud and van Soest（2007）利用欧洲 2004 年的老年退休人群的健康调查，使用欧洲各国 22777 人的数据样本，采用多元回归分析法，研究了欧洲 50 岁及以上人群超重肥胖等健康条件状况，并估计了 10 个欧洲国家超重肥胖等健康结果的差异和联系。结果表明，相对于正常体重的人群，更高的 BMI 会显著增加几乎所有的慢性疾病的发病率；且该影响在国家之间的差异并不显著。Thompson and Wolf（2001）发现肥胖的成年人糖尿病的发病率是正常体重的成年人的 6 倍；心脑血管病发病率是正常体重成年人的 3.4 倍。此外，不健康的体重状况（包括体重过轻和肥胖)还会显著降低个体的心理健康状况(Kabir et al.，2006;金李君、陈文龙和林希,2016)。

其次,超重肥胖会降低个体在劳动力市场的表现,进而对收入、社会就业等产生间接影响。尽管持续增加的肥胖率对不同地区劳动力市场的影响并不均衡,不同性别之间也存在差异,但研究结论基本一致。Cawley,Grabka and Lillard(2005)使用直系亲属的相关信息作为工具变量控制体重的内生性,研究了美国和德国人的肥胖对收入的影响。该研究发现,两个国家体重较重的女性收入显著降低,总的来说肥胖导致女性工资减少 20%;但体重对男性工资的影响并不显著。Cawley(2004)研究了肥胖对白人女性工资水平的影响,发现体重每增加两个标准差(约为 65 磅),工资降低 9%;从绝对值上来说,相当于 1.5 年的教育水平或者 3 年工作经验产生的影响。另外,Lundborg et al.(2006)研究了肥胖对欧洲十国 50 岁及以上成年人的就业、工作时间以及工资的影响,发现肥胖会显著降低男性和女性的就业率,且肥胖的欧洲女性相比于不肥胖的女性收入减少 10%,考虑健康因素之后,欧洲女性因肥胖导致的收入实际减少 9%;另外,肥胖的影响存在地区差异,总体来说肥胖对就业的影响在欧洲南部和中部最大。

最后,肥胖还会给社会和政府带来沉重的财政负担,不仅显著增加健康医疗成本,还会导致公共基础设施等社会经济成本的增加(WHO,2006)。例如,欧洲健康医疗成本中有 6%是由肥胖造成的。在美国,因肥胖导致的健康医疗成本增加了 36%,每年导致的直接或间接成本支出超过 1000 亿美元(Sturm,2002)。有学者指出,如果肥胖趋势得不到控制,肥胖将会很快取代吸烟成为造成死亡的主要可控诱因(Field et al.，2001)。例如,美国每年因肥胖导致的死亡人数超过 16 万人,即使控制吸烟、年龄等因素,肥胖直接导致的死亡人数也超过 11.2 万人(Ogden et al.，2012)。

2.3.2 导致超重肥胖的因素

(1)生理因素

遗传因素是超重肥胖最重要的影响因素。Friedman(2009)通过比较同卵和异卵双胞胎的 BMI 变化路径,发现肥胖具有可遗传性;且遗传因素对肥胖具有 70%~80%的解释力。但肥胖并不完全由基因决定,因为如果生活在饥饿的环境中,则不会肥胖。除了遗传因素外,最重要的影响肥胖的机制是运动和能量摄入机制。

人口统计学变量,如性别、收入、受教育水平、居住位置等,对超重肥胖也有显著影响。一些研究发现男性比女性更加容易肥胖(李思杰、周琦和彭焱,

2014)，可能的原因是女性控制体重的意愿比男性强烈。随着收入的提高，消费者的支付能力增强，对健康食品的可获得性增加，因而肥胖率可能降低(Plantinga and Bernell,2007;龚苹等,2015)。但一些研究发现收入对超重肥胖可能有反作用。例如，Salois，Tiffin and Balcombe(2012)利用不同国家不同营养素摄入的面板数据，使用非参数估计和分位数回归法，研究了收入和营养素摄入之间的关系，发现收入每增长10%，会导致卡路里消费增长1%。可能的原因是，收入提高后，消费者的饮食模式从高碳水化合物向高糖、高脂肪方向转变，因而肥胖率增加。

消费者的身心健康状况也会对肥胖起到反作用。首先，患有与饮食相关的疾病的消费者肥胖率往往会显著增加。如糖尿病患者发生BMI异常的概率是正常消费者的2.8倍，高血压患者发生BMI异常的概率是正常消费者的2.7倍(龚苹等,2015)。其次，心理健康状况较差的消费者，如感知的生活或工作压力比较大(Foss and Dyrstad,2011)，或患有抑郁症(Blaine,2008)等，肥胖率会显著提高。压力既是肥胖的成因也是肥胖导致的结果，具有双向因果关系。

(2)心理因素

消费者的营养知识和健康饮食的态度是影响其食物选择和超重肥胖的重要因素。Jensen(2015)开展了一项跟踪调查研究消费者的态度对乳制品购买行为的影响，发现态度对乳制品购买的可能性以及购买的乳制品的质量都有显著的正向影响。Acheampong and Haldeman(2013)构建了一个消费者知识、态度和自我实现能力指数(KAB score)，研究发现非洲裔美国妇女和西班牙妇女的KAB对超重肥胖有非常显著的影响。然而，实际决策时消费者并不一定会把自己健康饮食的态度应用于饮食行为。例如，Zhang et al.(2013)分析了中国成年消费者的钠摄入知识、态度以及饮食行为，发现80%的受访者更偏好低钠的饮食，70%的受访者具有减少钠的摄入量的意愿，但是真正将该偏好应用于饮食行为的人却只有39%。

个体时间偏好也是影响消费者饮食决策和体重状况的重要因素之一。一些研究发现个体时间偏好或折现率越高，患有超重或肥胖的概率会越大(如Komlos，Smith and Bogin，2004；Smith，Bogin and Bishai，2005；Borghans and Golsteyn，2006)。其中，Komlos，Smith and Bogin(2004)使用储蓄率作为时间偏好的代理变量，利用国际面板数据研究发现，西方国家肥胖率的增长与储蓄率呈现显著的负相关关系。Smith，Bogin and Bishai(2005)使用美国官方调查数据(National Longitudinal Sur-Borghans and survey of Youth ，NLSY)同样发现了消费者储蓄率与超重肥胖率之间显著的负相关关系。Borghans and Golsteyn(2006)利用一系列的时间偏好代理变量，如信用贷款的增加、赌博率的增加、偏好享乐主义生活方式等，发现时间偏好和消费者 BMI 具有显著的正相关关系。

(3)生活习惯

肥胖的形成机制中最重要的是能量摄入和运动机制。肥胖的直接原因是消费者摄入了过多的能量，而运动量较少，导致的能量供需不平衡(王利森、祁国鹰和李丰荣，2006)。Luntz(2009)将运动因素和食物摄入因素进行了分离，研究发现美国消费者体重增加的主要原因是卡路里摄入的增加，身体活动量的减少起到的作用则非常小。运动和食物摄入的影响还可能存在性别差异，例如，李园等(2008)考虑了数据在社区、个体、调查时间等方面的层次结构后，研究膳食和体力活动因素对 BMI 的影响，发现男性 BMI 受总能量摄入的影响较大；而女性 BMI 受体力活动时间的影响较大。

一些研究认为目前肥胖率迅速增长的主要原因是不健康食品的过度消费，如甜食、软饮料、油炸食品等。Richards，Patterson 和 Tegene(2007)使用随机参数 Logit 模型，发现人们确实存在对糖类物质比较强烈的上瘾，从而验证了现期消费者能量摄入过量的一个潜在的解释是，对食物营养素上瘾的假说。Basu et al.(2013)使用多重线性回归分析法，估计世界范围内 75 个国家的软饮料消费与肥胖、糖尿病患病率之间的关系。研究发现，无论是低收入国家还是中等收入国家，软饮料消费对超重、肥胖以及糖尿病患病率都有非常显著的影响。具体来说，软饮料消费每增加 1%，会导致成年人超重率增加 4.8%，肥胖率增加 2.3%，糖尿病患病率增加 0.3%。

此外，就餐速度和就餐环境也会影响消费者的 BMI。就餐速度方面，研究发现饮食速度越快，更加容易摄入过量，因而肥胖的概率增加(李思杰、周琦和彭淼，2014；Yamaji et al.，2018)。就餐环境方面，Wansink(2006)发现包装大小、容器形状、灯光效果、菜品种类等环境因素对消费者食物消费数量的影响非常显著。饮食是多维度的，很难被监控，导致消费者在实际消费中只关注选择饮食的类别，而忽略了消费量的多少，最终导致消费者在无意识中出现过度饮食的行为。

不充足的睡眠和电子产品的使用也会影响消费者的超重肥胖情况。首先，一些研究发现睡眠时间与 BMI 呈现显著的负相关关系(Gangwisch et al.，2005；Cappuccio et al.，2008；Bell and Zimmerman，2010；Garaulet et al.，2011)。Jones，Johnson and Harvey-Berino(2008)从病理学的角度研究了不充足的睡眠对肥胖的影响。发现睡眠不足会导致体内"消脂素"的减少和胃饥饿素的增加，进而导致肥胖。其次，随着科技的发展，电子产品如手机、电脑、电视等已成为人们生活中不可或缺的一部分。一些研究表明电子产品，尤其是电视和电脑的使用，会显著增加儿童和成人的肥胖率（van den Bulck，2004；Punamäki et al.，2007）。在卧室中摆放电视，会显著增加儿童超重或肥胖的风险（Dennison，Erb and Jenkins，2002）。

（4）环境因素

消费者所处的食物环境会直接影响其健康食品和不健康食品的可获得性，因而对其超重肥胖的作用不可忽视。Frankenfeld，Leslie and Makara（2015）把食物环境计算成不健康食品选择来源（快餐店、便利店、药房）的数量与健康食品选择来源（食品杂货店、特色食品店）的数量之间的比率。并将食物环境分为两个大类：若该比率≤1.0，说明食品来源比较健康；若该比率>1.0，说明食品来源比较不健康。使用K均值聚类分析法，将健康的食品来源进一步划分为3个子类别：特色食品，食品杂货店，餐馆；将不健康的食品来源进一步分成两个子类别：便利店，快餐店。研究发现，消费者的食物选择不仅与食物环境的健康程度紧密相关，健康或不健康的来源中不同类别的消费场所对健康的影响也存在显著差异。并建议促进消费者健康的饮食行为需要营造健康的食物环境，且需要扩大地区内特色食品（specific food）的供给。Bonanno and Goetz（2010）利用1997—2005年美国各州数据，研究了不同类别食物商店的数目对肥胖的影响，包括生鲜店、大型超市、有限营业时间的餐馆和24小时营业的餐馆等，发现在控制了水果和蔬菜的滞后期消费量后，食物商店的密度对超重肥胖有显著影响。其中，大型超市、有限营业时间的餐馆密度越大，肥胖率越高，而生鲜店以及24小时营业的餐馆的密度与肥胖率有显著的负相关关系。Chen，Florax and Snyder（2009）使用“空间计量经济模型”控制空间异质性问题，分析了城市食品市场中的快餐店和食品商店对肥胖的影响。他们控制了个体特征变量、个体行为变量以及附近环境特征后，设置了以个人家庭为中心、距离0.5英里的“当地食物环境变量”。研究发现超重肥胖存在空间集聚现象，且在外用餐尤其是快餐店的消费对肥胖率的增长有显著的正向影响。

尽管大多数研究认为消费者周围的食物环境对其体重状况具有显著影响，仍有研究发现食物环境的作用并没有想象中那么大。例如，Anderson and Matsa（2011）采用美国消费者食物摄入的微观数据进行分析，发现餐馆可获得性和餐馆消费并不会显著影响消费者的BMI；尽管餐馆用餐会增加卡路里的摄入，但这些额外摄入的卡路里会被一天中剩下时间进食的减少而抵消。消费者在外用餐消费量的增加，可能并不是导致肥胖的关键因素，只是反映了当下消费者对用餐方式的偏好。

（5）社会经济因素

城市扩张有可能导致居民肥胖率提高。首先，城市扩张扩大了人们的生活范围，使得走路、骑自行车等交通方式适用性降低，从而减少了人体活动。其次，越来越多的人选择乘用私家车后，交通拥堵逐渐严重，增加了人们的出行时间，进而导致身体锻炼的时间减少。因此，城市扩张后，人口密度增加，肥胖率可能会上升。另外，近期研究发现城市扩张与肥胖之间可能存在反作用。Plantinga and Bernell(2007)将一直作为外生变量的“地区选择”内生化，认为人们对居住位置可能存在自我选择，他们采用分组对比估计法，把移民和非移民分别进行估计；并进一步把移民、城市扩张水平较低地区的非移民、城市扩张水平较高地区的非移民，分别进行估计。对比结果发现，较高的 BMI 人群倾向于选择高扩张水平、高人口密度的城区。

科技进步可能会增加肥胖的风险(Cutler，Glaeser and Shapiro，2003)。一些研究发现越来越多的久坐不动的生活方式和工作，以及由于农业技术进步导致的食物价格的降低增加了人们热量的摄入，并减少了身体活动能量的消耗，最终导致肥胖率的提高(Lakdawalla and Philipson，2002；Finkelstein，Ruhm and Kosa，2005)。Cutler，Glaeser and Shapiro(2003)认为新技术的发展减少了食物准备的时间和食物价格，科技创新——包括真空包装、贮存方法的改进、速冻技术、人工香料和微波技术等——使食物可以集中制作，并运送到消费者手中快速消费。最终导致人们饮食的种类和频率都有所增多，进而提高了肥胖率。

食品价格或相对价格对居民超重和肥胖可能有非常显著的影响。Philipson(2002)利用 1976—1994 年的个体数据，发现食物价格和工作锻炼强度是人们体重增加的两个最重要的因素。40％的体重增加是由食品价格下降造成的，60％的体重增加是由在家中和工作中身体活动下降等能量需求因素导致的。此外，Chou et al.(2004)发现快餐店和 24 小时营业餐馆的价格与居民的 BMI 呈负相关关系。Burke(2006)考虑正常体重的内生性和代谢的异质性后，从人体代谢的角度研究食物价格下降对肥胖的影响，发现食物价格对体重的影响对于原始体重较重的群体更大。Jonah(2007)利用美国成人的营养调查数据，研究发现健康食品与不健康食品的相对价格对个人 BMI 有显著的正向影响。考虑相对价格测量的内生性，使用无铅汽油的价格做工具变量进行进一步分析，发现结果仍然稳健。然而，该影响虽然显著，但影响力比较小，相对价格只能解释 1％的 BMI 的增长以及超重肥胖的发病率。

(6)其他因素

超重和肥胖具有同伴效应。例如，Christakis and Fowler(2007)评估了 12067 名居民 1971—2003 年间社会网络的变化对其超重肥胖率的影响，发现如果有一个肥胖的朋友，则他(她)肥胖的概率会增加 57％。Costa-Font，Fabbri and Gil(2008)采用非线性双重分解法,详细对比分析了社会经济变量和环境变量对意大利和西班牙两个地中海国家的超重肥胖流行趋势的影响,发现当不控制同伴效应(社会环境)变量时,饮食习惯和教育水平是两个国家肥胖率差异的主要影响因子,可以解释36%~52%的差异。当控制社会环境变量即同伴效应时,这些因素的解释力度均不再显著,同伴效应可以解释46%~76%的国别差异。

最后,政策因素对超重肥胖的流行也可能有显著影响,但目前研究结果存在分歧。一些研究认为,农业补贴等政策的实行使食品尤其是致胖食品可获得性提高,价格却降低,最终导致肥胖率的提高(Pollan,2003)。Baum(2007)研究了美国的食品券政策的影响,发现食品券使用者会显著消费更多的糖类和肉类,因而更容易肥胖。此外,食品券政策对肥胖的影响对于低收入阶层的女性更为显著(Chen,Yen and Eastwood,2005)。然而,另一些研究发现政策对肥胖的流行并没有显著影响。例如,Alston,Sumner and Vosti(2008)研究发现美国的农业政策对农产品价格的影响比较小且具有混合效应,对致胖食品和非致胖食品的相对价格的影响则更不显著。Fan(2010)使用双重差分分析法研究了美国食品券政策对低收入女性肥胖、超重和BMI的短期影响和长期影响,发现结果均不显著。

2.3.3 小结与述评

近年来,超重和肥胖率在全世界范围内迅速提高,不仅给消费者个人的身心健康产生严重的负面影响,还会影响居民的工作效率和就业,并给社会和政府带来沉重的财政负担。因此,越来越多的学者关注肥胖问题,并探索肥胖的形成机制和影响因素,以期为抑制肥胖率的提高提出合理有效的措施。

影响超重肥胖的因素有很多,其中最重要的是遗传因素,其次是能量摄入—运动消耗机制。除了先天因素之外,肥胖形成的直接原因是消费者摄入了过多的能量而运动消耗不足,引起能量在体内集聚。例如,饮食速度过快、不健康食品过度消费、食品价格下降等因素可能导致消费者摄入过多的能量;而科技进步、城市化率的提高、电子产品的使用等因素可能导致消费者运动量下降。除此之外,消费者的性别、收入、受教育程度等人口统计学因素,消费者的营养知识水平,以及消费者对健康饮食的态度、时间偏好等心理学因素,均会影响消费者的BMI。

2.4 本章小结

本章在梳理与本书相关的信息经济学理论、新古典经济学理论、消费者行为理论和不确定性行为理论的基础上，分别从消费者营养标签使用行为和消费者超重肥胖等健康行为两个方面对相关文献进行了梳理。

相关的基础理论中，信息经济学理论对营养标签使用行为发生的机制和过程进行了概述。新古典经济学理论对消费者营养标签使用行为的整体性和目标性进行了定义。消费者行为倾向理论有助于理解消费者行为，尤其是健康行为决策的过程和影响因素，为营养标签使用行为提供了分析框架和思路。前景理论和时间偏好理论挑战了主流经济学中"理性人"的基本假设，为分析消费者标签使用行为的发生提供了一种新的理论框架，对于个体时间偏好的识别和使用，也提供了重要的理论参考。

实证研究方面，首先，虽然国外已有很多学者开展了针对消费者的营养标签使用行为的研究。然而，由于方法和数据的限制，目前仍然缺少针对我国消费者标签使用行为的实证研究。现存的关于中国消费者的研究一方面主要是描述性研究，解释性研究比较少；另一方面中国 2007 年开始实施的自愿标签政策限制了营养标签的作用，大多数预包装食品并不满足中国目前营养标签标准的要求。直至 2013 年中国开始实施强制性标签政策，针对改善食品市场环境，提高营养标签的普及率才有重要的促进作用。但目前国内的相关研究的调研时间主要集中在中国强制性标签政策实施之前，针对政策实施后消费者标签使用频率是否有所变化的研究很少。因此，在中国自 2013 年开始实施强制性标签政策的背景下，研究中国消费者标签使用行为，尤其是政策实施后中国消费者的营养标签使用频率现状及其影响机制，具有重要的现实意义。

其次，国际上对于营养知识和标签使用行为之间的关系存在很多争议，对于营养知识是否能起到增强消费者标签使用频率的作用的研究结论并不统一。研究结果的差异可能是由以下 3 个原因造成的。第一，营养知识的测量方法。不同学者使用的测量方法有很大差异，问题设置从 3 个问题到几百个问题不等。使用消费者不熟悉的专业术语等不恰当的测量方法，可能会低估消费者的营养知识水平（Dickson-Spillmann，Siegrist and Keller，2011），进而减弱知识对标签使用的作用。第二，营养知识测量的维度。不同学者设计的营养知识调查量表中包括的知识维度差异很大，有的学者只测量了营养素来源或饮食疾病之间的关系知识，并没有涵盖其他维度的营养知识，如日常食物选择知识、专家饮食建议知识等。因此，可能会低估营养知识的作用。只有尽可能地涵盖营养知识的各个方面，才有可能充分理解知识的作用。第三，内生性问题。标签使用行为对营养知识的积累可能存在反向因果关系，因而可能存在内生性问题，进而影响知识作用的评估。另外，国内的相关研究缺乏有效的营养知识测度量表，一些研究基于中国健康与营养调查中的问卷测量消费者的膳食知识，并不是真正意义上的营养知识。因此，结合中国消费者特殊性设计有效的营养知识测度量表，深入研究营养知识对消费者标签使用行为的影响，具有重要的现实意义和学术价值。

再次，过去的研究一般集中于从消费者人口统计学因素、日常行为习惯因素、产品或标签特征因素等方面，研究对消费者标签使用行为决策的影响，而甚少有学者从时间偏好等心理学角度，研究其对消费者标签使用行为决策的作用。使用营养标签信息选择健康食品的收益，如更加健康的身体、更低的患病率等，并不能立即实现，因此可能会受时间偏好的影响。时间偏好较高的消费者，更加看重当下的效用和享受，对长远的收益更不重视，因而可能更不愿意花费时间和金钱进行标签使用。时间偏好为研究消费者的标签使用行为提供了一个新的视角，有助于更加深入地理解消费者标签使用等健康行为。

另外，超重和肥胖率正在全世界范围内迅速提高，不仅在发达国家，在中国等发展中国家也同样发展迅速。超重和肥胖不仅给消费者个人的身心健康产生严重的负面影响，还会影响居民的工作效率和就业，并给社会和政府带来沉重的财政负担。因此，越来越多的学者关注肥胖问题，并探索肥胖的形成机制和影响因素，以期提出抑制肥胖率的合理有效的措施。营养标签一直被认为是改善消费者健康饮食行为、控制超重肥胖趋势的一项重要措施，但对其是否能真正发挥作用现存研究存在很多争议。传统经济学视角的研究发现，营养标签有助于减少消费者的信息搜寻成本，促进消费者选择健康食品。但行为经济学视角的研究发现，消费者在购物时容易出现非理性行为，如冲动消费、习惯性忽略营养信息等，使得营养标签信息的作用大打折扣。研究方法上，目前国内外大多数相关研究并未考虑消费者在营养标签使用过程中可能存在的自选择问题，即无法观测的个人特征对标签使用群体和不使用标签的群体可能产生不同的影响。

最后，我国目前的标签体系比较单一，仍然以复杂的背面营养成分表为主，消费者阅读营养信息的频率很低，存在营养信息渠道传播不畅的问题，缺乏丰富、有效的营养信息表现形式是影响标签作用发挥的主要原因，但国内关于营养信息传递有效性的研究尚未展开。目前学界从消费者自身因素和环境因素两大方面展开了丰富的研究，深入剖析了影响标签作用发挥的因素，但哪种表现形式的营养标签向消费者传递营养信息的有效性最强至今尚无定论。国外已有研究比较了“红绿灯”等颜色编码标签和营养成分表等数值型标签的有效性，但很少将一些新兴的标签形式，如身体活动标签、警告标签等，加入分析框架中。我国标签政策体系较为单一，针对营养标签的种类、表现形式等对消费者行为的影响的相关研究尚未展开。另外,国内外鲜少有研究从营养信息的价值判断(正面评价和负面评价)的维度对标签进行分类,评估信息传递有效性和对消费者决策的影响。研究方法方面,大多数研究没有设置对照组,因而难以解决不可观测因素对结果的影响,得出的结论可信度有待进一步检验。

3 国内外营养标签发展历程和政策梳理

上一章主要对与本书相关的基础理论和文献进行了梳理，在理论框架、研究内容、研究方法、研究思路等方面，为本书提供了借鉴和参考。本章将主要梳理国内外营养标签政策的发展历程，具体包括美国、欧盟、澳大利亚和中国的营养标签标示政策。通过对比不同地区的政策发展历史和政策现状，更加深入地了解营养标签的历史、内容和格式；发现我国标签政策同西方发达国家之间的差距，为政府标签政策的进一步完善提供参考和依据。

3.1 美国的营养标签标示政策

美国强制性营养标签政策的制定始于1990年，美国国会通过了《营养标签和教育法案》(Nutritional Labeling and Education Act，NLEA)。该法案于1994年正式实施，并规定美国食品和药品监督管理局(Food and Drug Administration，FDA)可以规范美国市场上除了餐馆提供的食品以外的绝大多数预包装食品外包装上的营养标签。1994年之前，美国的食品企业主要是以自愿标示的形式披露食品的营养信息。NLEA法案不仅强制美国企业披露食品的卡路里总量、来自脂肪的卡路里比重、脂肪、饱和脂肪、胆固醇、钠、碳水化合物、膳食纤维、蛋白质、维生素和矿物质等营养信息；同时规定若食品生产商在食品外包装上使用了营养声称的话，还必须披露食品中的钾含量。此外，该法案详细规定了食品营养成分表的格式，规定营养信息必须以表格的形式逐条披露，并把标题以及各种营养素信息清晰地分隔开。另外，营养信息的标示值必须根据该食品包装的实际重量计算。同时为了吸引消费者的注意，规定营养成分表的字体大小不能小于八号字等。从2006年1月开始，美国立法又加入了反式脂肪酸，作为食品营养成分表中必须披露的营养信息之一。

美国NLEA法案还详细规定了营养成分声称和健康声称的标示标准和格式。低卡路里、低脂肪等营养成分声称必须满足NLEA法案规定的标准，并把健康声称分为两种：重大科学协议(Significant Scientific Agreement，SSA)健康声称和合格的健康声称。其中合格的健康声称是指没有达到 SSA 的标准，食品和药品监督管理局无法正式授予其重大科学协议证书的健康声称。但合格的健康声称必须使用合理合法的语言揭示食品的实际特征。

2016 年 5 月，美国 FDA 对已经实行 20 多年的食品营养标签标准(NLEA)进行了第一次重大修订，改革了营养标签政策，从而更有利于帮助美国家庭做出更健康的食物选择。相比于旧版标准，新标准主要进行了以下调整。首先，对表格样式进行了规范，根据美国人实际每次的平均消费量规定了营养信息标示的单位分量，同时使用更大、更粗的字体进行标示。其次，根据美国人营养素的摄入情况对标示的营养素种类进行了调整，增加了“添加糖”信息，用于披露预包装食品中添加的非天然糖分的含量。主要目的是提醒消费者不要过度摄入“添加糖”，控制由此引起的超重和肥胖等健康问题。同时由于美国人饮食中缺乏维生素 A 和维生素 C 的情况得到了改善，因而不再强制企业披露这两种营养素信息；而美国人当前饮食容易缺乏维生素 D 和钾，因而将这两种营养素纳入必须披露的信息列表中。此外，由于饮食中摄入的脂肪类型比脂肪数量更加重要，因而美国 FDA 不再要求企业披露“来自脂肪的卡路里”信息，而是披露脂肪的类型，如“总脂肪含量”“饱和脂肪”和“反式脂肪”等。同时，根据美国最新膳食指南，更新了一些营养素的每日推荐摄入量，如钙、膳食纤维等。

除了政府规定的强制性标签之外，美国食品企业自 2001 年开始自发在预包装食品的正面披露营养信息。现如今，这种自愿标签主要演化为两类：第一类是“前置标签”，食品企业归纳总结食品的营养成分信息，并以通俗易懂的方式展示在食品外包装的正面；第二类是“货架标签”，食品企业归纳总结食品的营养成分信息，并以通俗易懂的方式展示在食品对应的货架上。

前置标签方面，自 2004 年开始，美国四大食品公司相继尝试对营养标签进行改进。首先，美国百事公司最早于 2004 年推出了第一个前置标签“智能圆点系统”(Smart Spot System)，2009 年 8 月又将该标签进行了升级，推出了“明智选择”(Smart Choices)体系。但是该标签制定时所使用的营养标准和基础并未公开，因此受到了多方质疑，最终被市场所淘汰。其次，2004 年通用磨坊公司(General Mills)推出了“善意提示”(Goodness Corner)营养标签，披露 15 种主要营养素的含量。但由于编码太过复杂，采用了 26 种不同符号、颜色、营养素含量，因而并没有起到很好的市场效果。2007 年，通用磨坊公司对标签系统进行了简化，推出了“营养亮点”(Nutrition Highlights)标示系统，主要披露食品中的优质营养成分。另外，2005 年卡夫食品公司(Kraft Foods)推出了“明智解答”(Sensible Solution)标示系统。当食品满足一定的健康标准后，在外包装的正面贴上“明智解答”标签。但该标签体系同样备受质疑，因为并没有向公众公布其使用的健康食品评判标准。最后，2007 年 10 月家乐氏公司(Kellogg's)推出了“营养速览”(Nutrition at A Glance)标签，主要以欧洲的每日参考摄入量指南为标准，将能量、脂肪、糖、钠等营养素信息通过醒目的标签标示出来，以便于消费者查阅。

最早的货架标签是“引路明星”(Guiding Stars)营养标签，由汉纳福德兄弟连锁超市公司推出。“引路明星”标签主要采用“五角星”标示健康食品，其中五角星的个数表示食品的健康程度。最多有 3 颗星，随着星级的增加，健康程度依次增加。由于该标签系统非常简单，便于快速地提示消费者食物的健康程度，因而在美国各个超市得到广泛应用。目前，美国有将近 2000 家超市使用该标签。除了“引路明星”标签之外，还有一种货架标签是由 NuVal 公司 2007 年推出的营养评分体系标签(NuVal)。该标签使用营养质量指数算法，对食品的总体营养价值进行打分，并用 1 ～100 的数字标示。该营养评分标签比“引路明星”标签更容易比较和区分不同类别的食品或同一类别不同品牌食品的健康程度，因此一经推出，就受到各大超市的追捧。此外，2012 年美国沃尔玛超市根据 2010 年颁布的美国饮食指南中的标准，推出了“最优选择”(Great for You)货架标签，在满足一定的营养健康条件的自营品牌食品的货架中贴上“最优选择”标签。

通过政府和食品企业的多方努力，美国已经形成了完善的标签标示系统，包括正面标签(FOP)、背面标签(BOP)、BOP 和货架标签、强制标签和自愿标签等各种形式，方便消费者根据自己的需求和偏好进行对比和选择。总体来说，营养成分表等营养标签主要标示在食品包装的背面，容易被消费者忽略；且披露的信息较多，增加了消费者处理营养信息的难度。前置标签可以精简归纳背面营养成分表中的复杂信息，并在食品包装的正面进行展示，形式也更加多样，如特殊营养成分标签和总体营养程度标签等。特殊营养成分 FOP 标签，只披露消费者关注的几个重要营养素，如卡路里、饱和脂肪、钠和添加糖信息。展示的形式包括每日摄取量标签(guideline daily amounts，GDA)和交通信号灯标签(traffic light，TL)等。总体营养程度 FOP 标签创建了食物健康程度的评价体系，如前述的营养评分体系标签或者“引路明星”标签等。其中营养评分系统标签将食品的营养值按照 1～100 进行打分，并在食品外包装的正面进行展示；而购物指南标签则是将食物的健康程度使用 0～3 级的星级进行表示，并展示在商品的货架上(见图 3.1)。

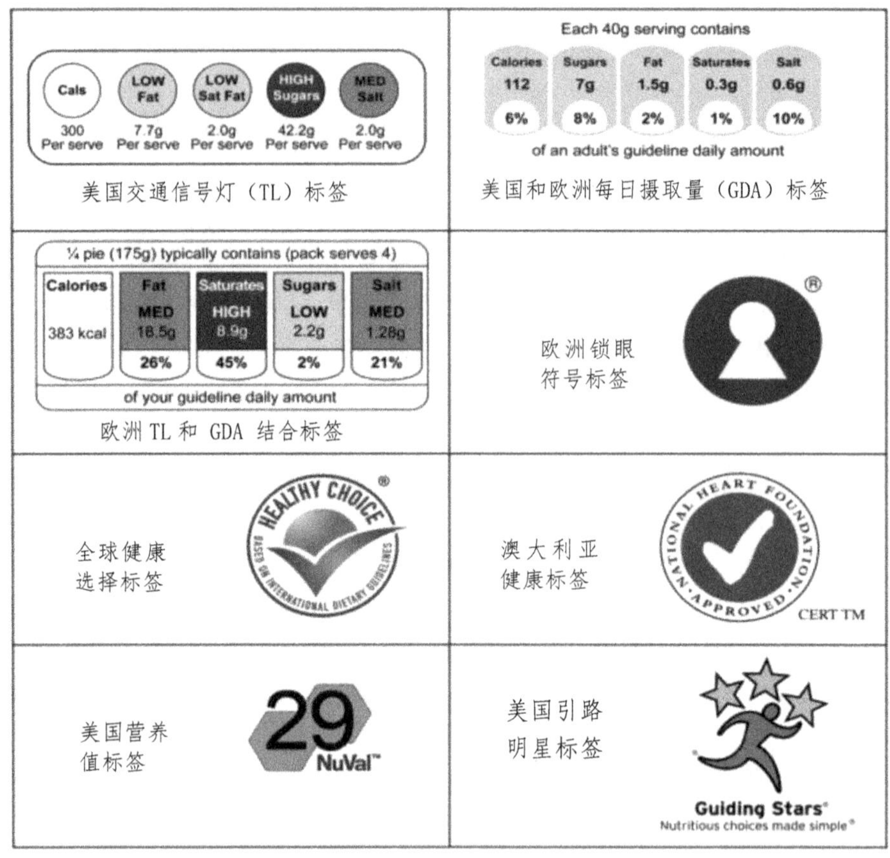

图 3.1　各国前置营养标签和货架标签示例

3.2　欧洲的营养标签标示政策

欧洲的营养标签政策适用范围更加广泛。欧洲共同体委员会于 1990 年颁发了委员会指令，该规定涵盖了几乎所有的食品，包括餐馆、医院、咖啡厅以及其他餐饮场所供应的除了纯天然矿泉水和补品之外的所有食品。但该指令采取自愿标示的政策，只有当食品标签或商品广告中出现营养声称或类似用语时，营养成分信息才会被强制披露。该指令还详细规定了欧洲营养标签的标示内容和格式，主要有以下两种：BIG4 和 BIG8。其中 BIG4 标示内容相对较少，主要包括 4 种营养素：能量、蛋白质、碳水化合物和脂肪。BIG8 标示内容相对较多，主要包括 8 种营养素：能量、蛋白质、碳水化合物、脂肪、饱和脂肪、添加糖、膳食纤维和钠。当营养声称中包含食品的添加糖、饱和脂肪、膳食纤维或钠时，厂商必须按照BIG8的标准和格式披露营养成分信息。此外，营养标签中还可以按规定披露淀粉、聚酯多元醇、单一不饱和脂肪、多元不饱和脂肪、胆固醇、维生素和矿物质等营养素的含量信息。

2003年1月，欧盟委员会决定对1990年的营养标签政策进行修订，并计划将原来的自愿标示政策转为强制，以进一步规范欧洲的食品市场。同年委员会提出了关于健康声称新标准的提案，用于规范营养标签中健康声称的标示，并广泛收集各方意见。2004年11月，委员会正式发布了强制性营养标签政策，应用于欧盟市场中所有的预包装食品，自此欧盟的营养标签政策正式由自愿标示转变为强制标示。

欧盟健康声称标准的实施则相对较晚，主要是因为各方利益相关者的需求和观点难以统一。直到2005年，欧盟议会投票通过了之前关于健康声称标准的提案，规定了食品健康声称对营养素的度量以及授权标示过程。2006年，欧盟议会对健康声称标准进行了修订，使健康或营养声称的标示与营养成分表的内容更加呼应和一致。同时严格规定了营养声称的使用条件，只有经过欧洲食品安全局(European Food Safety Authority)批准的营养声称才可以在食品标签中标示。

为了减少消费者的标签使用成本，帮助消费者快速理解营养标签的内容，欧洲开始探索最佳的前置标签形式，包括交通信号灯标签(TL)、每日摄取量标签(GDA)以及两种标签的结合形式等。其中TL标签由红、黄、绿3种颜色构成，分别表示该食品中某种营养素的含量高于、适合或低于消费者每日应摄入的数量。GDA标签则主要标示卡路里、脂肪等重要营养素含量占每日应摄入量的比重。此外，瑞典、丹麦、挪威等国家尝试使用了一种更加简化的“锁眼符号”标签，标示在“比较健康”食品的正面包装上。同样的简化前置标签还有澳大利亚的“健康标签”、全球“健康选择”标签等，这些标签主要是用一个“对号”(√)表示该食品达到了一些特定的营养标准。

3.3　澳大利亚的营养标签标示政策

2003年1月，澳大利亚也开始实施强制性营养标签标示政策，并规定所有的预包装食品必须标示食物营养成分表，披露食品中的能量、蛋白质、脂肪、饱和脂肪、碳水化合物、添加糖和钠信息。2003年12月，澳大利亚食品管理委员会发布了营养和健康声称新政策，允许企业按照规定标示营养成分声称和一些保健声称，但禁止企业标示其他类型的健康声称。2008年，澳大利亚政府对营养和健康等声称的标示进行了修订，进一步规范了声称的标示条件和内容。

2017 年 4 月，澳大利亚新西兰食品标准局修订了《澳大利亚新西兰食品标准法典》中对营养标签的规定，进一步规范了营养标签的标注格式、每日摄入量标准、含咖啡因饮料的标注要求、婴幼儿食品的标注要求等。其中含咖啡因饮料的营养成分表需要披露的信息除了能量、蛋白质、脂肪、饱和脂肪、碳水化合物、添加糖和钠之外，还需要披露咖啡因、硫胺素、核黄素、烟酸、维生素 B6 和 B12、泛酸、牛磺酸、葡醛内酯、肌醇等营养素的含量信息。

3.4 中国的营养标签标示政策

相比于发达国家，我国的食品标签政策起步比较晚。1987 年，我国首部食品标签政策《食品标签通用标准》(GB 7718—1987)正式颁布。针对我国市场上销售的所有预包装食品，该标准明确了食品标签需要标示的内容，并推荐食品生产商标示该食品含有的热量、营养素等信息。1992 年，原国家技术监督局对《食品标签通用标准》进行了修订，发布了《特殊营养食品标签》(GB 13432—1992)，主要用于规范一些特殊预包装食品的营养标签，具体包括营养强化食品、婴幼儿食品和调整营养素的食品，如低糖、低谷蛋白、低钠食品等，从而满足婴幼儿、病人等特殊群体的营养要求。该标准虽然仅针对特殊营养食品中的热量及营养素含量信息的标示，但也为一般食品中营养信息的披露提供了参考。1994 年，原国家技术监督局参照国际惯例再次修订了《食品标签通用标准》，对食品标签的标示内容和基本原则作出了更科学合理的规定，同时，鼓励食品企业以《特殊营养食品标签》中的规定为标准，披露一般食品中的能量、营养成分含量等信息。1994 年的《食品标签通用标准》和 1992 年的《特殊营养食品标签》是 20 世纪 90 年代食品标签管理的主要依据，为我国食品标签体系的建立奠定了基础。

进入 21 世纪后，我国标签政策得到了迅速发展(见表 3.1)。2001 年我国正式加入世界贸易组织(WTO)，国际标准对我国的政策环境提出了更高的要求。然而，2001 年“瘦肉精”“毒瓜子”等事件揭示出国内严峻的食品安全问题。2004 年，原质量监督检验检疫总局和国家标准化委员会对《食品标签通用标准》和《特殊营养食品标签》都进行了修订，分别发布了《预包装食品标签通则》(GB7718—2004)和《预包装特殊膳食用食品标签通则》(GB13432—2004)。虽然《预包装食品标签通则》仍然是一项自愿标示标准，但如果商家选择标示能量和营养素含量等信息，标示原则由原来的“可以按照 GB13432—1992 的规定”进一步规范为“应符合 GB13431—2004 的规定”，此外，增加了标示内容的文字、符号、数字高度等规定，以及单位名称和地址的标示要求等。《预包装特殊膳食用食品标签通则》把国际食品法典委员会的指导原则纳入了营养声称指南的规定，增加了允许标示能量、营养素含量水平和比较声称以及营养素作用的声称。为了满足特殊群体的生理需要，该通则强制特殊膳食食品企业标示蛋白质、脂肪、碳水化合物等营养素信息，这成为中国首部强制性食品标签管理标准。但由于该标准应用范围较窄，只适用于特殊膳食食品，因而并没有被消费者所熟知。至此，我国总体食品标签的标示政策逐步完善，但仍缺乏针对营养标签的详细的管理标准。

表 3.1　中国食品标签政策的发展

分类	标准法规名称（编号或发布日期）	自愿/强制
食品标签	食品标签通用标准（GB 7718—1987）	自愿
	食品标签通用标准（GB 7718—1994）	自愿
	预包装食品标签通则（GB7718—2004）	自愿
	食品安全国家标准 预包装食品标签通则（GB7718—2011）	强制
营养标签	食品营养标签管理规范（2007）	自愿
	食品安全国家标准 预包装食品营养标签通则（GB28050—2011）	强制
特殊膳食食品标签	特殊营养食品标签（GB13432—1992）	自愿
	预包装特殊膳食用食品标签通则（GB13432—2004）	强制
	食品安全国家标准 预包装特殊膳食用食品标签（GB13432—2013）	强制

为了弥补营养标签管理政策的空白，国务院发布了《中国食物与营养发展纲要（2001—2010 年）》，将制定《营养标签管理办法》提上了日程。卫生部于 2007 年 12 月颁布了《食品营养标签管理规范》，成为我国第一部营养标签管理标准。该规范仍采取自愿标示的方法，对于自愿披露营养信息的企业，要求首先标示能量、蛋白质、脂肪、碳水化合物和钠等营养素信息，且标示方式需要符合该规范的详细规定。自此，我国食品营养标签管理制度初步形成。然而，除了 2004 年的《预包装特殊膳食用食品标签通则》，其他所有的标签政策均是自愿执行，因而并没有受到企业和消费者的广泛重视（何学军和杨月欣，2005；王凤玲、杨月欣和王玉，2010）。

2009 年，国家颁布了《中华人民共和国食品安全法》，标志着我国食品安全法制管理迎来了新纪元。根据该安全法："食品安全标准应当包括对食品安全、营养有关的标签、标识、说明书的要求。"基于该法律，卫生部对食品标签通用标准进行了进一步修订，并于 2011 年颁布了《食品安全国家标准 预包装食品标签通则》(GB7718—2011)，并一直沿用至今。GB7718—2011修改和明确了该规则的适用范围，修改了食品添加剂、生产者、经销商等的标示方式，增加了对致敏物质、规格等内容的标示要求。同时，为了披露和传播食品营养信息、引导消费者进行健康的食品选择，卫生部颁布了《食品安全国家标准 预包装食品营养标签通则》(GB28050—2011)，并于2013年1月1日起在全国范围内强制实施。该通则明确规定："所有预包装食品营养标签必须标示的内容包括能量，蛋白质、脂肪、碳水化合物、钠4种核心营养素的含量值及其占营养素参考值(NRV)的百分比。"该通则借鉴了国外的管理经验，充分考虑了之前规章制度的实施情况，便于食品企业应用该标准合理标示营养信息。至此，我国营养标签政策从自愿披露变成强制披露，标志着我国的食品营养标签的管理迈入了一个新的阶段。

3.5 国外营养标签发展历程对中国的启示

美国、欧盟、澳大利亚的标签政策实施时间比较早，已经形成了比较成熟的标签体系，对我国标签政策的发展和标签内容的设计具有重要的启示意义。

首先，我国应加强立法，根据中国消费者的饮食特点增加披露的营养素信息种类。目前中国市场上强制食品企业披露的营养成分表中只包含5种营养素——能量、蛋白质、脂肪、碳水化合物和钠的信息。其中脂肪并未披露脂肪的种类信息，如饱和脂肪、不饱和脂肪、反式脂肪等。美国、欧盟、澳大利亚等地区广泛披露的添加糖、膳食纤维等信息在我国市场的标签中也并未涉及。现如今，随着城市化的推进和生活方式的改变，预包装食品消费量不断增加。而经过加工后的食品易含有较多的添加糖，膳食纤维的含量比较低。因此，我国应加强立法，增加营养素信息的披露种类，尤其应注重披露食品中的添加糖、膳食纤维等信息。

其次，除了目前国内广泛采用的背面标签，应同时开发和应用前置标签和货架标签，并使用颜色、图形等方式优化标签内容的表现形式，便于消费者理解和应用营养标签。例如，结合红黄绿等颜色标示食品含有的营养素的健康程度的交通信号灯标签，或使用图形表现食品中重要营养素的含量及其占日常推荐摄入量的百分比，或按照科学的标准，对食品的健康程度进行打分，并在食品外包装的正面进行标示，也可以利用"对号""星级"等形式简单明了地展现食品总体的健康程度。

再次，发挥食品企业在标签形式和内容制定中的作用，鼓励食品企业开发和应用新型标签形式，营造良好的市场环境。纵观国外标签政策体系的发展，食品企业在标签内容和形式的创新和应用中起到了至关重要的作用。美国的前置标签和货架标签均为在美国大型食品企业带领下的标签市场创新活动的产物。引导企业设计和开发不同的标签形式，不仅有助于设计更加宜于消费者理解和应用的标签，创造良性竞争的市场环境，为政府立法奠定市场基础，同时有助于企业采用适宜的销售策略，提高食品知名度等。

最后，国内外目前对预包装食品的营养标示已形成相对完善的标签政策，但对于在餐馆等场所消费的食品仍未出台相关的营养标示政策。随着现代生活方式的改变，消费者在外用餐的次数和消费量均不断增加，已成为其饮食中非常重要的一部分。因此，我国应加强立法，推广营养标签的应用范围，要求餐馆标示菜品中的各种营养成分信息。为了提高政策实施的便利度，可以首先在中型或大型餐馆中应用，标示其菜品的能量、蛋白质、脂肪等关键营养素信息。

3.6　本章小结

通过梳理国内外标签政策可以发现，西方发达国家强制性标签政策实施的时间比较早，发展历史悠久，标签政策相对成熟；强制食品企业披露的营养素种类也比较全面，标签形式更加多样。其中美国的标签政策历史最悠久。美国于1994年开始实施强制性标签政策，采用的标签形式不仅包括前置标签和背面标签，还包括各企业自发设计、自愿披露的货架标签等。澳大利亚和欧洲分别于2003年和2004年开始强制企业披露营养信息，其中欧洲的标签政策不仅针对食品商店中出售的预包装食品，还对餐馆消费的食品也进行了营养信息披露的规定。而中国的标签政策起步比较晚，直至2013年1月才开始实施强制性标签政策，目前食品市场中的标签种类还比较少。

强制企业披露的营养素信息种类方面，不同地区的政策措施也有所不同（见表3.2）。美国要求披露的营养素种类比较多，包括卡路里总量、脂肪、饱和脂肪、反式脂肪、胆固醇、钠、碳水化合物、膳食纤维、蛋白质、添加糖、维生素、矿物质等。欧盟对食品市场实施双重标准：对没有标注营养声称的食品强制披露4种营养素信息，包括能量、蛋白质、碳水化合物和脂肪；而对标注了营养声称或类似用语的食品强制披露8种营养素信息，包括能量、蛋白质、碳水化合物、脂肪、饱和脂肪、添加糖、膳食纤维和钠。澳大利亚强制企业披露的营养素信息主要有7种，具体包括能量、蛋白质、脂肪、饱和脂肪、碳水化合物、添加糖和钠的信息。中国目前强制企业披露的营养素信息种类只有5种，包括能量、蛋白质、脂肪、碳水化合物和钠。

表 3.2　部分国家/地区营养标签政策对比

国家/地区	强制性标签政策实施年份	强制性披露的信息种类	适用范围	标签形式
美国	1994	卡路里总量、脂肪、饱和脂肪、反式脂肪、胆固醇、钠、碳水化合物、膳食纤维、蛋白质、添加糖、维生素、矿物质	预包装食品	FOP、BOP、货架标签
欧盟	2004	BIG4：能量、蛋白质、碳水化合物和脂肪 BIG8：能量、蛋白质、碳水化合物、脂肪、饱和脂肪、添加糖、膳食纤维和钠	预包装食品、餐饮业供应食品	FOP、BOP
澳大利亚	2003	能量、蛋白质、脂肪、饱和脂肪、碳水化合物、添加糖、钠	预包装食品	FOP、BOP
中国	2013	能量、蛋白质、脂肪、碳水化合物、钠	预包装食品	BOP

国外标签政策的发展对我国标签政策的完善和标签内容的设计具有重要的启示意义。首先，我国政府应加强立法，根据中国消费者的饮食特点增加披露添加糖、饱和脂肪等营养素信息。其次，除了目前国内广泛应用的背面营养成分表标签以外，应同时开发和应用正面食品标签和货架标签，并通过颜色、图形等形式凸显营养信息，帮助消费者理解和应用。此外，调动食品企业的主观能动性，鼓励食品企业参与开发和应用新型标签。最后，加强立法，推广营养标签的应用范围，要求中型和大型餐馆标示菜品中的各种营养成分信息，制定在外用餐场所的营养信息披露标准。

4 中国消费者营养标签使用行为现状分析

4.1 引言

第3章主要通过对各国营养标签政策和标示内容的梳理，将我国的标签政策与美国、欧盟、澳大利亚等国家/地区的政策进行了对比。相比较而言，我国的营养标签政策起步晚，标示的营养素种类少，标签位置不够明显。2013年1月开始正式实施的强制性标签政策，是我国食品市场的一项重大进步，强制食品企业披露能量、蛋白质、脂肪、碳水化合物和钠信息。目前学界虽然对中国消费者营养标签使用行为开展了一系列的研究，但主要集中在强制性标签政策实施之前，对强制性标签政策实施后消费者营养标签使用行为知之甚少。另外，由于缺乏官方调查数据，现存关于中国消费者的研究主要利用一或两个城市的调查数据进行分析，样本代表性显著不足，难以反映全国消费者的整体情况。因此，本章将通过自主设计的调查量表，在全国5个省份10个城市进行消费者调查，据此详细分析中国消费者在中国强制性标签政策实施后的营养标签使用行为现状。

为了抑制肥胖率的增长，各国政府纷纷采取措施降低市场信息的不对称性，加强消费者信息甄别的能力，营造更健康的食物环境。采取的措施主要包括：实施强制企业披露营养信息的营养标签政策；开展提高消费者营养知识水平的教育项目；举办增强消费者利用营养信息进行食品选择的推广活动；对不健康食品，如添加糖或脂肪等致胖营养素含量高的食品，征收食品税；对健康的食物产品进行税收补贴等。在所有的措施中，营养标签标示政策是广泛应用的最有效的措施。

营养标签可以向消费者披露预包装食品的营养信息，减少甚至消除市场信息的不对称性(Caswell and Mojduszka，1996；Akerlof，1970；Nelson，1970)。不仅如此，很多研究发现营养标签信息能够影响消费者的食物选择动机(Miller and Cassady，2012)，改善消费者对预包装食品的购买行为(Nayga et al.，

1998；Brecher et al.，2000；Drichoutis，2005），提高消费者的饮食质量（Kim，Nayga and Capps，2001；Coulson，2000；Grasso et al.，2017；Kumar and Kapoor，2017；Teisl，Bockstael and Levy，2001；Barreiro-Hurlé，Gracia and de-Magistris，2010），且营养标签印制在食品的外包装上，随商品一起销售，相关的成本比较低。因此，营养标签一直被认为是减少消费者预包装食品消费，引导消费者做出更健康的食物选择的有效干预措施。

为了抑制肥胖率的增长，中国政府自 2013 年 1 月开始实施强制性标签政策，强制食品企业披露能量、蛋白质、脂肪、碳水化合物和钠信息，大大增强了营养标签的普及力度和规范性。虽然已有相关研究针对中国消费者的营养标签信息使用情况进行了调查和分析，但大多集中在中国强制性标签政策实施之前，且抽样调查的范围十分有限（如王凤玲、杨月欣和王玉，2010；Liu，Hoefkens and Verbeke，2015；范焱红等，2015），较少有研究针对中国强制性标签政策实施后消费者营养标示信息的使用情况及其相关影响因素进行深入分析。目前针对中国消费者开展的研究，比较有代表性的是 Liu，Hoefkens and Verbeke（2015），以及 Song et al.（2015）。其中 Liu，Hoefkens and Verbeke（2015）使用北京和保定地区的调查样本，从消费者对营养标签信息的理解能力的角度，实证分析了营养标签使用行为的影响因素。样本的调查时间位于中国强制性标签政策实施之前，并发现 28.5% 的中国消费者经常或总是阅读营养标签，消费者对营养标签信息的主观理解水平对其营养信息的使用具有显著的正向影响。Song et al.（2015）在中国强制性标签政策实施后，对湖北武汉市的消费者进行了问卷调查，发现大多数消费者比较信赖营养标签，经常或总是阅读营养标签信息的消费者比例约为 28.7%。这两个研究的调查时间和地点虽然不同，但均表明中国消费者经常阅读标签的比例不足 30%，揭示出中国消费者营养标签使用率仍然偏低的现状。这与发达国家存在很大差距，大量关于欧美发达国家的消费者的研究发现，40%～60%的消费者总是阅读和使用营养标签信息（见表 2.1）。

因此，本节的总目标是开展全国范围的消费者调查，全面分析中国强制性标签政策实施后，消费者对营养标签的使用情况。首先，本章在现有的国内外研究文献和书籍的基础上，根据中国消费者的消费和饮食习惯设计适合中国消费者营养标签使用行为的调查问卷。其次，在中国河北、湖北、浙江、广东、四川 5 个省份开展消费者调查。最后，结合已有文献，通过描述性统计方法归纳分析我国消费者在强制性标签政策实施后，对营养标签信息的使用现状，并区分性别、受教育程度、收入、地理位置等特征进行归纳总结。

4.2 问卷设计与消费者调查

为了完成研究目标，检验本书的理论假设，需要相关的消费者食品消费行为数据。然而在现有的各种公开的统计资料中，无法找到与本书主题相关的消费者数据。因此，本书需要根据研究目标进行数据收集。相关研究中数据收集方法包括但不限于访谈法、问卷调查法、试验法等。本书主要通过面对面的消费者访谈，设计并实施消费者问卷调查，从而获取所需的数据。

4.2.1 问卷设计和构成

本书的问卷设计主要根据国内消费者访谈的反馈，国内外相关文献、相关调查问卷，以及营养学和试验经济学专家的建议等。总体来说，问卷的设计过程主要可以分为 3 个阶段。

第一阶段：文献归纳。通过查阅消费者食物营养标签使用行为、消费者营养知识、消费者时间偏好、消费者超重肥胖等方面的文献，将研究中涉及消费者食品营养标签使用行为的因素识别、营养知识和时间偏好的测度方法等进行归纳总结；同时参考中国营养学会推荐的《中国居民膳食指南》等书中对中国居民各营养素推荐摄入量的意见，结合国内消费者饮食习惯，以及本书的实际情况，形成最初包括 6 个方面、共 42 个因素的量表。

第二阶段：对杭州消费者进行访谈调查。随机选择杭州的一个小区、一个大型超市和一个农贸市场作为访谈地点，对不同性别、不同年龄层次的消费者进行访谈调查。访谈提纲见附录 1。访谈的目的主要有 3 个：一是就初始量表询问被访者的意见；二是询问消费者相关消费和饮食习惯，以及消费者对于健康食品和不健康食品的理解等，作为对最初量表的补充；三是根据消费者熟悉的食品用语，对问卷的用词进行调整，尽量使用消费者的自然语言进行表达，以使问卷更加通俗易懂。如使用“食盐”替换问卷中的“钠”；删除了“不饱和脂肪酸”等消费者不熟悉的专业用语。

第三阶段：预调研，形成最终问卷。正式调研开始前，首先在杭州进行了预调研。随机选择了杭州一个大型超市，对 50 位消费者发放测试问卷，进行面对面的问卷调查，并根据预调研的情况以及消费者的回答修改问卷。最终，本书采用的调查问卷分为 6 个部分、共 38 个因素的量表。本书的正式调研开始于 2016 年 7 月底，并于 2016 年 9 月初结束。

最终的调查问卷由 5 部分构成：第一部分主要调查消费者的人口统计学特征、经济特征、家庭特征、体重情况等；第二部分主要调查消费者的日常行为习惯,包括吸烟、喝酒、体育锻炼、吃补品以及购物习惯等;第三部分是关于消费者对不同种类营养标签信息的使用情况、对待标签的态度和理解能力,以及消费者的饮食习惯等;第四部分主要调查消费者的营养知识及其来源;第五部分主要调查消费者的个体时间偏好等特征。

问卷的可靠性要求问卷设计过程科学合理。在进行问卷设计时,避免使用复杂的专业术语或具有导向性的问题。同时,避免过于抽象的表述,语言尽量通俗易懂、准确具体,避免歧义、多重含义等问题。对于上述问题,本书在问卷设计之初便使用多种方式进行了修正。首先,采用多轮消费者访谈和预调研,征询被访者的意见,不断对问卷的设计和表述进行完善。其次,经过相关营养学家和试验经济学家的把关,依照其建议对问卷进行进一步修改。最后,在问卷调查过程中,对调研员进行培训和指导,确保其能正确把握每一个问题的含义和目的,并向消费者正确解释问题的逻辑,确保消费者正确地理解和回答每一个问题。

4.2.2 抽样方法与调研过程

本书主要通过面对面的消费者访谈获取所需的数据。为了保证代表性,样本选取过程主要采用多层次的随机分层抽样方法。

第一步选择调查省份。中国幅员辽阔,东中西部和南北方的经济发展水平、消费者饮食习惯等方面均有显著差异。为了控制不同区域消费者的异质性,基于本书的基础和所具备的条件,主要选择了河北、广东、浙江、四川和湖北5个省份,分别代表中国北部、南部、东部、西部和中部地区。第二步选择调查城市。在每一个省份,首先按照2015年的人均GDP水平将省内的所有城市进行排序;并将该省的城市平均分成两组,分别为经济较发达的城市组和经济较不发达的城市组。然后在经济较发达的城市组和经济较不发达的城市组中各随机抽取一个城市。由此,每个省份通过这种方法随机选取出一个较发达城市和较不发达城市,本书共随机选取了10个调研城市。第三步确定调研地点。由于本书主要与消费者的食品消费有关,因此本书的调研地点主要为各个城市不同区域的大型超市和农贸市场。首先根据每个城市的行政区划划分区域,其次随机抽取两个行政区作为调研区域,最后在每个调研区域随机选取一个大型超市和农贸市场确定为最终的调研地点。

在实际调研过程中,主要通过以下方式控制问卷质量。第一,调研开始之前对每个城市的调查员开展集中培训,解释问卷的整体结构以及每个问题及其选项的含义,强调调研过程中需要注意的问题等。第二,在获得调研地点的管理人员的许可之后,调研员随机选择消费者进行面对面的问卷调查。调研过程如下：调研员就位后询问第一位进入调研点的消费者，向其阐述此次试验的目的和过程，并咨询该被试者参与调查的意愿。若其同意，则开始问卷调查，并确保被试者对问卷中的每一个问题均彻底理解。若该被试者拒绝调查，则继续询问下一个进入调研点的消费者，直到找到愿意接受调查的被试者为止，如此重复进行。调研完成后，消费者可以获得10元的补偿，作为该消费者参与问卷调查的报酬。第三，为了保证被访消费者的代表性，调研中只选择在当地居住时间超过一年的18岁及以上的消费者进行调查。居住时间不满一年的流动人口难以反映当地居民的消费和饮食习惯，因而在调研中被直接舍弃。选择18岁及以上的成年消费者是因为18岁及以上的消费者对自己的消费和饮食具有一定的自主性和独立性，比较能够反映消费者的实际饮食习惯和偏好。

4.2.3　问卷回收和可靠性

为了保证问卷质量，本书问卷的发放只采取调研员现场随机发放的形式。各个地区的调研员经过培训后，按规定在事先确定好的调研地点随机采访当地消费者。对于18岁及以上在当地居住时间超过一年的消费者，进行一对一问卷调查和访谈。由于本书调研从杭州开始，预调研也在杭州进行，因此杭州的问卷发放数量较多，为140份。四川成都调研的开展相对比较顺利，总共发放了140份问卷。其他地区的问卷发放数量均为125份。

本次问卷调查的回收率比较理想，总共发放问卷1280份，回收1238份，问卷总体有效回收率达到96.72%（见表4.1）。一方面是因为，每一份问卷均为调研员一对一面谈的形式进行填写，确保受访者理解问卷中的每一个问题，有效保证了问卷的回收率；另一方面是因为，本次调研的地点主要为超市和农贸市场等消费者经常购买食品的场所，在此进行消费者食品消费行为相关的调查引起了消费者广泛的兴趣。

表4.1　调查问卷回收数量和分布

地区	省份	城市	人均GDP	发放数量	回收数量	回收率/%
东部	浙江	杭州	高	140	135	96.43
		湖州	低	125	117	93.60
中部	湖北	武汉	高	125	124	99.20
		咸宁	低	125	123	98.40
西部	四川	成都	高	140	134	95.71
		资阳	低	125	121	96.80

续表

地区	省份	城市	人均 GDP	发放数量	回收数量	回收率/%
南部	广东	广州	高	125	115	92.00
		清远	低	125	123	98.40
北部	河北	石家庄	高	125	121	96.80
		承德	低	125	125	100.00
总体				1280	1238	96.72

问卷收集完成后，我们进一步对问卷进行了检验，发现问卷整体具有良好的信度和效度。问卷各个部分的克朗巴哈系数(Cronbach's α)均大于0.7，超过了内部一致性要求的标准(Kline，1993)，说明问卷具有良好的可靠性。另外使用平均方差提取值(Average Variance Extracted，AVE)检验问卷的收敛一致性，发现问卷总体上来说是有效的。

4.3 结果分析与讨论

4.3.1 样本的基本信息

(1)消费者样本的年龄分布

此次消费者调查选取的样本为18岁及以上居民，从调查获取的消费者样本的年龄分布来看(见表4.2)，样本的平均年龄为34.66岁，和同期《中国统计年鉴》抽样调查获取的平均年龄(37岁)基本接近。但年龄分布偏年轻化，18～29岁样本有516个，占全部样本的41.68%；同期全国该年龄段人口占总人口的比例约为32.04%。30～39岁问卷调查样本数为338个，占全部样本的27.30%；同期全国该年龄段人口占总人口的比例约为21.77%。可能的原因是本书的调查地点主要为各地区的大型超市，而将大型超市作为主要购物场所的群体偏年轻化。年龄较大的消费者更倾向于农贸市场等购物场所。

表4.2　调查样本年龄分布

年龄	本次调查样本		《中国统计年鉴》样本	
	频数	百分比/%	频数	百分比/%
18～29	516	41.68	247327	32.04
30～39	338	27.30	168058	21.77

续表

年龄	本次调查样本		《中国统计年鉴》样本	
	频数	百分比/%	频数	百分比/%
40～49	227	18.34	199353	25.82
50 岁及以上	157	12.68	157246	20.37
总体	1238	100.00	771984	100.00
平均年龄	34.66	37.00		

数据来源：问卷调查数据和 2017 年《中国统计年鉴》。

(2)消费者样本的性别

从样本的性别分布来看(见表 4.3)，本次调查样本中女性样本多于男性样本。男性和女性样本数分别为 575 人和 663 人，分别占总样本的 46.45%和 53.55%。而同期《中国统计年鉴》样本中男性群体约有 51.22%，比女性群体多 2.44%。由于中国家庭中承担购买食品任务的成员多为女性，本次调查样本的性别分布仍然是合理的。

表 4.3 调查样本性别分布

性别	本次调查样本		《中国统计年鉴》样本	
	频数	百分比/%	频数	百分比/%
女性	663	53.55	564932	48.78
男性	575	46.45	593087	51.22
总体	1238	100	1158019	100

数据来源：问卷调查数据和 2017 年《中国统计年鉴》。

(3)消费者样本的受教育情况

从样本的受教育程度分布来看(见表 4.4)，被调查者的受教育程度主要集中在大专或本科，有 633 人，占所有被调查样本的 51.13%。其次为高中、中专或技校群体，有 324 人，占所有被调查样本的 26.17%。接着是初中程度的群体，有 178 人，占被调查样本的 14.46%；硕士及以上学历的群体有 72 人，占被调查样本的 5.82%。最后是小学及以下的群体有 30 人，占被调查样本的 2.42%。

本次调查样本的受教育程度与《中国统计年鉴》样本相比明显偏高。2017 年《中国统计年鉴》显示，2016 年中国居民受教育程度按照比例高低排序依次为：初中，小学及以下，高中、中专或技校，大专或本科，硕士及以上；分别占总群体的 38.84%、31.32%、16.91%、12.40%、0.54%。可能的原因是本书开展的问卷调查全部在城市地区进行，并未包括农村居民样本。而中国农村居民的受教育程度显著低于城镇居民，因而拉低了全国居民的总体受教育水平。

表 4.4　调查样本受教育程度分布

受教育程度	本次调查样本		《中国统计年鉴》样本（6 岁及以上）	
	频数	百分比/%	频数	百分比/%
小学及以下	30	2.42	337387	31.32
初中	179	14.46	418395	38.84
高中、中专或技校	324	26.17	182171	16.91
大专或本科	633	51.13	133573	12.40
硕士及以上	72	5.82	5797	0.54
总体	1238	100.00	1077323	100.00

数据来源：问卷调查数据和 2017 年《中国统计年鉴》。

4.3.2　中国消费者营养标签使用行为现状

中国 2013 年 1 月开始实施强制性标签政策后，消费者营养标签使用行为现状如何？尽管一些研究使用描述性统计方法研究过中国消费者营养标签使用情况（如 Liu et al.，2015；Song et al.，2014；张睿佳等，2014；徐爱萍等，2010），但调研时间均在强制性标签政策实施之前，难以反映当下强制性标签政策实施后消费者的营养标签使用现状。另外，相关研究的调研地点多囿于一二个城市，难以反映中国消费者的整体情况。因此，使用更加广泛的样本研究中国消费者营养标签信息的使用情况具有重要的现实意义。本书的调查样本涵盖了中国五大省份，样本代表性显著提高。且调研时间集中在 2016 年 7—9 月，此时，中国强制性标签政策已经实施 3 年有余，有利于反映强制性标签政策实施后中国消费者对营养信息的利用情况。

（1）两种营养标签的搜寻频率

中国消费者对营养成分表的使用频率偏低，不仅远低于发达国家消费者的使用频率，和强制性标签政策实施之前相比，也并未有所改善。如图 4.1 所示，1225 个调查样本中，189 个消费者从来没有关注过食品包装上的营养标签，占总体的 15.43%。351 个消费者很少关注营养标签，占总体的 28.65%。购买食品时经常或总是阅读营养成分表的人数为 214 人和 55 人，分别占总体的 17.47%和 4.49%。而在美国或欧洲等发达国家/地区，购买食品时经常或总是阅读营养标签的消费者的比例为 40%～60%（见表 2.1），是国内消费者的 2～3

倍。另外，和强制性标签政策实施前的研究相比，国内消费者营养标签使用频率并未有所提高。调研时间在强制性标签政策实施前的一些研究发现，国内消费者经常或总是阅读营养标签的比例将近30％(如陈卫平和牛明婵，2009；Liu et al.，2015；Song et al.，2014)，略高于本书获得的结果。不过之前的研究为了便于开展，调研地点一般选择北京、广州等特大城市，这些地区消费者素质和食品可获得性比其他地区更好，因而可能得到偏高的结果。而本书的调研样本涵盖了国内五大省份的高收入城市和低收入城市，代表性更强，因而获得的结果也会偏低。但总体上研究结果揭示了现阶段中国消费者营养信息使用频率偏低的现状。原因可能在于，虽然中国已经于2013年开始实施强制性标签政策，但配套的宣传政策和消费者教育均未开展，消费者的营养标签意识不强，理解能力有限，限制了标签的应用。

有趣的是，中国消费者对营养声称的使用频率更加高，显著高于对营养成分表的使用频率。1225个样本中，购买食品时经常或总是阅读食品包装上的营养声称的消费者为417人和90人，分别占总样本的34.04％和7.35％，是营养成分表的使用频率的近2倍。原因可能有两个：一是营养声称一般比较简短，如“高钙”“低脂”“低糖”等，相较于营养成分表更加容易理解，消费者阅读和使用起来更加容易。二是营养声称一般位于食品包装的正面，且一般位于比较显眼的位置；相较于位于食品包装背面、字体较小的营养成分表，更容易吸引消费者的注意，可以显著减少消费者的搜寻成本。

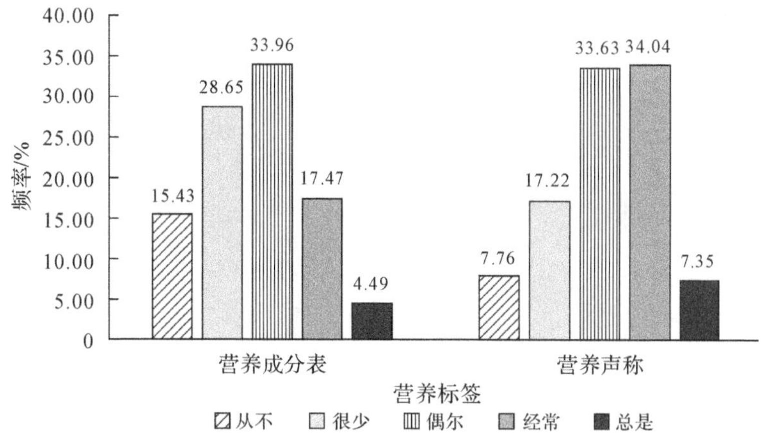

图4.1　中国消费者营养成分表和营养声称阅读频率

(3)5种营养素信息的搜寻频率

5种营养素信息中，消费者最关注的营养素是脂肪和蛋白质，其次是碳水化合物和能量，最不关注的是钠信息(见图4.2)。经常或总是阅读脂肪信息的消费者最多，分别为 293 和 145 人，占总体的 23.92%和 11.84%。可能的原因是这 5 种营养素中，脂肪是一种负面的营养素，摄入过多容易增加肥胖、心脑血管病等疾病的发病率。研究表明，消费者对负面营养素信息的关注度显著高于正面营养素，如维生素和矿物质等信息的关注度；相较于享受正面营养素带来的效用，消费者有更强的动机避免负面营养素可能带来的不良后果(Burton et al.，1999；Moorman and Matulich，1993)。经常或总是阅读蛋白质信息的消费者为 276 人和 94 人，分别占总体的 22.53%和 7.67%。经常或总是阅读碳水化合物的消费者为 201 人和 62 人，分别占总体的 16.41%和 5.06%。经常或总是阅读能量信息的消费者为 195 人和 71 人，分别占总体的 15.92%和 5.80%。

中国消费者对钠信息的关注度普遍不足。经常或总是阅读钠信息的消费者最少，为 153 人和 44 人，分别占总体的 12.49%和 3.59%。Bialkova and van Trijp(2010)和 Reale and Flint(2016)研究发现，标签的位置对消费者的使用频率和关注度具有显著的影响。因此，中国消费者较少关注钠信息的可能原因是，中国营养成分表中钠信息的标示位于整个表格的最后一行，因此消费者比较容易忽略该信息。然而，现阶段中国消费者饮食中钠摄入严重超标，中国居民平均每人每日钠摄入量超过 12 克，是世界卫生组织推荐的最多摄入量的 2 倍多(Wang，Marquez and Langenbrunner，2011)。钠摄入过量已成为当前国内消费者心脑血管病的主要诱因之一。

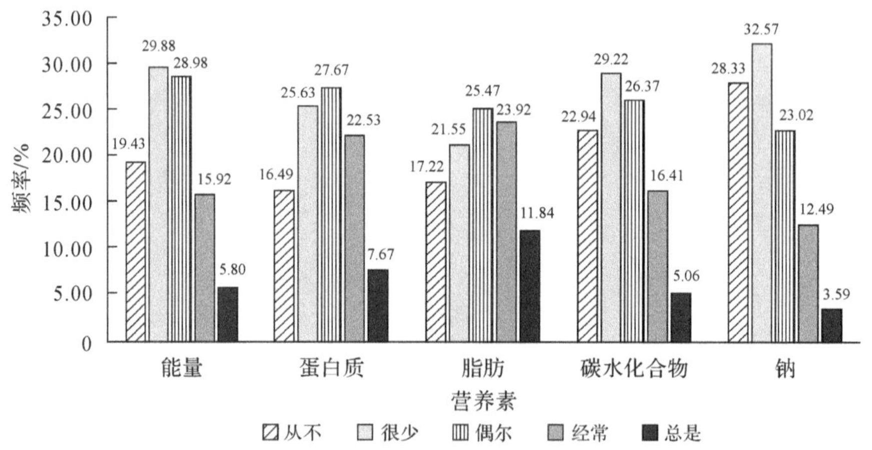

图 4.2 中国消费者 5 种营养素信息阅读频率

分性别来看，女性对营养信息的关注度普遍高于男性(见图 4.3)。女性经常或总是阅读营养标签中能量信息的比例是 24.14%，比男性(18.78%)高 5.36 个百分点。经常或总是阅读蛋白质信息的女性比例为 32.73%，比男性

(26.95%)高 5.78 个百分点。经常或总是阅读脂肪信息的女性比例为43.13%,比男性(27.30%)高 15.83 个百分点。经常或总是阅读碳水化合物信息的女性比例为 23.23%,比男性(19.30%)高 3.93 个百分点。经常或总是阅读钠信息的女性比例为 19.31%,比男性(12.17%)高 7.14 个百分点。

从性别内部关注的营养素来看,女性最关注的营养素是脂肪,而男性最关注的营养素是蛋白质和脂肪。女性群体对 5 种营养素的关注度排序依次为:脂肪、蛋白质、能量、碳水化合物、钠。而男性群体对 5 种营养素的关注度排序依次为:脂肪和蛋白质、碳水化合物、能量、钠。国内女性对自己的身材要求比男性高,减肥意愿也比男性强烈,因而非常关注饮食中的脂肪、碳水化合物元素的摄入。而男性的减肥意愿较弱,更加关注蛋白质信息,以期达到强健体格的目标。

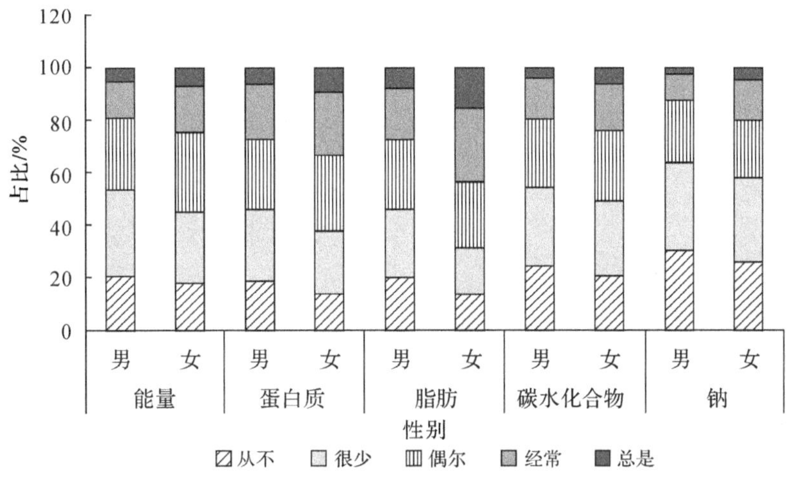

图 4.3　5 种营养素信息阅读频率分性别对比

4.3.3　变量定义及描述性统计

本部分将阐述后续章节的实证分析中所构建的被解释变量、消费者特征变量、产品特征变量等控制变量。变量分类和相关关系如图 4.4 所示,变量定义及描述性统计如表 4.5 所示。

表 4.5 控制变量定义及描述性统计

变量类别	变量名	变量定义及测度	单位	观测值	均值	标准差	最小值	最大值
人口统计学因素	AGE	自我汇报的年龄(周岁)	周岁	1225	34.66	12.19	18	82
	MALE	性别,1=男性,0=女性	(0,1)	1225	0.46	0.50	0	1
	EDU	受教育程度,1=小学及以下,2=初中,3=高中、中专或技校,4=大专或本科,5=硕士及以上	1～5	1225	3.43	0.89	1	5
	POPU	家庭规模,共同生活的人口数	人	1225	3.57	1.46	1	18
	PREG	共同生活的人中是否有孕妇	(0,1)	1225	0.05	0.21	0	1
	KID	共同生活的人中有几个 3 岁及以下婴幼儿	人	1225	0.20	0.44	0	4
	CHILD	共同生活的人中有几个 3～12 岁未成年人	人	1225	0.47	0.69	0	4
	OLD	共同生活的人中有几个 60 岁及以上的老人	人	1225	0.73	0.96	0	6
	INCO	Ln(个人年收入)	Ln(元)	1225	6.15	8.11	0.01	100
	HINCO	Ln(家庭年收入)	Ln(元)	1225	14.97	18.34	0.01	300
	WORK	是否有工作	(0,1)	1225	0.88	0.32	0	1
日常生活习惯因素	TONIC	是否有吃补品的习惯	(0,1)	1225	0.32	0.47	0	1
	SMOK	吸烟频率,1=不吸烟,2=每天 5 根以内,3=每天 5—10 根,4=每天半包到一包,5=每天一包到两包,6=每天两包以上	1～6	1225	1.49	1.11	1	6
	DRINK	饮酒频率,1=从不,2=平均每月少于 1 次,3=平均每月 1—3 次,4=平均每周 1—2 次,5=平均每周 3—4 次,6=几乎每天	1～6	1225	2.02	1.43	1	6

续表

变量类别	变量名	变量定义及测度	单位	观测值	均值	标准差	最小值	最大值
日常生活习惯因素	EXER	参加体育锻炼的频率,1=从不,2=每月少于1次,3=每月1—3次,4=每周1—2次,5=每周3—4次,6=几乎每天	1～6	1225	3.03	1.82	1	6
	FREQ	购买预包装食品的频率,1=从不,2=很少,3=偶尔,4=经常,5=总是	1～5	1225	3.09	0.85	1	5
	TIME	购物时感知的时间压力,1=非常充裕,2=比较充裕,3=中等,4=比较紧张,5=非常紧张	1～5	1225	2.53	0.92	1	5
标签态度因素	IGNOR	多大程度上会忽略外包装上的营养成分表	1～5	1225	2.91	1.42	1	5
	CIGNOR	多大程度上会忽略外包装上的营养声称	1～5	1225	2.61	1.37	1	5
	ATTI	消费者对营养成分表有用性的感知	2～10	1225	5.86	2.48	2	10
	CATTI	消费者对营养声称有用性的感知	2～10	1225	5.42	2.40	2	10
	SKEP	消费者对营养成分表的真实性和科学性的感知	2～10	1225	6.42	1.87	2	10
	CSKEP	消费者对营养声称的真实性和科学性的感知	2～10	1225	6.40	1.82	2	10
	NONED	对营养成分表的需求度	1～5	1225	2.36	1.22	1	5
	CNONED	对营养声称的需求度	1～5	1225	2.38	1.17	1	5
	UNDER	对营养成分表的主观理解能力	1～5	1225	3.04	1.31	1	5
	CUNDER	对营养声称的主观理解能力	1～5	1225	3.30	1.30	1	5
	OBUND	对营养成分表的客观理解能力	0～3	1225	0.97	0.86	0	3
	CBUY	对带有营养声称标签的食品的购买倾向	(−1,0,1)	1225	0.73	0.52	−1	1

续表

变量类别	变量名	变量定义及测度	单位	观测值	均值	标准差	最小值	最大值
饮食行为因素	VEGE	是不是素食主义者	(0,1)	1225	0.21	0.40	0	1
	SLIM	最近是否正在节食减肥	(0,1)	1225	0.27	0.44	0	1
	NOFAT	避免吃脂肪含量高的食品	1～5	1225	3.33	1.40	1	5
	SNACK	克制不住吃零食	1～5	1225	2.56	1.43	1	5
	NONA	控制盐和糖的摄入	1～5	1225	3.18	1.33	1	5
	VITAM	关注维生素和矿物质的摄入量	1～5	1225	3.07	1.28	1	5
健康状况因素	RELA	饮食和疾病之间的关系感知	1～5	1225	4.31	0.72	1	5
	DISE	是否患有与饮食有关的疾病	(0,1)	1225	0.38	0.49	0	1
	SUBFAT	主观上认为自己比较胖	(0,1)	1225	0.44	0.50	0	1
产品属性因素	NUTR	食品营养属性对购买决策的重要程度	1～5	1225	3.93	0.87	1	5
	PRIC	食品价格属性对购买决策的重要程度	1～5	1225	3.41	0.83	1	5
	TAST	食品口味属性对购买决策的重要程度	1～5	1225	3.98	0.75	1	5
	BRAD	食品品牌属性对购买决策的重要程度	1～5	1225	3.70	0.87	1	5
	LOOK	食品外观属性对购买决策的重要程度	1～5	1225	3.09	0.88	1	5
	EASY	食品方便属性对购买决策的重要程度	1～5	1225	3.45	0.86	1	5

续表

变量类别	变量名	变量定义及测度	单位	观测值	均值	标准差	最小值	最大值
体重状况变量	BMI	身体质量指数体重(kg)/身高平方(m^2)	kg/m^2	1225	22.17	3.15	14.69	35.16
	OWEI	超重 24≤BMI<28	(0,1)	1225	0.23	0.42	0	1
	OBES	肥胖 28≤BMI	(0,1)	1225	0.04	0.20	0	1
	UWEI	体重过轻 BMI<18	(0,1)	1225	0.10	0.30	0	1
营养标签的使用	NFP	营养成分表标签阅读频率	1～5	1225	2.67	1.07	1	5
	NC	营养声称标签的阅读频率	1～5	1225	3.16	1.04	1	5
	ENERGY	能量信息的阅读频率	1～5	1225	2.59	1.14	1	5
	PROTEIN	蛋白质信息的阅读频率	1～5	1225	2.79	1.18	1	5
	FAT	脂肪信息的阅读频率	1～5	1225	2.92	1.27	1	5
	CARB	碳水化合物信息的阅读频率	1～5	1225	2.52	1.15	1	5
	NA	钠信息的阅读频率	1～5	1225	2.31	1.11	1	5

(1)营养标签使用行为变量

为了加强分析的深度和稳健性,营养标签信息不仅包括营养成分表和营养声称两种在中国市场上最常见的标签类型,还包括中国强制性标签政策要求企业披露的5种营养素信息——能量、蛋白质、脂肪、碳水化合物、钠。对于每一种营养标签或营养素,在向消费者解释和展示相关的标签图片后,分别询问消费者“在购买食品时,对这种营养标签或营养成分的关注情况是怎样的”;并提供1~5级选项让消费者选择,包括“1从不看,2很少看,3偶尔看,4经常看,5总是看”。中国消费者对两种营养标签和5种营养素信息的使用情况的总结见本书6.3.2部分。

(2)人口统计学因素

本书中涉及的人口统计学因素主要包括以下几种。

消费者自我汇报的年龄(AGE),由于本书的研究对象是中国成年人群体,因此年龄的取值范围为18岁及以上。年龄对消费者标签使用行为的影响并不确定。一方面,年龄较大的群体对营养标签的理解能力可能更差,因而随着年龄增长,标签使用率可能降低(Burton and Andrews,1996; Kim,Nayga and Capps,2001; Liu,Hoefkens and Verbeke,2015)。但另一方面,年龄较大的群体患有与饮食有关的疾病(如高血压、糖尿病等)的概率更大,需要查阅营养标签进行饮食选择,因而随着年龄增长,标签使用率可能更高(Coulson,2000; Drichoutis,2005; Lin and Yen,2008)。另外还有一些研究发现年龄对营养标签使用行为的影响并不显著(Nayga,2000; Carrillo,Varela and Fiszman,2012)。因此,年龄和消费者营养标签使用行为之间的关系需要实证检验。

消费者的性别(MALE)在本书中是一个二元变量。若被调查样本为男性,则MALE取值为1;若被调查样本为女性,则MALE取值为0。性别和营养标签使用行为之间的关系仍不确定。一方面,女性出于保持身材等原因,往往比男性更加关注食品的营养信息,因而营养标签的搜寻频率可能会更高(Drichoutis,Lazaridis and Nayga,2009;Drichoutis et al.,2008;Guthrie et al.,1995;Unnevehr and Jagmanaite,2008;张睿佳等,2014)。另一方面,男性和女性可能关注的营养素种类有所不同,男性可能更加关注食品中的蛋白质信息,而女性则可能更加关注能量、脂肪等信息(Drichoutis et al.,2005)。因此,性别和营养标签使用行为以及搜寻的营养信息种类等方面的关系需要实证检验。

消费者受教育程度(EDU)在本书主要有5个等级:1=小学及以下,2=初中,3=高中、中专或技校,4=大专或本科,5=硕士及以上。受教育程度和消费者标签使用行为之间的关系并不清晰。一方面,教育水平的提高可以帮助消费者正确理解和应用营养信息,因而可能会增强消费者营养信息的使用(Guthrie et al., 1995; Kim, Nayga and Capps, 2001; Lin and Yen, 2008; 徐爱萍、何梅和杨月欣, 2010)。另一方面,有研究发现受教育程度的作用可能并不显著(Moorman, 1990),主要通过影响消费者的营养知识进而影响其标签信息的使用(Kim, Nayga and Capps, 2001; Fitzgerald et al., 2008)。因此,消费者的受教育程度和营养标签使用行为之间的关系需要实证检验。

家庭规模和组成在本书主要用 5 个变量表示。首先是消费者的家庭规模,即询问消费者包括自己在内共同生活的总人口数(POPU)。其次是与被访者共同生活的人口中各种特殊群体的人数,包括孕妇(PREG)、3 岁以下的婴幼儿(KID)、3～12 岁未成年人(CHILD)、60 岁及以上老人(OLD)。家庭规模与消费者标签使用行为的关系并不确定。一方面,家庭规模比较大的消费者,家庭消费的食品数量和种类可能更多,因而食品信息的可获得性可能会增加,因而标签使用频率可能提高(Nayga, 1996; 陈卫平和牛明婵, 2009)。另一方面,也有研究发现家庭规模越大,其标签使用的频率反而会减少(Drichoutis, Lazaridis and Nayga, 2006; Drichoutis, Lazaridis and Nayga, 2009; Gracia, Loureiro and Nayga, 2007)。这可能是因为家庭成员多,购物时间压力比较大,因而没有时间仔细搜寻营养信息。因此,消费者家庭规模和营养标签使用行为之间的关系需要实证检验。另外,家庭中如果有儿童、老人或者孕妇等特殊群体也可能会影响其标签使用行为。因为这些特殊群体对食品的营养属性可能有特殊需求,因而标签使用的频率可能会更高。

收入情况在本书使用两个变量来衡量,一是被访者的个人年收入(INCO),二是被访者的家庭年收入(HINCO),两个变量均取对数。收入与消费者营养标签使用行为之间的关系并不确定。一方面,收入高的消费者时间压力比较大,有能力购买价格更高的食品,并通常对食品高价格和高质量之间的相关关系比较自信,因而可能会减少对营养信息的搜寻频率(Drichoutis, 2005)。另一方面,收入高的消费者相对于低收入群体对食品的健康和营养属性要求更高,因而搜寻营养信息的动机可能更强(Barreiro-Hurlé, Gracia and de-Magistris, 2010; Unnevehr and Jagmanaite, 2008)。因此,收入和消费者营养标签使用行为之间的关系需要实证检验。

工作状况在本书主要采用是否有工作二元变量表示。工作对营养标签使用的作用也存在争议,需要实证检验。一方面,研究发现工作压力可能会激发消费者选择更加健康的饮食进行补偿,因而可能会促进营养标签的使用(Drichoutis, 2005; Drichoutis et al., 2008)。另一方面,Nayga(2000)发现有工作的消费者时间约束更大,对营养标签的使用可能会起到反作用。

(3)日常生活习惯因素

补品的摄入(TONIC)在本书是一个二元变量,主要是询问消费者是否有吃钙片、蛋白粉、维生素片或燕窝等补品的习惯。经常摄入补品的消费者,营养和健康的意识可能更强,因而营养标签使用的频率可能增加。

吸烟频率(SMOK)在本书是一个6级有序变量,用以反映消费者每天的吸烟频率。1=不吸烟,2=每天吸烟5根以内,3=每天吸烟5~10根,4=每天吸烟半包到一包,5=每天吸烟一包到两包,6=每天吸烟两包以上。饮酒频率(DRINK)也是一个6级有序变量。1=从不喝酒,2=平均每月饮酒频率少于1次,3=平均每月饮酒1~3次,4=平均每周饮酒1~2次,5=平均每周饮酒3~4次,6=几乎每天都会饮酒。吸烟或饮酒频率和营养标签使用的关系并不确定。一方面,吸烟或饮酒频率越高的消费者对健康的关注程度可能减少,因而营养标签使用频率可能降低。另一方面,吸烟或饮酒频率高的消费者可能并不是不在意身体健康,而是暂时难以戒掉;因此,可能会寻求其他途径对健康进行补偿,营养标签使用频率可能会增加。参加体育锻炼的频率(EXER)是一个6级有序变量。主要询问消费者参加广场舞、跑步、健身或瑜伽等体育锻炼的频率。1=从不参加,2=每月锻炼频率少于1次,3=每月锻炼频率1~3次,4=每周锻炼频率1~2次,5=每周锻炼频率3~4次,6=几乎每天都会锻炼。参加体育锻炼频率越高的消费者,对健康和营养的关注度可能越高,因而营养标签使用频率可能会增加。

购买预包装食品的频率(FREQ)是一个5级有序变量。主要询问消费者在超市或者零售商店等场所购买预包装食品的频率。1=从不买,2=很少买,3=偶尔买,4=经常买,5=总是买。经常购买预包装食品的消费者,接触营养信息的概率增加,进行营养标签使用的可能性也会增加。购物时感知的时间压力(TIME)是一个5级有序变量。主要询问消费者在平时购买食品时,购物时间的总体感觉。1=时间非常充裕,2=时间比较充裕,3=中等,4=时间比较紧张,5=时间非常紧张。感知的时间压力越大的消费者,越容易忽略营养标签信息。

(4)标签态度因素

忽略态度(IGNOR)是指消费者在购买食品时,是否总会忽略外包装上的营养标签。具体做法主要是向消费者展示不同种类的营养标签及5种营养素信息,然后询问消费者,对以下陈述的同意程度:"在购买食品或饮料时,我很少注意到包装上有这种标签。"并使用5级量表表示:1=完全不同意,2=比较不同意,3=中立,4=比较同意,5=完全同意。为了保证消费者回答的准确性,同时提供了一个"9=不知道"选项。总是忽略标签的消费者,营养标签搜寻频率会降低。

无用性态度(ATTI)主要衡量消费者对营养标签有用性的感知。询问消费者对以下两个问题的同意程度。一是“这种标签对我的食物选择没有帮助”;二是“我从来没有因为阅读这种标签而最终改变过购买决定”。每个问题均使用5级量表表示:1=完全不同意,2=比较不同意,3=中立,4=比较同意,5=完全同意。然后,将两个问题的答案加总,得到消费者无用性态度变量。消费者对标签的无用性态度越强烈,营养标签使用的频率可能会越低。

怀疑态度(SKEP)主要衡量消费者对营养标签的真实性和科学性的感知。询问消费者对以下两个问题的同意程度。一是“这种标签的内容不一定有科学依据”;二是“厂家有可能对这种标签的标示内容造假”。每个问题均使用5级量表表示:1=完全不同意,2=比较不同意,3=中立,4=比较同意,5=完全同意。然后,将两个问题的答案加总,得到消费者怀疑态度变量。消费者对标签的真实性和科学性的怀疑态度越强烈,营养标签使用的频率可能会越低。

需求态度(NONED)主要衡量消费者自信程度和对标签的需求度。通过询问消费者对以下问题的同意程度:“我已经基本了解了不同食物的营养成分,因此不需要看营养标签。”同样使用5级量表表示:1=完全不同意,2=比较不同意,3=中立,4=比较同意,5=完全同意。消费者对标签的需求度越低,营养标签使用频率可能会越低。

主观理解(UNDER)主要衡量消费者自我感知的对两种营养标签的理解能力。通过向消费者展示营养成分表或营养声称标签,然后询问消费者对以下问题的同意程度:“我不太理解这种营养标签的内容。”同样使用5级量表表示:1=完全不同意,2=比较不同意,3=中立,4=比较同意,5=完全同意。消费者对标签的主观理解程度越低,营养标签使用频率可能会越低。

客观理解(OBUND)在本书中主要从3个方面测量消费者对复杂的营养标签形式——营养成分表——的理解能力。第一个问题测量消费者对专业术语等概念的理解能力。询问消费者“如图1.2所示的营养成分表中,NRV的含义是什么”,并给出4个选项,回答正确记为1分,回答错误则记为0分。第二个问题测量消费者利用营养标签进行营养素含量计算的能力。询问消费者“按照如图1.2所示的营养成分表,如果一次摄入了200克该食品,则摄入的脂肪含量是多少克?”这是一个开放性的问题,若消费者计算正确,则记为1分;若计算错误,则记为0分。第三个问题测量消费者利用营养标签进行食品决策的综合能力。“如果一次性吃500克上图包装的食品,能量摄入是否超标?”并设置了“超标、不超标、不知道”3个选项供消费者选择。若消费者选择正确,记为1分;若选择错误,则记为0分。最终个体客观理解能力(OBUND)即为3个问题分数的总和。消费者客观理解能力越强，营养标签的使用频率可能越高。

营养声称购买倾向(CBUY)主要测量消费者对带有营养声称标签的食品的态度。通过以下问题测量："同一类食品，外包装上带有或不带有上图所示的营养声称，您更倾向于买哪一种？"并提供3个选项：1＝有营养声称标签的食品，－1＝没有营养声称标签的食品，0＝两种食品都一样。购买意愿越强，营养声称标签的使用频率可能越高。

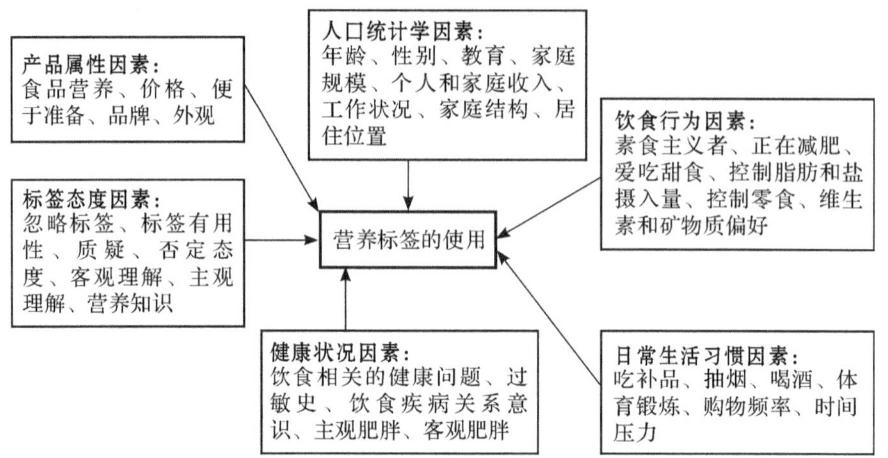

图4.4　消费者营养标签使用行为的控制变量框架

(5)饮食行为因素

素食主义者(VEGE)二元变量，主要测量消费者是不是一个很少吃肉的素食主义者。一方面，素食主义者的营养健康意识可能更高，因而营养标签使用频率可能更高；另一方面，素食主义者的饮食中容易缺乏蛋白质等营养素。为了弥补饮食摄入的不足，进行标签使用的动机可能更强。

节食减肥(SLIM)二元变量，主要测量消费者最近是否正在节食减肥。减肥的消费者可能更加关注营养素，尤其是脂肪的摄入量，因而使用营养标签进行标签使用的动机更强。

清淡饮食(NOFAT)在本书中是一个5级有序变量。主要测量消费者的日常饮食在多大程度上会避免吃脂肪含量高的食品，并提供5个选项：1＝完全不同意，2＝比较不同意，3＝中立，4＝比较同意，5＝完全同意。追求清淡饮食的消费者，往往更加关注各种营养素的摄入情况，标签使用的意愿可能更强。

零食爱好者(SNAC)也是一个5级有序变量。主要测量消费者在多大程度上总是克制不住地吃薯片、辣条、甜食等食品，并提供5个选项：1＝完全不同意，2＝比较不同意，3＝中立，4＝比较同意，5＝完全同意。喜欢吃零食的人，饮食方面的自制力可能比较差，营养标签使用的频率可能会下降。

控盐糖饮食(NONA)是一个5级有序变量。主要测量消费者在多大程度上会限制日常饮食中糖和盐的摄入，并提供5个选项：1＝完全不同意，2＝比较不同意，3＝中立，4＝比较同意，5＝完全同意。控制盐、糖摄入的人，对日常饮食中营养素摄入关注度可能更高，营养标签使用频率也可能更高。

对维生素和矿物质的关注情况(VITAM)，主要是询问消费者对以下陈述的符合程度："我非常关注饮食中维生素和矿物质的摄入量"，并提供5个选项：1＝完全不同意，2＝比较不同意，3＝中立，4＝比较同意，5＝完全同意。关注维生素和矿物质摄入的消费者，健康意识可能更强，营养标签使用频率也可能更高。

(6)健康状况因素

饮食和疾病之间的关系认知(RELA)变量，主要是询问消费者感知的饮食和疾病之间的联系，并提供5个选项：1＝完全没有联系，2＝没有联系，3＝一般，4＝有联系，5＝有很大联系。感知的饮食和疾病之间的关系越强，营养标签使用的动机可能越强。患有与饮食相关的疾病(DISE)二元变量，直接询问消费者是否患有糖尿病、高血压、高血脂、心脑血管病等与饮食相关的疾病。患有与饮食相关疾病的人，往往需要控制饮食或对日常饮食摄入有一些特殊要求，因而营养标签使用频率可能增加。

主观超重或肥胖感知(SUBFAT)二元变量，主要是询问消费者感知的目前的体重状况，并提供5个选项：1＝很瘦，2＝偏瘦，3＝标准，4＝偏胖，5＝很胖。在构建二元变量时，将选择偏胖或很胖的人取值为1；其他取值为0。主观上认为自己比较胖的人，营养标签使用的动机可能更强。

超重(OWEI)或肥胖(OBES)二元变量，是根据消费者自我汇报的身高和体重计算出来的，计算方式和超重肥胖标准见1.3.1节中对超重肥胖的定义。超重或肥胖对营养标签使用的作用并不确定，2.3.2节中已经有更加详细的论述。一方面，超重肥胖的消费者对自己的营养和健康状况可能并不敏感，标签使用频率可能更低；另一方面，超重肥胖的消费者减肥的意愿可能更加强烈，可能具有更强的营养标签使用动机。

(7)产品属性因素

本书主要考虑了6种产品属性对消费者营养标签使用行为的影响：食品营养属性(nutr)、食品价格属性(pric)、食品口味属性(tast)、食品品牌属性(brad)、食品外观属性(look)、食品方便程度属性(easy)。均让消费者选择在实际购物时，某一种属性对购物选择的重要程度，并提供5级量表：1＝非常不重要，2＝不重要，3＝一般，4＝重要，5＝非常重要。

看重食品营养属性的消费者，营养标签使用的意愿可能更强。认为食品的方便属性比较重要的消费者，为了权衡食品的方便和营养，可能会更加频繁地搜集营养信息(Barreiro-Hurlé，Gracia and de-Magistris，2010)。而看重食品价格、口味或外观的消费者，对营养信息的关注度可能比较弱。看重食品品牌的消费者与营养标签使用频率之间的关系并不确定：一方面，关注品牌的消费者，健康意识可能更强，营养标签使用频率可能更高；另一方面，很多消费者将食品的品牌与其质量挂钩(Drichoutis，2005)，因此可能会通过选择品牌替代对营养信息的搜寻，标签使用的频率可能下降。因此，食品品牌属性与消费者标签使用行为之间的关系有待实证检验。

4.4 本章小结

预包装食品消费量的迅速增长是导致超重肥胖的重要原因之一。而印制在预包装食品外包装上的营养标签，可以向消费者提供食品所含的营养信息，帮助消费者做出更健康的食物选择，进而抑制超重肥胖趋势的增长。中国为了抑制当前迅速增长的超重肥胖趋势，颁布了强制性营养标签政策，并于 2013 年 1 月 1 日起在全国范围内实施。然而，现存研究对强制性标签政策实施后中国消费者的营养标签信息的使用现状知之甚少。强制性标签政策实施后，中国消费者营养标签信息的使用频率如何？相比于政策实施前是否有所提高？

本章研究首先基于文献和中国消费者的特点设计了符合中国消费者饮食和消费习惯的调查问卷。其次基于全国 5 个省份 10 所城市 1226 名消费者的问卷调查数据，详细描述了强制性标签政策实施后消费者的营养标签使用行为现状。为了保证结果的稳健性，本书多维度地考察消费者的营养标签使用行为，包括：复杂的背面营养标签形式——营养成分表的搜寻频率，简化的正面营养标签形式——营养声称的搜寻频率，以及 5 种强制披露的营养素信息——能量、蛋白质、脂肪、碳水化合物、钠的搜寻频率。

调查发现，中国消费者对营养成分表的使用频率偏低，不仅远低于发达国家消费者的使用频率，和强制性标签政策实施之前相比，也并未有所改善。有趣的是，中国消费者对营养声称的使用频率更加频繁，显著高于对营养成分表的使用频率。5 种营养素信息中，消费者最关注的营养素是脂肪和蛋白质，其次是碳水化合物和能量，最不关注的是钠信息。分性别来看，女性对营养信息的关注度普遍高于男性。女性最关注的营养素是脂肪，而男性最关注的营养素是蛋白质和脂肪。

5 消费者营养知识对其标签使用行为的影响

5.1 引言

上一章内容研究了中国强制性标签政策实施后，消费者对不同种类的营养标签和营养素信息的使用情况。总的来说，中国消费者营养标签使用频率偏低，尤其不关注营养成分表以及钠信息。在对中国消费者在强制性标签政策实施后的营养标签使用行为现状有一个全面的了解之后，本章及下一章将进一步分析消费者营养标签使用行为的影响因素。其中，本节将聚焦于个体营养知识水平，细化分析消费者的营养知识水平对其标签使用行为的影响。在影响消费者标签使用行为的诸多因素中，消费者的营养知识是最受关注的因素之一。营养知识是消费者理解和使用食品营养标签信息的基础和保障，但国内外学界对营养知识是否能发挥促进消费者使用标签的作用存在很多争议。本章将通过实证分析，深入细致地研究个体的主观营养知识、客观营养知识以及不同维度的营养知识水平对消费者营养标签使用行为的影响，以期获得更全面可信的结论。

营养知识是消费者理解和使用营养标示信息的基础，因而一般认为是营养标签使用行为的重要影响因素（如 Petrovici et al.，2012；Cooke and Papadaki，2014；Miller et al.，2015）。理论上说，营养知识可能从 3 个方面影响消费者的标签使用行为。首先，营养知识可能会激发消费者的搜寻动机。营养知识水平更高的消费者感知的使用标签的收益更高，因而可能更倾向于进行标签使用。其次，营养知识有助于消费者理解营养标签的内容，更好地收集营养信息，提高标签的利用效率。最后，营养知识对标签信息的搜寻行为还可能存在直接影响，既不通过促进消费者的搜寻动机，也不通过促进消费者理解，而是直接影响消费者的标签使用频率。

然而，现存的关于营养知识对标签使用行为的影响存在很多争议。一方面，一些研究发现，营养知识对消费者的营养标签使用行为具有显著的促进作用(如 Caswell and Mojduszka, 1996; Kim, Nayga and Capps, 2000; Drichoutis,2005; Gracia, Loureiro and Nayga,2007; Barreiro-Hurlé, Gracia and de-Magistris,2010)。另一方面,也有一些研究发现营养知识对消费者的标签使用行为的影响并不显著,甚至会起到反作用(如 Nayga,2000;Grunert and Wills,2007; Carrillo,Varela and Fiszman,2012; Miller and Cassady,2012)。其中 Nayga(2000)认为在研究营养知识对消费者标签使用频率的影响时,可能存在内生性问题。因为标签信息的使用同时也可能对消费者营养知识的积累有正向影响。而将营养知识视作内生,采用工具变量法进行估计后,Nayga 发现营养知识对消费者标签使用行为的作用并不显著。可能的原因是营养知识较高的消费者对自主选择食品的能力比较自信,因而倾向于基于知识和经验判断选择食品,从而更少借助食品营养标签信息。

本书认为造成营养知识研究结论差异的原因主要有以下 4 个:(1)营养知识的测量方法差异。不同学者使用的测量方法差异很大,问题设置从 3 个问题(如 Barreiro-Hurlé,Gracia and de-Magistris,2010)到几百个问题(如 Grunert, Wills and Fernández-Celemín,2010)不等。不恰当的测量方法,如消费者不熟悉的专业术语的使用可能会低估消费者的营养知识水平(Dickson-Spillmann, Siegrist and Keller,2011),进而减弱营养知识对标签使用的作用。(2)营养知识测量的维度差异。不同学者在设计营养知识的问卷时包括的知识维度并不相同,有些学者测量的营养知识实际上只有营养素来源知识或饮食疾病关系知识(如 Blaylock et al. , 1999; Drichoutis,2005; Kim,Nayga and Capps,2000),并没有涵盖营养知识的其他维度,如日常食物选择、专家饮食建议知识等。因此,可能会低估营养知识的作用。只有尽可能地涵盖营养知识的各个方面,才有可能充分理解营养知识的作用。(3)营养知识的计算方式差异。绝大多数研究在构建营养知识变量时,通过把不同维度的营养知识得分简单加总(如 Cooke and Papadaki,2014; Vriendt et al. , 2009),难以反映不同维度的营养知识在发挥作用时可能存在的差异。不同维度的营养知识对标签信息使用频率的影响可能存在差异。例如,饮食和疾病之间的关系知识可能会增强消费者对饮食和健康的关注,因此可能促进消费者对营养标签信息的关注度(Cowburn and Stockley,2007)。而日常食品选择知识可以帮助消费者选择更加健康的食品(Kullen et al. , 2016)。若消费者对自主选择健康食品的能力比较自信,就会降低营养标签信息的使用频率。简单加总形式的总体营养知识,可能会抵消不同维度的营养知识的作用。(4)内生性问题。标签使用行为本身也是消费者进行营养知识积累的过程,因而对营养知识水平的提高可能有正向影响,进而导致内生性问题(Nayga,2000),影响对营养知识作用的评估。另外,现存的国内研究缺乏有效的营养知识测量方法，主要基于中国健康与营养调查中测量的消费者的膳食知识，并不是真正意义上的营养知识，因而难以准确识别营养知识的作用。

综上，本章将基于中国消费者的饮食习惯和特点，结合国内外相关营养知识测量方法，设计一套适合中国消费者的营养知识调查量表。并基于消费者问卷调查数据，从营养知识的视角深入分析其在消费者标签使用行为决策中的作用。营养知识在本书中区分为主观营养知识和客观营养知识；客观营养知识进一步区分为饮食疾病关系、营养素含量、营养素功能、日常食品选择和专家饮食建议知识等。本章还将从多个视角和维度，分析营养知识对中国消费者标签使用行为决策的影响。

5.2　研究分析框架

5.2.1　总体分析框架

本章的研究分析框架见图 5.1。首先，设计中国消费者营养知识的调查量表，具体包括 5 个维度：饮食疾病关系知识、营养素含量知识、营养素功能知识、日常食品选择知识和专家饮食建议知识。其次，使用 PPOM 模型分析总体营养知识以及不同维度的营养知识对消费者标签使用行为的作用。其中总体营养知识水平从两个维度进行刻画：主观营养知识水平和客观营养知识水平。最后，从 4 个方面对结果进行稳健性检验：搜寻动机对结果的干扰、理解能力对结果的干扰、测量误差问题以及内生性问题。其中，搜寻动机使用 3 个代理变量表示：消费者年龄、身体质量指数(BMI)和标签态度。理解能力通过两个维度进行测量：主观理解能力和客观理解能力。通过构建搜寻动机和理解能力与消费者营养知识水平的交叉项，检验搜寻动机和理解能力对消费者营养知识作用的发挥可能存在的影响。为了减少测量误差和极端值对估计结果的影响，本书根据消费者的客观总体营养知识指数值(NKI)对样本进行了修剪，去掉了前后 5%的消费者样本后，重新进行估计并检验结果的稳健性。另外，本书使用工具变量法进一步考虑营养知识的内生性问题。其中，工具变量主要采用“消费者最常获取的营养知识来源”和“最信任的营养知识来源”变量。

5.2.2　理论分析框架

本书将消费者营养标签信息的使用看作一种标签使用行为。根据信息经济学理论，只要标签使用的边际收益大于边际成本，消费者就会持续不断地搜

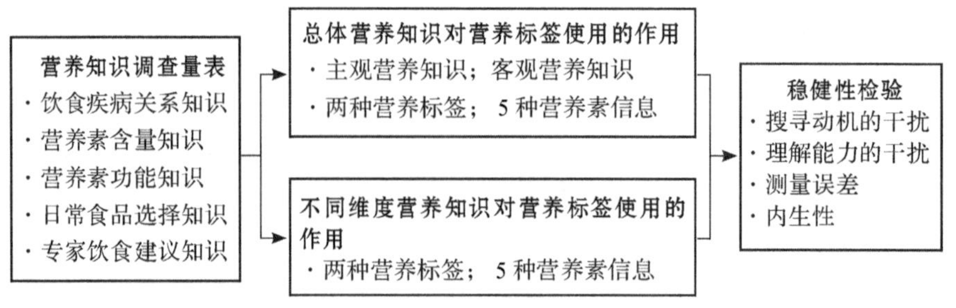

图 5.1　第 5 章研究分析框架

集营养信息(Stigler,1961；Nayga,1996)。搜集营养信息的收益主要是使消费者的饮食更加健康和营养,或者降低消费者肥胖率及其他疾病的患病率等。而搜集营养信息的成本主要包括交通成本、时间成本、机会成本等。因此,消费者最优的营养标签使用频率决策取决于其边际收益和边际成本之间的比较。当边际收益恰好等于边际成本时,消费者就实现了关于营养标签使用频率的最优决策。

基于信息经济学理论和文献综述,我们假设消费者的净效用源自营养标签使用行为,而消费者营养信息的搜寻频率取决于消费者的个体特征以及食品的产品特征等因素。营养标签使用行为的净效用是一系列解释变量(X)的函数,解释变量具体包括七大部分:人口统计学因素、日常生活习惯因素、标签态度因素、饮食行为因素、健康状况因素、产品属性因素以及营养知识因素。实证模型如式(5.1)所示：

$$y^* = \beta X_i + \varepsilon \tag{5.1}$$

其中,y^* 为消费者营养标签使用行为的净效用,净效用 y^* 是一个潜变量,无法直接观测;因此,本书主要使用随机变量“营养标签使用频率”表示。令 Y_i 为消费者 i 的营养标签搜寻频率随机变量,主要有 3 种形式:一是消费者对复杂营养标签——营养成分表的搜寻频率;二是消费者对简化标签——营养声称的搜寻频率;三是消费者对特定营养素,包括能量、蛋白质、碳水化合物、脂肪、钠 5 种营养素信息的搜寻频率。其中,营养成分表和营养声称是中国市场上最普遍的两种营养标签形式。而 5 种营养素信息即当前中国政府强制企业披露的 5 种营养信息。这种变量设置方法不仅有助于研究当前中国消费者对不同种类的标签和营养素信息的关注情况;同时有助于加深对消费者对于不同种类标签及营养素标签使用频率的因素识别的理解,并进行稳健性检验。模型中 X 是一系列的控制变量。β 代表参数向量,而 ε 为随机误差项。

消费者营养标签使用频率的实际测量主要使用 5 级李克特量表。本书不仅关注两种不同的营养标签类型,同时关注 5 种不同的营养素信息的使用情况。对于每一种营养标签或营养素,在向消费者解释和展示相关的标签图片后

(见图 1.2),分别询问消费者“在购买食品时,对这种营养标签或营养成分的关注情况是”,并提供 1～5 级选项供消费者选择,包括“1＝从不看,2＝很少看,3＝偶尔看,4＝经常看,5＝总是看”。根据选择集的范围,以及 y^* 和 Y_i 之间的关系,实证模型可以定义为有序的 Logit 模型或广义有序的 Logit 模型(Long,1997)。净效用 y^* 和观测到的选择 Y_i 之间的关系如式(5.2)～式(5.6)所示:

$$Y_i = 1, if -\infty = \mu_0 \leqslant y^* < \mu_1 \tag{5.2}$$

$$Y_i = 2, if \mu_1 \leqslant y^* < \mu_2 \tag{5.3}$$

$$Y_i = 3, if \mu_2 \leqslant y^* < \mu_3 \tag{5.4}$$

$$Y_i = 4, if \mu_3 \leqslant y^* < \mu_4 \tag{5.5}$$

$$Y_i = 5, if \mu_4 \leqslant y^* < \mu_5 = +\infty \tag{5.6}$$

其中 μ_i 是一些未知参数。

在有序的 Logit 模型中,参数 β 均匀变化,即对每个选择 j 并无差异。累积概率分布函数如式(5.7)所示:

$$\text{Prob}(Y_i > j) = \frac{\exp(\alpha_j + \beta' x_i)}{1 + [\exp(\alpha_j + \beta' x_i)]} = \Lambda(\alpha_j + \beta' x_i), j = 1,2,3,4 \tag{5.7}$$

假设随机误差项 ε 遵循均值为 0、方差为 $\pi^2/3$ 的逻辑分布,则 Y_i 的概率可以表示为式(5.8)～式(5.12):

$$\text{Prob}(Y_i = 1) = \Lambda(\mu_1 - \beta' x_i) \tag{5.8}$$

$$\text{Prob}(Y_i = 2) = \Lambda(\mu_2 - \beta' x_i) - \Lambda(\mu_1 - \beta' x_i) \tag{5.9}$$

$$\text{Prob}(Y_i = 3) = \Lambda(\mu_3 - \beta' x_i) - \Lambda(\mu_2 - \beta' x_i) \tag{5.10}$$

$$\text{Prob}(Y_i = 4) = \Lambda(\mu_4 - \beta' x_i) - \Lambda(\mu_3 - \beta' x_i) \tag{5.11}$$

$$\text{Prob}(Y_i = 5) = 1 - \Lambda(\mu_4 - \beta' x_i) \tag{5.12}$$

则对数似然函数如式(5.13)所示:

$$\begin{aligned} LnL = \sum_{i=1}^{n} \{ & \text{Prob}(Y_i = 1)\ln\Lambda(\mu_1 - \beta' x_i) + \text{Prob}(Y_i = 2)\ln[\Lambda(\mu_2 \\ & - \beta' x_i) - \Lambda(\mu_1 - \beta' x_i)] + \text{Prob}(Y_i = 3)\ln[\Lambda(\mu_3 - \beta' x_i) \\ & - \Lambda(\mu_2 - \beta' x_i)] + \text{Prob}(Y_i = 4)\ln[\Lambda(\mu_4 - \beta' x_i) - \Lambda(\mu_3 - \beta' x_i)] \\ & + \text{Prob}(Y_i = 5)\ln[1 - \Lambda(\mu_4 - \beta' x_i)] \} \end{aligned} \tag{5.13}$$

未知参数 $\mu_1, \mu_2, \mu_3, \mu_4$ 以及参数 β' 可以通过最大似然法同时估计得到。

有序 Logit 模型的一个重要假设是平行线假设,即参数 β 在不同程度的因变量之间均匀变化。也就是说,随着因变量范围的变化,自变量和因变量之间的关系不会改变。具体到模型中,即 β 对于不同范畴的消费者标签使用频率是固定不变的。因此本书采用似然比检验(likelihood ratio test)和布兰特检验

(Brant test)检测该平行线假设的成立性,并采用 PPOM(partial proportional odds model)模型进行更加精确的分析。PPOM 放宽了 Logit 模型的平行线假设,该模型的优点是可以自动识别参数的可变性,只对不满足平行线假设的参数取消限制,其应用于本书的累积分布函数如式(5.14)所示:

$$p(Y_i \leqslant j)=\frac{\exp(\mu_j-\beta'_j X_i)}{1+[\exp(\mu_j-\beta'_j X_i)]}=\Lambda(\mu_j-\beta'_j X_i), j=1,2,3,4 \tag{5.14}$$

其中 Y_i 表示消费者使用营养标签的频率,具体包括营养成分表、营养声称、能量、蛋白质、脂肪、碳水化合物、钠信息的阅读频率。X 是一系列控制只能变量,β_j 是模型中的待估计参数,使用极大似然法对该模型进行估计。

5.3 营养知识的测度和变量构建

5.3.1 营养知识的测度方法总结

(1)简略的测量方式

由于早期的研究缺乏成熟的营养知识测量方法和指导体系,一些学者只能使用代理变量研究营养知识对标签使用、健康饮食行为的影响。其中代理变量主要是受教育年限或收入等,与营养知识具有正相关的关系,且在不同个体之间存在显著差异的变量。然而该方法具有明显的不足,代理变量不仅可以通过营养知识对健康饮食行为产生间接影响,还可能直接影响消费者的健康饮食行为。且这些间接或直接影响难以明确地分离,容易混淆研究结果。以收入为例,收入提高会增加对肉类的需求,进而直接增加脂肪的摄入量;但收入增加与营养知识也具有正相关关系,这种相关性会导致人们减少对脂肪的摄入(主要是营养知识的作用),但是这两种效应是很难区分开的。

为了弥补代理变量方法上的不足,一些学者尝试对营养知识进行直接测量。Kenkel(1991)是最早对健康知识进行直接测量的学者之一,其使用 3 个问题测量了消费者对吸烟、喝酒、锻炼与疾病之间关系的认识,用于研究健康行为、健康知识和受教育水平之间的关系。然而,该方法测量的是消费者的健康知识,并不能反映消费者实际的营养知识情况。Towler and Shepherd(1990)对消费者的营养知识进行了直接的测量,主要考察消费者对蛋白质、脂肪、碳水化合物、膳食纤维 4 种营养素密度知识的了解。考察方式是使消费者从 20 种食物中选出前述 4 种营养素含量最丰富的前 10 种食物。这种测量方法简便可行,但涵盖范围十分有限,实际上测量的仅为营养素来源知识。

经过学者们不断完善，测量方法简单、涵盖范围更加科学的方法不断涌现，主要聚焦于营养素含量和专家饮食建议方面的营养知识。尽管不同学者设置的问题数目以及问题中的具体食品有所不同，但问题大同小异，主要涉及脂肪含量、胆固醇含量、每日推荐饮食量三大类问题。

Nayga(2000)采用八问题式营养知识的测量法：前 3 个问题询问消费者两种食物（奶油和人造奶油；蛋清和蛋黄；脱脂牛奶和全脂牛奶）中，哪一个胆固醇含量更高。之后 3 个问题询问消费者两种食物（酸奶油和酸奶；烤鸡和炸鸡腿；猪脊骨和猪肋排）中，哪一个脂肪含量更高。最后两个问题询问消费者是否知晓专家建议的每日摄入卡路里中来自脂肪的卡路里所占的比重，以及每日钠的推荐摄入量。每个问题答对记 1 分，答错则记 0 分，每个消费者的累积营养知识得分的取值范围为 0～8。

Barreiro-Hurlé，Gracia and de-Magistris(2010)使用更为简单的三问题式营养知识测量法。前两个问题主要是让消费者比较不同食品中某种营养成分的含量：奶油或人造奶油中哪一个胆固醇含量更高；炸鸡和白斩鸡中哪一个脂肪含量更高。第三个是开放性问题，旨在考察消费者是否知晓相关部门推荐的水果和蔬菜的每日饮食数量。然后使用上面 3 个问题的答案构建营养知识指数，3 个问题均回答正确的营养知识指数为 4；前两个问题答对且第三个问题的答案接近正确答案的消费者的营养知识指数为 3；只有前两个问题答对的营养知识指数为 2；一个问题也没有答对的营养知识指数为 1。

(2)系统的测量方式

简单的营养知识测量方法虽然简便、容易操作，但并不能涵盖营养知识的各个方面，因此一些学者开始尝试系统的营养知识测度方法。其中，引用率最高的是 Parmenter and Wardle(1999)的方法，他们通过对之前问卷和文献的收集，并邀请心理学家和营养学家进行两次复核整理，以及预试验后对问卷作进一步完善和修正，构建了一个具有较高信度和效度且涵盖范围较广的营养知识测度问卷。该问卷共包含 50 个项目，分为 5 个部分：一是专业术语的理解，主要测量消费者对与食物营养相关的专业词汇的熟悉程度和理解，如膳食纤维、胆固醇等。二是专家建议的膳食指南，主要测量消费者对膳食指南中专家的各种饮食建议的理解程度。如每日水果蔬菜的推荐摄入量、每日卡路里的推荐摄入量、每日推荐的脂肪摄入量占总体卡路里的比重等。三是营养元素来源知识，主要测量消费者对不同食物中营养素含量的认知。如某种食品中是否含有某种营养素，某种食品中添加糖是高还是低等。四是日常膳食选择知识，主要测量消费者是否能够应用营养知识进行日常食物选择，以及当有特殊饮食需求时，如低糖、低脂肪、高膳食纤维等，或想要选择更健康的膳食时，能否做出正确的选择。五是饮食与疾病的关系知识，测量消费者对饮食与疾病之间关系的认识，如当膳食纤维摄入量较低时，容易导致哪些健康问题或疾病。

为了避免问卷过于冗长，减少消费者完成问卷的时间并保持准确性，很多学者在 Parmenter and Wardle(1999)的基础上，选取部分与研究目的密切相关的问题，同时增加研究相关的其他问题，形成新的营养知识问卷（如 Carrillo, Varela and Fiszman, 2012; Grunert, Wills and Fernández-Celemín, 2010）。

Grunert, Wills and Fernández-Celemín(2010)为了研究营养知识与信息理解之间的关系，改编了 Parmenter and Wardle(1999)的项目，没有包含饮食与疾病的关系知识，增加了英国国家膳食指南的内容。他们将营养知识分为三大部分：一是膳食指南，共 19 个题目。其中，前 12 个题目根据 Parmenter and Wardle(1999)的项目改编而成，测量消费者对各种营养成分、卡路里、原料等专家建议的认识。后 7 个题目根据英国食物标准局(FSA)的研究，测量消费者对不同食物种类的专家建议的认识以及对英国食物膳食指南的了解程度。二是营养素来源知识，改编自 Parmenter and Wardle(1999)的研究内容，主要是询问消费者 18 种不同类型的产品中脂肪、饱和脂肪、盐、糖含量的高低，共有 72 (18×4)个题目。三是食物或饮料中的卡路里含量知识，共 8 个题目。给定 8 种不同类型的食品，让消费者从 7 个卡路里含量范围中进行选择。与 Parmenter and Wardle(1999)相比，Grunert, Wills and Fernández-Celemín (2010)最大的改进是构建了总体营养知识指数，用以反映不同维度知识在总体营养知识中的构成和影响。之前的研究一般是通过计算问卷中消费者回答正确的问题个数来反映消费者的整体营养知识水平，这样的计算方式实际上是把不同维度的营养知识看成一个整体，并不做任何区分。然而营养知识不是一维的，而是有组织的或分化的。大多数研究中使用的是消费者在多个答案中进行选择并数出答对题目数的方法，具有一定的片面性(Worsley, 2002)。结构化的营养知识不仅需要合理设计问卷题目，还需要构建营养知识指数。

后来，Dickson-Spillmann, Siegrist and Keller(2011)对系统的测量方法进行了改进。Dickson-Spillmann, Siegrist and Keller(2011)认为 Parmenter and Wardle(1999)问卷中的一些问题设置不合理，使用的一些过于科学化、消费者并不熟悉的术语可能造成测量结果的低估。如“椰油和葵花籽油，哪一种含有更高的单一不饱和脂肪?”其中的术语“单一不饱和脂肪”专业性太强，消费者很难理解。同时 Dickson-Spillmann 等完善了营养知识问卷中项目设计的方法。问卷中使用的题项主要有两个来源：第一个是对消费者的采访。基于受访者的陈述，总结其回答中与饮食行为密切相关的项目，并尽可能使用消费者熟悉或熟用的术语。第二个是本国营养专家的建议。如食物金字塔、国家宣传的社会营养建议等。

(3)国内研究使用的测度方法

目前,针对中国消费者的营养知识问卷设计比较少见,大多数研究是基于中国健康与营养调查中测量的膳食知识,研究其对饮食或健康行为的影响(如Zhou et al.,2017;浦科学,2016)。中国健康与营养调查主要通过12个问题测量消费者饮食方面的知识,如“吃很多水果和蔬菜的饮食习惯对健康非常有益”“体重越重就越健康”等。这些题目虽然可以在一定程度上测量消费者的膳食知识,但题目设计过于简单,一些题目的正确率达到95%以上,容易产生当前消费者营养知识水平比较高的错觉。实际上当前中国消费者的营养知识水平比较低(张欣和孙桂菊,2008),部分居民营养观念并不科学,膳食结构也有待进一步改善(刘宁、高尔生和武俊青,2008)。另外,题目涵盖的范围有限,并不能反映各个维度的营养知识,无法与国际上广泛采用的测量方法接轨。

(4)营养知识测度方法评述

总结国内外研究中使用的营养知识测度方法可以发现,不同研究在营养知识测度的问题设置、涵盖的维度等方面差异较大。首先,营养知识测量的问题设置从3个问题到几百个问题不等。而不恰当的测量方法,如消费者不熟悉的专业术语的使用可能会低估消费者的营养知识水平(Dickson-Spillmann, Siegrist and Keller,2011)。其次,不同学者在设计知识的问卷时包括的知识维度并不相同,有些学者测量的营养知识实际上只有营养素来源知识或饮食疾病关系知识,并没有涵盖营养知识的其他维度,如日常食物选择、专家饮食建议知识等。最后,国内研究缺乏有效的营养知识测量方法,主要基于中国健康与营养调查中测量的消费者的膳食知识,并不是真正意义上的营养知识,可能难以准确识别知识的作用。

因此,基于中国消费者的认知和饮食特点设计营养知识量表,并尽可能涵盖不同维度的营养知识,对于理解中国消费者的实际营养知识水平具有重要的现实意义。同时,基于中国消费者样本深入研究营养知识对标签使用行为的作用,有助于为厘清营养知识与消费者营养标签使用行为之间的关系提供证据。

5.3.2 客观营养知识变量的测度和构建

本书首先基于国内外文献以及中国消费者饮食和认知特点,设计了一份针对中国消费者的营养知识调查量表。题目的来源主要有3个:一是文献综述。总结了国内外研究中使用的测量营养知识的问题,并整理成一个题项库。之后根据中国消费者的消费习惯和认知水平对题项库中的题目进行筛选和修改。

二是一系列的预调研和采访。各个年龄段不同性别的中国消费者接受了采访，询问他们认为最健康和最不健康的食品以及原因。然后根据消费者的回答进一步修改题项库中的问题，同时将专业性比较强的词语替换为中国消费者熟悉的词语，如将卡路里替换为能量、钠替换为食盐等。三是营养专家的建议以及中国居民膳食指南。首先根据中国居民膳食指南，增加了针对中国消费者的饮食建议等问题，尤其是推荐的每日盐摄入量以及脂肪占每日能量摄入的比重。然后邀请了浙江大学食物和营养学专家进一步检验了问卷的效度和信度，剔除了一些不恰当的题目。另外，对每一次问卷内容做出修改，均会开展一次预调研，调查中国消费者对问卷题目的认知和反馈。最终确定的营养知识问卷包含20个题项，分为5个维度：饮食疾病关系知识(DR)、日常食物选择知识(EFC)、营养素来源知识(SN)、营养素功能知识(FN)和专家饮食建议知识(DDR)。具体问题设计如表5.1所示。

表5.1 营养知识量表设计

维度	题项	选择请打"√"
饮食疾病关系	1 多吃猪油，有助于预防心脏病	正确□ 错误□ 不知道□
	2 平时多吃蔬菜水果，有助于预防某些癌症	正确□ 错误□ 不知道□
	3 多吃能量高的食物容易变胖	正确□ 错误□ 不知道□
	4 平时吃得咸容易得高血压	正确□ 错误□ 不知道□
日常食物选择	5 脂肪角度考虑，畜肉比鱼肉更健康	正确□ 错误□ 不知道□
	6 新鲜猪肉比腊肉更健康	正确□ 错误□ 不知道□
	7 方便面比手工面更健康	正确□ 错误□ 不知道□
	8 猪油比植物油更健康	正确□ 错误□ 不知道□
营养素来源	9 等量的牛肉和鸡肉的卡路里(能量)含量是相同的	正确□ 错误□ 不知道□
	10 白斩鸡比炸鸡的脂肪含量高	正确□ 错误□ 不知道□
	11 等量的猪肝比猪蹄的胆固醇含量高	正确□ 错误□ 不知道□
	12 肉类比水果的膳食纤维含量高	正确□ 错误□ 不知道□
营养素功能	13 膳食纤维是高能量物质	正确□ 错误□ 不知道□
	14 维生素C可以促进钙的吸收	正确□ 错误□ 不知道□
	15 锌有助于改善食欲	正确□ 错误□ 不知道□
	16 日常活动所需能量的最主要来源是碳水化合物	正确□ 错误□ 不知道□

续表

维度	题项	选择请打"√"
专家饮食建议	17 均衡膳食意味着各种类型食物的摄入量应该相同	正确□　错误□　不知道□
	18 营养学家建议我国居民多吃糖(如白糖、红糖等)	正确□　错误□　不知道□
	19 营养学家建议我国成人每天食盐摄入不超过9克	正确□　错误□　不知道□
	20 营养学家建议每日饮食中脂肪提供的能量比例不宜超过总能量的50%	正确□　错误□　不知道□

为了体现知识多维度特征,本书基于式(5.15)计算每个消费者的总体营养知识指数,其中DR、SN、FN、EFC、DDR分别表示饮食与疾病关系知识、营养素来源知识、营养素功能知识、日常食物选择知识和专家饮食建议知识。因此,总体营养知识指数(NKI)的取值范围为0～5。总体营养知识分数越高,不仅说明消费者具有更高的知识水平,还说明消费者掌握的营养知识的维度更加广泛。

$$NKI=\frac{DR}{4}+\frac{SN}{4}+\frac{FN}{4}+\frac{EFC}{4}+\frac{DDR}{4} \tag{5.15}$$

5.3.3　其他变量的测度和构建

本节的自变量不仅包括人口统计学变量、日常生活习惯变量、标签态度变量、饮食行为变量、健康状况变量以及产品属性变量(详见4.3.3),还包括营养知识相关的变量。除了上一部分介绍的客观营养知识变量之外,涉及的变量还有如下几种。

对膳食指南或平衡膳食宝塔的知晓情况(DGKNOW)是一个二元变量。测量方式是直接询问消费者是否听说过膳食指南或平衡膳食宝塔。膳食指南或平衡膳食宝塔是中国营养学会推出的、适合中国消费者的比较理想的饮食模式。对这些专家的饮食建议比较了解的人,营养健康意识更强,因而营养标签使用频率可能更高。预计符号方向为正。

膳食指南的重要性(DGIMP)是一个五级有序变量。主要通过询问消费者"遵循膳食指南中的建议对您来说的重要性如何?"并提供了5个选项:1=完全不重要,2=不重要,3=一般,4=重要,5=非常重要。比较重视膳食指南中的专家建议的消费者可能更加关注饮食中各种营养素的摄入,因而营养标签使用频率可能更高。预计符号方向为正。

主观营养知识水平(SUBNK)主要是指消费者对自己营养知识水平的主观信心。测量方式主要是通过询问消费者"您认为您的营养知识整体水平与一般人相比，情况怎么样?”并提供 5 个选项：1＝很差，2＝比较差，3＝差不多，4＝比较高，5＝很高。主观营养知识水平与消费者标签使用行为之间的关系并不确定。一方面，主观上认为自己营养知识水平比较高的消费者，对于理解营养标签的内容更有信心，因而可能增加对营养信息的搜寻频率。另一方面，主观上认为自己营养知识水平比较高的消费者，可能更倾向于直接依据自己的知识进行食物选择，从而更少地搜寻营养信息。因此，主观知识水平与消费者标签使用行为之间的关系需要实证检验。

此外，本书还构建了主要的营养知识来源变量和最信任的营养知识来源变量，作为消费者营养知识水平的工具变量，用于后文的稳健性检验。其中，营养知识的来源变量的测量方式主要是通过询问消费者最常获得营养知识的途径，同时询问消费者最信任的营养知识途径。每个问题均提供 5 个选项：家人、朋友或同学等人，电视、电台等多媒体，书籍、报纸、杂志等纸媒体，手机应用或网络，专家的专题讲座等(见表 5.2)。

表 5.2　营养知识相关变量的定义及描述性统计

变量类别	变量名	变量定义及测度	单位	观测值	均值	标准差	最小值	最大值
营养知识相关变量	DGKNOW	是否听说过膳食指南或平衡膳食宝塔	(0,1)	1225	0.39	0.49	0	1
	DGIMP	遵循膳食指南中的建议的重要性	1～5	1225	0.04	0.20	0	1
	SUBK	主观营养知识水平	1～5	1225	2.99	0.68	1	5
	NKI	总体的客观营养知识指数	0～5	1225	2.94	0.94	0	5
	DR	饮食与疾病之间的关系知识	0～1	1225	2.82	0.99	0	4
	SN	营养素来源知识	0～1	1225	2.30	1.26	0	4
	FN	营养素功能知识	0～1	1225	1.83	1.13	0	4
	EFC	日常食物选择知识	0～1	1225	3.24	0.98	0	4
	DDR	专家饮食建议知识	0～1	1225	1.58	1.02	0	4
营养知识的来源	ISFAMILY	家人、朋友或同学	(0,1)	1225	0.18	0.39	0	1
	ISTELE	电视、电台等	(0,1)	1225	0.33	0.47	0	1
	ISBOOK	书籍、报纸、杂志等	(0,1)	1225	0.26	0.44	0	1
	ISPHONE	手机应用或网络	(0,1)	1225	0.42	0.49	0	1
	ISLECT	专题讲座	(0,1)	1225	0.04	0.21	0	1

续表

变量类别	变量名	变量定义及测度	单位	观测值	均值	标准差	最小值	最大值
最信任的营养知识来源	TFAMILY	家人、朋友或同学	(0,1)	1225	0.23	0.42	0	1
	TTELE	电视、电台等	(0,1)	1225	0.25	0.44	0	1
	TBOOK	书籍、报纸、杂志等	(0,1)	1225	0.27	0.44	0	1
	TPHONE	手机应用或网络	(0,1)	1225	0.12	0.33	0	1
	TLECT	专题讲座	(0,1)	1225	0.17	0.38	0	1

5.4　计量模型与研究方法

从营养知识的角度分析消费者标签使用决策，具体而言，本书将营养知识分为主观知识和客观知识，并将客观营养知识分成5个维度，即专家饮食建议知识、营养素来源知识、营养素功能知识、日常食物选择知识、饮食疾病的关系知识，详细分析总体知识和不同维度知识对标签使用的影响，模型形式如下。

$$LU_{ki}=\alpha_0+\alpha_1 NKI_i+\alpha_2 X_i+\varepsilon_i \tag{5.14}$$

$$LU_{ki}=\beta_0+\beta_1 DR_i+\beta_2 SN_i+\beta_3 FN_i+\beta_4 EFC_i+\beta_5 DDR_i+\beta_6 X_i+\nu_i \tag{5.15}$$

第一个等式研究的是总体营养知识指数对标签使用行为的影响。第二个等式研究的是5个维度的营养知识对标签使用行为的影响。因变量标签使用行为包括营养成分表、营养声称两种营养标签形式以及5种具体的营养素信息(能量、蛋白质、脂肪、碳水化合物、钠)的使用频率。控制变量 X 主要包括：人口统计学特征、日常生活习惯、标签态度、饮食行为、健康状况以及产品属性特征等变量。ε_i 和 ν_i 均为随机误差项。

更高的营养知识可能会提高消费者标签使用的动机和频率，但随着标签使用频率的增加，消费者营养知识也可能随之积累，这种反向因果关系可能导致内生性问题。首先，消费者搜寻营养信息，理解并记忆信息的内容，这本身即为一个知识积累的过程。其次，随着消费者标签使用频率的增加，对不同食物中的营养成分含量、食物之间的比较和选择等知识可能会不断增加。为了检验内生性问题，本书首先采用豪斯曼检验(Hausman，1978)和DWH检验(Davidson and MacKinnon，1993)。若内生性问题存在，则考虑使用工具变量法进行估计。模型形式如式(5.16)所示：

$$LU_{ki}=\gamma_0+\gamma_1 IV_i+\gamma_2 X_i+\omega_i \tag{5.16}$$

其中工具变量Ⅳ为消费者最信任的营养知识来源，一些研究发现，消费者最信任的营养知识来源对其知识水平有显著影响(Drichoutis,2005)。另外,消费者最信任的知识来源与消费者营养信息的搜寻行为并无直接关系,只通过影响消费者的营养知识对标签使用行为产生间接影响,因而是比较好的工具变量。

5.5 结果分析与讨论

5.5.1 中国消费者营养知识水平的基本信息

本书设计的客观营养知识问卷整体具有较好的信度和效度,说明问卷能够比较一致地测量中国消费者的营养知识水平。总体的克朗巴哈系数(Cronbach's α)为 0.84,超过了推荐的临界水平 0.7(Allison and Baskin,2009)。主观营养知识水平的平均值为 2.99(取值范围为 1～5),说明消费者总体上认为自己的营养知识水平处于中等。实际在样本中,有 63.7%的消费者认为自己的营养知识水平和其他人差不多;18.5%的消费者认为自己的营养知识水平偏低;只有 17.8%的消费者认为自己的营养知识水平比较高。

客观营养知识水平主要使用 20 个问题进行测量,并划分为 5 个维度。在调查样本中,回答正确的题目平均数为 12 个;平均的客观营养知识指数(NKI)为 2.94(取值范围为 0～5)。客观营养知识的结果与消费者自我评价的主观营养知识结果差异不大,均说明中国消费者的整体营养知识处于中等水平。关于 5 种不同维度的营养知识,中国消费者在饮食和疾病之间的关系知识以及日常食物选择知识方面的正确率比较高;营养知识指数分别为 0.7059 和 0.8102。一方面,可能是因为中国消费者对于这两方面的知识掌握得比较多;另一方面,可能是因为问卷设计时对这两个维度的营养知识的问题设置难度不够高。中国消费者对营养素来源和营养素功能知识的了解程度中等,两个维度的知识指数分别为 0.5745 和 0.4571。5 种维度的知识中,专家的饮食建议知识水平最低,平均知识指数只有 0.3952。中国消费者对各种营养素每日推荐摄入量的知识比较匮乏。当询问消费者"营养学家建议我国成人每天食盐摄入不超过多少克"时,只有 18.69%的消费者回答正确。当询问消费者"营养学家建议每日饮食中脂肪提供的能量比例不宜超过总能量的 50%"是否正确时,只有 11.67%的消费者回答正确。

总体来说,使用营养标签的消费者的 5 种维度的营养知识得分均比不使用营养标签的消费者高。使用 t 检验研究标签使用者和非使用者之间是否存在差异时,发现使用营养成分表的消费者群体的营养知识分数均值(均值=3.08,

标准差＝0.906）显著高于不使用营养成分表的消费者群体（均值＝2.77，标准差＝0.949；$p<0.001$）。研究还发现使用营养声称的消费者群体的营养知识分数均值（均值＝3.07，标准差＝0.895）显著高于不使用营养声称的消费者群体（均值＝2.55，标准差＝0.956；$p<0.001$），且营养声称使用群体和非使用群体间的营养知识差异比营养成分表使用群体和非使用群体之间的差异要大（见表5.3）。

表 5.3 客观营养知识测量结果

维度	题项	正确答案	正确率/%	知识指数(1)	NFP使用者(2)	NFP非使用者(3)	NC使用者	NC非使用者
饮食疾病关系	1 多吃猪油，有助于预防心脏病	错误	52.08	0.71	0.73	0.68	0.73	0.63
	2 平时多吃蔬菜水果，有助于预防某些癌症	正确	87.18					
	3 多吃能量高的食物容易变胖	正确	71.51					
	4 平时吃得咸容易得高血压	正确	71.59					
日常食物选择	5 从脂肪角度考虑，畜肉比鱼肉更健康	错误	73.55	0.81	0.83	0.78	0.83	0.74
	6 新鲜猪肉比腊肉更健康	正确	86.04					
	7 方便面比手工面更健康	错误	91.51					
	8 猪油比植物油更健康	错误	72.98					
营养素来源	9 等量的牛肉和鸡肉的卡路里（能量）含量是相同的	错误	61.14	0.57	0.61	0.53	0.61	0.47
	10 白斩鸡比炸鸡的脂肪含量高	错误	58.86					
	11 等量的猪肝比猪蹄的胆固醇含量高	正确	47.10					
	12 肉类比水果的膳食纤维含量高	错误	62.69					

续表

维度	题项	正确答案	正确率/%	知识指数[1]	NFP使用者[2]	NFP非使用者[3]	NC使用者	NC非使用者
营养素功能	13 膳食纤维是高能量物质	错误	46.69	0.46	0.49	0.42	0.48	0.38
	14 维生素C可以促进钙的吸收	错误	19.92					
	15 锌有助于改善食欲	正确	64.00					
	16 日常活动所需能量的最主要来源是碳水化合物	正确	52.24					
专家饮食建议	17 均衡膳食意味着各种类型食物的摄入量应该相同	错误	54.69	0.40	0.42	0.36	0.42	0.33
	18 营养学家建议我国居民多吃糖(如白糖、红糖等)	错误	73.06					
	19 营养学家建议我国成人每天食盐摄入不超过9克	错误	18.69					
	20 营养学家建议每日饮食中脂肪提供的能量比例不宜超过总能量的50%	错误	11.67					
总体营养知识指数(NKI,取值范围为0～5)				2.94	3.08	2.77	3.07	2.55
被访者数量				1225	685	540	919	306

注:(1)不同维度的知识指数即消费者对于每一个维度内4个问题的总体正确率,取值范围为0～1。总体营养知识指数即5个维度知识指数的加总,取值范围为0～5。(2)此处营养成分表(NFP)或营养声称(NC)标签使用者,是指经常、总是或偶尔阅读营养标签的消费者。(3)此处营养成分表(NFP)或营养声称(NC)标签非使用者,是指从不或很少使用营养标签的消费者。

为了进一步比较不同主观和客观营养知识水平的群体中营养标签的使用频率差异,本书将消费者按照主观和客观营养知识水平进行了分组,将主观或客观营养知识水平大于3的群体定义为高知识水平群体,将主观或客观营养知识水平小于等于3的群体定义为低知识水平群体(见表5.4)。分组比较两种营养标签的使用频率后发现:主观和客观知识水平都比较高的群体有149人,占总样本的12.16%;该部分群体对两种营养标签的使用频率都相对最高。客观知识水平比较高而主观知识水平比较低的群体有 419 人,占总样本的 34.20%;该部分群体营养声称的搜寻频率依然比较高,但营养成分表的搜寻频率显著下降,说明客观营养知识水平对消费者营养声称的使用可能起到非常重要的作用。而主观知识水平比较高同时实际客观知识水平却比较低的群体仅有 70 人,占总样本的 5.71%,说明实际营养知识水平并不高而主观上对自己知识水平比较自信的消费者在中国并不多见。结果发现,该部分群体两种营养标签的使用频率均显著下降。最后,主观和客观知识水平都比较低的群体有 587 人,占总样本的 47.92%,是 4 种人群中人数最多的一类,说明当前大多数中国消费者的实际知识水平还比较低,同时主观上对自己掌握的营养知识也并不自信。与高主观知识、低客观知识的群体相比,主观和客观知识水平都比较低的群体,营养成分的使用频率差异并不大,但营养成分表的使用频率显著下降,说明客观营养知识水平可能对消费者营养成分表的使用起到非常显著的影响。

表 5.4 按营养知识水平分组统计的营养标签使用频率

类别		主观营养知识水平	
		高(>3)	低(≤3)
客观营养知识	高(>3)	NFP:3.22 NC:3.66 n=149	NFP:2.75 NC:3.34 n=419
	低(≤3)	NFP:2.77 NC:2.99 n=70	NFP:2.46 NC:2.92 n=587

5.5.2 营养知识对标签使用行为的影响

(1)内生性检验

在研究营养知识对消费者标签使用行为的作用时,可能会出现内生性问题。营养知识可能会帮助消费者理解和使用营养标签信息;然而,营养标签使用也可能会对消费者营养知识的积累产生积极影响。随着消费者标签使用次数的增多,可能对不同食品的营养素含量有更多的了解,因而营养知识水平,尤其是营养素来源知识的水平可能会提高。关于营养知识的内生性问题,现存研究结论并不一致。例如 Nayga(2000)在研究中发现营养知识的内生性问题确实存在,且使用工具变量法控制知识的内生性后,知识对营养标签使用的作用不再显著。还有一些研究发现营养知识是不是内生变量与不同种类的标签形式有关。营养成分表信息的使用会增加消费者的营养知识,而营养声称标签的使用对消费者的营养知识水平并没有显著影响(Barreiro-Hurlé,Gracia and de-Magistris,2010; Drichoutis,2005)。

本书将主要使用两种方法检验营养知识的内生性问题:豪斯曼规范测试(Hausman, 1978)和 Durbon-Wu-Hausman(DWH)检验(Davidson and MacKinnon,1993)。如前文分析所示,营养信息的使用最可能导致消费者营养素来源知识的增加。因此,本书除了检验总体营养知识指数变量的内生性之外,还检测了消费者营养素来源知识变量的内生性,具体结果如表 5.5 所示。

表 5.5 营养知识内生性检验结果

模型	豪斯曼检验:χ^2	*DWH* 检验:χ^2
营养知识指数—营养成分表	0.42(p=0.5189)	0.44(p=0.5067)
营养知识指数—营养声称	1.39(p=0.2385)	1.47(p=0.2247)
营养素来源知识—营养成分表	0.04(p=0.8383)	0.04(p=8334)
营养素来源知识—营养声称	1.49(p=0.2217)	1.59(p=0.2074)

结果表明,营养知识的内生性问题在中国消费者样本中并不严重。无论是总体营养知识指数还是营养素来源知识的内生性检测结果,均拒绝了存在内生性的零假设。这可能与以下 3 个方面原因有关:(1)中国消费者的营养标签信息使用频率相对较低,对营养标签的理解和记忆能力相对较差(Liu,Hoefkens and Verbeke,2015)。因此,消费者难以通过阅读营养标签信息获得营养知识水平的提升。(2)中国直到 2013 年才在全国开始实施强制性标签政策,强制企业披露营养信息。此前,中国一直采取自愿标示政策,市场中的营养标签普及率并不高,缺乏规范性。本书调查样本时间为 2016 年 7—9 月,此时强制性标签政策只实施了 3 年时间。消费者的营养标签使用行为对营养知识的积累作用时间比较短,影响也相对较小。(3)强制性标签政策实施后,中国一直没有采取相关的消费者推广和教育项目,仅通过报纸、电视、网络等媒体进行宣传,因此对消费者营养知识水平的提高作用比较弱。

综上,由于营养知识的内生性问题并不严重,因此本书在后文的分析中主要采取以下思路:首先,直接研究主观和客观知识水平、5 种维度的知识水平对消费者标签使用行为的影响;其次,使用工具变量法进行稳健性检验。

(2)总体营养知识对标签使用行为的影响

在模型中加入营养知识相关变量之后,模型中其他控制变量(即第 5 章的自变量)的结果仍然稳健(见表 5.6)。例如,年龄(AGE)对营养成分表的使用频率有较弱的负向影响,对营养声称的使用频率有较弱的正向影响,说明随着年龄的增加,消费者会降低对复杂标签的使用频率,而增加对简化标签的使用频率。营养成分表的使用并没有性别(MALE)差异,但是对于营养声称的使用频率,男性会显著低于女性。受教育程度(EDU)的提高可以显著增加两种标签的使用频率。

表 5.6 总体营养知识对两种形式营养标签信息使用的影响[①]

变量名	营养成分表使用频率				营养声称使用频率			
	1～2	2～3	3～4	4～5	1～2	2～3	3～4	4～5
AGE	−0.020 (0.052)	−0.012 (0.103)	−0.002 (0.817)	−0.033 (0.095)	0.027 (0.067)	−0.013 (0.131)	0.011 (0.160)	0.019 (0.187)
MALE	0.059 (0.803)	−0.268 (0.131)	0.208 (0.348)	−0.333 (0.485)	−0.276 (0.453)	−0.073 (0.720)	−0.558** (0.003)	−0.194 (0.571)
EDU	0.260* (0.035)	0.041 (0.657)	−0.171 (0.155)	0.319 (0.272)	0.258 (0.197)	−0.072 (0.516)	0.082 (0.417)	0.405* (0.037)
DGKNOW	0.263 (0.246)	0.188 (0.215)	0.139 (0.437)	−0.898* (0.026)	0.085 (0.817)	0.241 (0.192)	0.360* (0.020)	−0.402 (0.165)
DGIMP	−0.100 (0.856)	0.144 (0.695)	−0.474 (0.250)	1.690* (0.017)	−0.132 (0.889)	−0.226 (0.634)	−0.161 (0.673)	−0.472 (0.462)
SUBNK	0.302* (0.024)	0.187 (0.075)	0.272* (0.039)	0.552 (0.078)	0.182 (0.347)	0.326* (0.013)	0.123 (0.298)	0.259 (0.256)
NKI	0.024 (0.831)	0.037 (0.665)	0.042 (0.699)	−0.081 (0.726)	−0.004 (0.979)	0.375*** (0.000)	0.274** (0.003)	0.327 (0.074)
_cons	−0.882 (0.510)	−1.744 (0.091)	−2.277 (0.083)	−6.143* (0.042)	4.364* (0.035)	−1.209 (0.341)	−3.917*** (0.000)	−14.970*** (0.000)
R^2	0.2119				0.2410			
对数似然函数值	−1406.96				−1326.18			
卡方值	756.66				842.25			
p 值	0.0000				0.0000			
样本容量	1225				1225			

* $p<0.1$, ** $p<0.05$, *** $p<0.01$。

注:除了表格中的自变量之外,模型中还控制了其他人口统计学变量、日常生活习惯变量、标签态度变量、饮食行为变量、健康状况变量以及产品属性变量。

营养知识相关的变量中,知晓膳食指南或平衡膳食宝塔(DGKNOW)对消费者营养成分表的使用具有显著的负向影响,但对营养声称的使用频率具有显著的正向影响,说明知晓膳食指南或平衡膳食宝塔的消费者的营养健康意识比普通消费者更强,有助于增加其对简化标签的使用频率,但对于复杂标签的使用频率会起到反作用。作为对比,认为遵循膳食指南或平衡膳食宝塔的建议比较重要(DGIMP)的消费者会显著增加对营养成分表的使用频率,但对营养声称的使用频率并没有显著影响。这可能是因为认为遵循膳食指南或平衡膳食宝塔的建议比较重要的消费者的健康意识,比仅知晓膳食指南的消费者更强,因而会显著增加对复杂标签的使用频率,从而搜集更详细的营养信息。

主观营养知识(SUBNK)对于营养成分表和营养声称的使用均有显著的正向影响,说明主观上对自己的营养知识水平比较自信的消费者,会显著增加对复杂营养标签和简化营养标签的搜寻频率。然而,客观营养知识指数(NKI)对营养成分表的使用并没有显著影响,但会显著增加对营养声称的使用频率,说明实际营养知识水平更高的消费者更加偏好简化标签,并没有把自己的营养知识应用于复杂标签的搜寻和理解中。一方面,本书研究结果表明,消费者的主观营养知识可能比客观营养知识对其营养标签使用行为的影响更大。这与之前一些研究的结论相符(如 van Trijp and van der Lans,2007; Hess,Visschers and Siegrist,2012; Liu,Hoefkens and Verbeke,2015)。另一方面,本书发现客观营养知识水平对简化标签的作用比对复杂标签的作用更大。该结论与之前针对欧美发达国家消费者的研究结论相悖,之前研究发现客观营养知识水平对复杂标签的作用比对简化标签的作用更大(如 Barreiro-Hurlé,Gracia and de-Magistris,2010; Petrovici et al.,2012),因为复杂标签的理解和使用对于消费者的客观知识水平有更高的要求。

造成本书研究结论差异的原因可能有以下 4 点。第一,客观营养知识水平更高的消费者可能过于自信,因而并不会把自己的知识应用到实际的食物选择中。Hung et al.(2017)的研究发现营养知识水平更高的消费者虽然处理营养信息的能力更强,但其使用营养信息的动机却更弱。第二,相比于发达国家消费者,中国消费者的营养知识水平相对较弱。即使是客观知识水平相对较高的中国消费者,可能也难以理解和处理复杂的营养标签信息。随着营养知识水平的提高,可能首先会影响消费者对简化标签的使用频率,继而促进对复杂标签的搜寻频率。第三,客观营养知识水平可能并不是消费者理解和使用复杂标签信息的唯一因素,还需要其他能力的配合,如消费者对营养标签的理解能力。也就是说,营养成分表中的信息比较复杂,消费者在理解和使用其中的营养信息时,不仅需要有比较高的客观营养知识,还需要有一定的理解能力。然而,本书发现,中国消费者对复杂标签的理解能力比较差,客观理解能力指数仅为 0.96(取值范围为 0～3)。在测量消费者对营养成分表的理解能力的 3 个问题中,消费者回答的总体正确率分别为 34.45%、49.47%和 12.49%,其中,对营养成分表本质内容的理解正确率仅为 12.49%,说明绝大多数中国消费者并不能较好地理解营养成分表中的信息。第四,中国消费者对营养声称标签更加偏爱，可能是营养声称本身的优越性导致的。营养声称标签属于正面标签，相比于印制在食品外包装上的背面标签，搜寻成本更低。一些研究表明，当同时向消费者提供正面营养标签和背面标签时，消费者更加偏好使用正面的营养标签信息（如 Grunert，Wills and Fernández-Celemín，2010；Hersey et al.，2013）。正面标签使用的数字更少，一般采用图像或符号等形式标示，更加便于消费者理解和使用（Feunekes et al.，2008；Zhu，Lopez and Liu，2016）。

（3）总体营养知识对营养素信息使用行为的影响

在上一部分的分析中，知晓膳食指南或平衡膳食宝塔（DGKNOW）对消费者营养成分表的使用具有显著的负向影响。本部分的分析进一步发现，知晓膳食指南或平衡膳食宝塔的消费者对 5 种营养素信息的搜寻频率均有显著的负向影响，说明上一部分的分析结果是稳健的，也说明知晓膳食指南或平衡膳食宝塔的消费者，对复杂标签和营养素信息的搜寻频率更低（见表 5.7 至表 5.9）。然而值得欣慰的是，认为遵循膳食指南的建议比较重要（DGIMP）的消费者，会显著增加对能量、蛋白质、碳水化合物、钠信息的搜寻频率，尤其对钠含量信息的搜寻频率具有非常显著的积极影响，说明加强消费者对于遵循膳食指南中的建议的重要性的认知，有助于提高消费者对钠含量信息的关注度，促进消费者标签使用行为。因此，向消费者宣传膳食指南时，必须同时加强消费者对于遵循膳食指南饮食的重要性的认知。

表 5.7 总体营养知识对能量和蛋白质信息使用的影响

变量名	能量信息使用频率				蛋白质信息使用频率			
	1～2	2～3	3～4	4～5	1～2	2～3	3～4	4～5
AGE	−0.023**	−0.015*	−0.017	−0.050*	−0.027**	−0.019*	−0.009	−0.018
	(0.009)	(0.044)	(0.053)	(0.015)	(0.007)	(0.016)	(0.282)	(0.216)
MALE	−0.001	−0.135	0.169	0.178	−0.104	0.059	0.551**	−0.120
	(0.997)	(0.439)	(0.422)	(0.674)	(0.649)	(0.746)	(0.007)	(0.717)
EDU	0.248*	0.072	0.106	−0.304	0.197	0.160	0.034	−0.158
	(0.027)	(0.438)	(0.386)	(0.240)	(0.118)	(0.101)	(0.755)	(0.427)
DGKNOW	0.018	−0.035	−0.207	−1.163**	0.409	0.128	0.117	−0.566*
	(0.925)	(0.812)	(0.233)	(0.001)	(0.061)	(0.406)	(0.469)	(0.041)
DGIMP	−0.429	0.848*	−0.045	0.745	−0.227	1.067*	0.437	−0.372
	(0.397)	(0.019)	(0.912)	(0.320)	(0.700)	(0.010)	(0.214)	(0.508)
SUBNK	0.243	0.110	0.137	0.493	0.284*	0.278*	0.306*	0.589**
	(0.054)	(0.295)	(0.305)	(0.071)	(0.048)	(0.013)	(0.011)	(0.004)

续表

变量名	能量信息使用频率				蛋白质信息使用频率			
	1～2	2～3	3～4	4～5	1～2	2～3	3～4	4～5
NKI	−0.036 (0.736)	0.156 (0.066)	0.190 (0.070)	0.757*** (0.000)	0.008 (0.943)	0.016 (0.848)	0.026 (0.787)	0.388* (0.035)
_cons	−0.009 (0.994)	−1.723 (0.095)	−3.901** (0.002)	−7.512** (0.003)	0.785 (0.571)	−2.471* (0.023)	−4.284*** (0.000)	−8.862*** (0.000)
R^2	0.1751				0.1970			
对数似然函数值	−1511.44				−1509.47			
卡方值	641.83				740.48			
p 值	0.0000				0.0000			
样本容量	1225				1225			

表 5.8　总体营养知识对脂肪和碳水化合物信息使用的影响

变量名	脂肪信息使用频率				碳水化合物信息使用频率			
	1～2	2～3	3～4	4～5	1～2	2～3	3～4	4～5
AGE	−0.029** (0.002)	−0.024** (0.002)	−0.026** (0.002)	−0.028* (0.024)	−0.021* (0.012)	−0.022** (0.002)	−0.016 (0.065)	−0.054* (0.016)
MALE	0.020 (0.932)	−0.478** (0.009)	−0.536** (0.006)	−0.402 (0.162)	0.278 (0.166)	0.125 (0.463)	0.232 (0.260)	0.058 (0.898)
EDU	0.103 (0.407)	0.144 (0.148)	0.225* (0.035)	−0.149 (0.354)	0.094 (0.378)	0.079 (0.398)	0.035 (0.756)	−0.283 (0.265)
DGKNOW	0.388 (0.074)	0.054 (0.733)	−0.212 (0.186)	−0.596* (0.010)	0.118 (0.504)	0.243 (0.087)	−0.048 (0.783)	−1.243** (0.002)
DGIMP	−0.504 (0.338)	0.520 (0.206)	−0.168 (0.650)	0.153 (0.752)	−0.457 (0.310)	0.737* (0.045)	0.550 (0.123)	0.751 (0.262)
SUBNK	0.247 (0.071)	0.078 (0.482)	0.244* (0.036)	0.292 (0.095)	0.396** (0.001)	0.229* (0.031)	0.262* (0.039)	0.179 (0.589)
NKI	−0.033 (0.767)	0.072 (0.406)	0.150 (0.100)	0.396** (0.007)	0.035 (0.715)	0.016 (0.841)	−0.041 (0.684)	0.438 (0.070)
_cons	0.075 (0.956)	−2.508* (0.021)	−2.505* (0.023)	−6.218*** (0.000)	−0.717 (0.539)	−1.966 (0.051)	−2.415* (0.049)	−5.522* (0.040)
R^2	0.1928				0.1456			
对数似然函数值	−1559.12				−1566.15			

续表

变量名	脂肪信息使用频率				碳水化合物信息使用频率			
	1～2	2～3	3～4	4～5	1～2	2～3	3～4	4～5
卡方值	744.90				533.62			
p 值	0.0000				0.0000			
样本容量	1225				1225			

表 5.9　总体营养知识对钠信息使用的影响

变量名	钠信息使用频率			
	1～2	2～3	3～4	4～5
AGE	−0.007 (0.379)	−0.009 (0.236)	0.014 (0.167)	−0.032 (0.236)
MALE	−0.059 (0.744)	−0.046 (0.791)	−0.336 (0.189)	−1.558* (0.038)
EDU	0.131 (0.195)	0.154 (0.110)	0.038 (0.770)	−0.492 (0.149)
DGKNOW	0.042 (0.792)	0.300* (0.038)	0.263 (0.207)	−1.676** (0.009)
DGIMP	−0.314 (0.443)	0.796* (0.023)	0.043 (0.917)	3.037*** (0.000)
SUBNK	0.318** (0.005)	0.138 (0.216)	0.303* (0.041)	1.151** (0.006)
NKI	−0.036 (0.683)	−0.018 (0.831)	−0.049 (0.679)	0.420 (0.264)
_cons	−0.405 (0.700)	−1.374 (0.188)	−4.198** (0.005)	−2.720 (0.442)
R^2	0.1533			
对数似然函数值	−1493.61			
卡方值	541.00			
p 值	0.0000			
样本容量	1225			

* $p<0.1$，** $p<0.05$，*** $p<0.01$。

前一部分发现的主观营养知识对营养成分表的积极作用，在这一部分仍然得到了验证。消费者的主观营养知识（SUBNK）对于蛋白质、脂肪、碳水化合物和钠含量信息的搜寻频率具有显著的正向影响，但对能量信息的搜寻频率并没有显著作用。与上一部分结论存在差异的是，消费者的客观营养知识水平虽然对营养成分表的使用频率并没有显著影响，但会显著增加消费者对能量、蛋白质、脂肪信息的搜寻频率，不过该正向作用仅限于对标签使用频率相对较高的群体。也就是说，客观营养知识水平比较高，有助于将经常进行标签使用的消费者转化为总是进行食品营养标签使用。

(4)不同维度营养知识对营养标签使用行为的影响

进一步区分营养知识的维度后，发现5种维度的营养知识对营养成分表的使用均没有显著影响(见表5.10)。该结论与前面小结关于总体营养知识指数的研究结论相同，说明本书的结论是稳健的。该结果同时表明，不仅消费者的整体客观营养知识水平对营养标签使用行为不起作用，5种维度的营养知识对消费者的标签使用行为也没有显著影响。这可能是由于当前中国消费者整体的客观知识水平都比较低导致的。消费者客观营养知识水平越低，进行标签使用的动机就会越弱(Kim，Nayga and Capps，2000；Gracia，Loureiro and Nayga，2007)，尤其是对复杂的营养信息关注度会更低(Barreiro-Hurlé，Gracia and de-Magistris，2010；Cavaliere，De Marchi and Banterle，2016)。因此，客观营养知识水平比较低的群体总是会更加偏好简化的营养声称标签。

表5.10　不同维度营养知识对两种形式营养标签使用的影响①

变量名	营养成分表使用频率				营养声称使用频率			
	1～2	2～3	3～4	4～5	1～2	2～3	3～4	4～5
AGE	−0.020 (0.054)	−0.014 (0.068)	−0.002 (0.811)	−0.035 (0.091)	0.035* (0.033)	−0.012 (0.169)	0.012 (0.139)	0.016 (0.278)
MALE	0.048 (0.840)	−0.274 (0.124)	0.218 (0.330)	−0.341 (0.486)	−0.266 (0.469)	−0.074 (0.717)	−0.567** (0.003)	−0.156 (0.652)
EDU	0.279* (0.025)	0.042 (0.656)	−0.210 (0.085)	0.338 (0.260)	0.336 (0.119)	−0.079 (0.483)	0.091 (0.369)	0.399* (0.043)
DGKNOW	0.246 (0.288)	0.219 (0.153)	0.132 (0.466)	−0.907* (0.031)	0.113 (0.762)	0.257 (0.167)	0.363* (0.020)	−0.449 (0.129)
DGIMP	−0.248 (0.662)	0.214 (0.566)	−0.478 (0.256)	1.712* (0.022)	−0.025 (0.979)	−0.225 (0.637)	−0.196 (0.610)	−0.441 (0.494)
SUBNK	0.281* (0.036)	0.194 (0.065)	0.298* (0.025)	0.596 (0.062)	0.180 (0.369)	0.317* (0.017)	0.115 (0.330)	0.300 (0.190)
DR	0.045 (0.661)	0.063 (0.420)	0.022 (0.825)	−0.189 (0.381)	0.299* (0.048)	0.170 (0.063)	0.015 (0.852)	0.021 (0.888)
EFC	−0.053 (0.621)	0.078 (0.338)	−0.174 (0.094)	0.149 (0.548)	0.037 (0.819)	−0.002 (0.985)	0.102 (0.251)	0.221 (0.260)
SN	0.035 (0.715)	−0.022 (0.746)	0.108 (0.206)	0.232 (0.246)	0.038 (0.797)	0.155* (0.050)	0.163* (0.020)	−0.013 (0.928)

续表

变量名	营养成分表使用频率				营养声称使用频率			
	1～2	2～3	3～4	4～5	1～2	2～3	3～4	4～5
FN	0.034 (0.726)	−0.111 (0.131)	−0.117 (0.198)	−0.276 (0.106)	−0.249 (0.118)	0.049 (0.571)	0.033 (0.669)	−0.052 (0.711)
DDR	−0.005 (0.964)	0.063 (0.426)	0.174 (0.071)	−0.070 (0.757)	−0.123 (0.439)	0.110 (0.239)	−0.022 (0.785)	0.258 (0.088)
_cons	−0.801 (0.557)	−1.859 (0.074)	−2.058 (0.121)	−7.098* (0.029)	4.379* (0.037)	−1.234 (0.336)	−3.940*** (0.000)	−15.211*** (0.000)
R^2	0.2173				0.2456			
对数似然函数值	−1397.39				−1318.21			
卡方值	775.80				858.19			
p 值	0.0000				0.0000			
样本容量	1225				1225			

* $p<0.1$，** $p<0.05$，*** $p<0.01$。

注：除了表格中展示的自变量之外，模型中还控制了其他人口统计学变量、日常生活习惯变量、标签态度变量、饮食行为变量、健康状况变量以及产品属性变量。

研究结果表明，消费者的客观营养知识水平对营养声称的使用具有显著的正向影响，但并不是所有维度的营养知识均起作用。实际上，仅有两个维度的营养知识具有显著的积极影响，分别为饮食和疾病之间的关系知识（DR）、营养素来源知识（SN）。而营养素功能知识（FN）、日常食物选择（EFC）、专家饮食建议知识（DDR）的影响均不显著。饮食和疾病之间的关系知识发挥作用的可能原因是，更加了解饮食和疾病之间的关联的消费者的健康意识更强，标签使用的动机也更强。而营养素来源知识发挥作用可能的原因是，中国市场中的营养声称一般为“低糖”“高钙”“高蛋白质”等，这些声称与营养素来源维度的知识最相关。Barreiro-Hurlé，Gracia，and de-Magistris（2010）只测量了消费者的营养素来源知识，并检验了营养素来源知识与消费者营养声称的使用之间的关系，发现了与本书相同的结论。

（5）不同维度营养知识对营养素标签使用行为的影响

进一步检验不同维度的客观营养知识对 5 种营养素信息的搜寻频率的影响，研究发现不同的营养素受客观营养知识维度的影响存在差异（见表 5.11 至表 5.13）。能量信息的搜寻频率主要受 3 个维度营养知识的影响，分别为饮食和疾病之间的关系知识（DR）、营养素来源知识（SN）和专家的饮食建议知识（DDR）。蛋白质信息的搜寻频率只与专家的饮食建议知识（DDR）有关。脂肪信息的搜寻频率与3个维度的知识有关，分别为饮食和疾病之间的关系知识(DR)、日常食物选择知识(EFC)和专家的饮食建议知识(DDR)。碳水化合物信息的搜寻频率与4个维度的知识有关，分别为饮食和疾病之间的关系知识(DR)、营养素来源知识(SN)、日常食物选择知识(EFC)和专家的饮食建议知识(DDR)。而钠含量信息的搜寻频率与脂肪信息的搜寻频率的3个维度相同：饮食和疾病之间的关系知识(DR)、日常食物选择知识(EFC)和专家的饮食建议知识(DDR)。

表5.11 不同维度营养知识对能量和蛋白质信息使用的影响

变量名	能量信息使用频率				蛋白质信息使用频率			
	1～2	2～3	3～4	4～5	1～2	2～3	3～4	4～5
AGE	−0.023**	−0.017*	−0.018*	−0.054**	−0.026**	−0.020**	−0.011	−0.021
	(0.009)	(0.024)	(0.048)	(0.009)	(0.009)	(0.010)	(0.190)	(0.162)
MALE	−0.006	−0.169	0.184	0.239	−0.154	0.060	0.540**	−0.111
	(0.978)	(0.334)	(0.387)	(0.578)	(0.503)	(0.741)	(0.008)	(0.740)
EDU	0.251*	0.082	0.130	−0.314	0.236	0.166	0.027	−0.187
	(0.027)	(0.383)	(0.287)	(0.225)	(0.069)	(0.094)	(0.807)	(0.357)
DGKNOW	−0.009	−0.025	−0.216	−1.216***	0.439*	0.129	0.092	−0.739*
	(0.966)	(0.868)	(0.222)	(0.001)	(0.047)	(0.407)	(0.572)	(0.010)
DGIMP	−0.389	0.905*	−0.003	0.724	−0.118	1.082**	0.488	−0.232
	(0.447)	(0.013)	(0.994)	(0.342)	(0.842)	(0.009)	(0.170)	(0.687)
SUBNK	0.220	0.116	0.142	0.513	0.274	0.288*	0.320**	0.643**
	(0.082)	(0.271)	(0.290)	(0.074)	(0.061)	(0.011)	(0.008)	(0.003)
DR	−0.045	0.218**	0.209*	0.323	0.158	0.089	0.025	−0.036
	(0.633)	(0.004)	(0.026)	(0.121)	(0.139)	(0.275)	(0.770)	(0.808)
EFC	0.044	−0.013	−0.100	−0.092	−0.090	−0.014	−0.050	0.088
	(0.659)	(0.870)	(0.330)	(0.707)	(0.411)	(0.859)	(0.591)	(0.636)
SN	0.095	−0.081	−0.081	0.046	0.113	−0.079	−0.106	−0.156
	(0.254)	(0.207)	(0.305)	(0.792)	(0.227)	(0.254)	(0.153)	(0.255)
FN	−0.145	0.022	0.194*	0.268	−0.191	0.003	0.066	0.133
	(0.101)	(0.750)	(0.028)	(0.139)	(0.051)	(0.971)	(0.412)	(0.344)
DDR	−0.028	0.125	0.072	0.443*	0.023	0.081	0.125	0.509***
	(0.772)	(0.102)	(0.424)	(0.010)	(0.830)	(0.320)	(0.136)	(0.000)
_cons	0.045	−1.722	−4.110**	−7.507**	0.662	−2.511*	−4.248***	−9.222***
	(0.971)	(0.098)	(0.002)	(0.003)	(0.637)	(0.021)	(0.000)	(0.000)
R^2	0.1824				0.2029			
对数似然函数值	−1498.14				−1498.30			

续表

变量名	能量信息使用频率				蛋白质信息使用频率			
	1～2	2～3	3～4	4～5	1～2	2～3	3～4	4～5
卡方值	668.43				762.81			
p 值	0.0000				0.0000			
样本容量	1225				1225			

表 5.12 不同维度营养知识对脂肪和碳水化合物信息使用的影响

变量名	脂肪信息使用频率				碳水化合物信息使用频率			
	1～2	2～3	3～4	4～5	1～2	2～3	3～4	4～5
AGE	−0.030** (0.002)	−0.026** (0.002)	−0.028** (0.001)	−0.032* (0.010)	−0.022* (0.011)	−0.025*** (0.001)	−0.018* (0.043)	−0.055* (0.011)
MALE	0.003 (0.988)	−0.475** (0.009)	−0.574** (0.003)	−0.404 (0.170)	0.265 (0.185)	0.132 (0.440)	0.259 (0.216)	0.143 (0.762)
EDU	0.120 (0.341)	0.172 (0.088)	0.236* (0.029)	−0.240 (0.154)	0.101 (0.352)	0.067 (0.475)	0.021 (0.858)	−0.388 (0.142)
DGKNOW	0.407 (0.065)	0.103 (0.524)	−0.213 (0.190)	−0.676** (0.004)	0.122 (0.494)	0.239 (0.095)	−0.060 (0.738)	−1.293** (0.002)
DGIMP	−0.478 (0.369)	0.631 (0.129)	−0.108 (0.775)	0.259 (0.604)	−0.535 (0.244)	0.846* (0.023)	0.659 (0.070)	0.577 (0.413)
SUBNK	0.263 (0.056)	0.071 (0.522)	0.236* (0.042)	0.286 (0.113)	0.396** (0.001)	0.215* (0.045)	0.262* (0.041)	0.058 (0.862)
DR	0.111 (0.275)	0.229** (0.005)	0.191* (0.021)	−0.071 (0.540)	0.094 (0.304)	0.112 (0.140)	0.191* (0.033)	−0.165 (0.394)
EFC	−0.024 (0.830)	−0.085 (0.311)	0.027 (0.758)	0.428** (0.008)	−0.057 (0.540)	−0.079 (0.309)	−0.191* (0.048)	0.389 (0.108)
SN	0.072 (0.432)	0.016 (0.820)	−0.057 (0.414)	0.156 (0.163)	0.138 (0.077)	−0.130* (0.045)	−0.096 (0.220)	0.362 (0.052)
FN	−0.152 (0.112)	−0.132 (0.083)	−0.115 (0.141)	−0.178 (0.114)	−0.112 (0.173)	0.008 (0.905)	−0.090 (0.284)	−0.213 (0.262)
DDR	−0.045 (0.666)	0.129 (0.107)	0.233** (0.004)	0.216 (0.069)	−0.052 (0.576)	0.198* (0.011)	0.208* (0.019)	0.316 (0.078)
_cons	0.005 (0.997)	−2.768* (0.012)	−2.751* (0.014)	−5.977*** (0.001)	−0.860 (0.469)	−1.846 (0.071)	−2.320 (0.063)	−5.655* (0.043)
R^2	0.2020				0.1570			
对数似然函数值	−1541.41				−1545.26			

续表

变量名	脂肪信息使用频率				碳水化合物信息使用频率			
	1～2	2～3	3～4	4～5	1～2	2～3	3～4	4～5
卡方值	780.33				575.42			
p 值	0.0000				0.0000			
样本容量	1225				1225			

表 5.13 不同维度营养知识对钠信息使用的影响

变量名	钠信息使用频率			
	1～2	2～3	3～4	4～5
AGE	−0.007 (0.373)	−0.010 (0.181)	0.013 (0.202)	−0.042 (0.154)
MALE	−0.059 (0.745)	−0.038 (0.828)	−0.284 (0.275)	−1.517* (0.047)
EDU	0.136 (0.184)	0.165 (0.088)	0.056 (0.674)	−0.596 (0.092)
DGKNOW	0.055 (0.730)	0.299* (0.041)	0.209 (0.331)	−1.918** (0.006)
DGIMP	−0.340 (0.416)	0.849* (0.017)	0.139 (0.743)	2.987*** (0.000)
SUBNK	0.319** (0.005)	0.112 (0.315)	0.280 (0.060)	1.184** (0.006)
DR	0.081 (0.324)	0.121 (0.107)	0.232* (0.024)	0.047 (0.888)
EFC	−0.056 (0.516)	−0.095 (0.234)	−0.365** (0.002)	−0.084 (0.850)
SN	0.118 (0.093)	−0.045 (0.489)	−0.119 (0.200)	−0.147 (0.640)
FN	−0.129 (0.080)	−0.062 (0.382)	−0.013 (0.900)	0.182 (0.500)
DDR	−0.085 (0.312)	0.107 (0.180)	0.268** (0.010)	0.655* (0.014)
_cons	−0.481 (0.652)	−1.202 (0.253)	−4.197** (0.005)	−1.630 (0.652)
R^2	0.1627			
对数似然函数值	−1477.13			

续表

变量名	钠信息使用频率			
	1～2	2～3	3～4	4～5
卡方值	573.97			
p 值	0.0000			
样本容量	1225			

* $p<0.1$,** $p<0.05$,*** $p<0.01$。

5.5.3 稳健性检验

为了检验结果的稳健性,本部分将主要从 4 个方面进行稳健性检验:考虑搜寻动机对结果的干扰,考虑消费者理解能力对结果的干扰,考虑测量误差问题,考虑内生性问题。

(1)考虑搜寻动机对结果的干扰

营养知识作用的发挥可能会受消费者搜寻动机的影响。一些消费者可能对营养信息不感兴趣,缺乏搜寻营养信息的动力,而与其营养知识水平的高低无关。一些研究表明,消费者的动机是在其进行食物选择时,对食品营养属性的重要性评价的重要因素(如 Blaylock et al., 1999; Miller and Cassady, 2015)。其中 Blaylock et al.(1999)研究表明,营养知识本身并不能影响消费者行为,只有在存在标签使用动机的情况下,营养知识才会起作用。因此,本书做出的假设是:如果消费者的营养标签使用动机比较高,他(或她)可能会更好地利用营养知识,阅读并使用营养标签。

由于消费者标签使用的动机无法直接测量,因此本书主要使用 3 个代理变量表示:消费者年龄、身体质量指数(BMI)和标签态度。首先,消费者的营养标签使用动机可能会随着年龄的增长而增长。年龄越大,患有与饮食相关的疾病的概率越高,健康意识也会增强(Drichoutis, 2005; Hess, Visschers and Siegrist,2012)。其次,超重肥胖的群体为了控制体重或减肥等原因,可能具有更强的标签使用动机(Drichoutis et al., 2008)。最后,如果消费者对营养标签的态度相对积极,进行营养标签使用的动机也可能更强。因此,本书主要构造了营养知识与消费者年龄、BMI、标签态度之间的交叉项,用以检验消费者营养标签使用动机对其营养知识作用的发挥产生的影响。为了避免交叉项和关键变量(NKI)出现多重共线性,本书在构建交叉项时,对年龄、BMI 和标签态度进行了集中和标准化处理。具体的回归结果见表 5.14。

结果表明,主观营养知识对两种营养标签信息的使用均有显著的正向影响;客观营养知识只对营养声称的使用具有显著的正向影响,对营养成分表的使用的影响则并不显著。该结论与之前的研究结论完全一致，说明本书结果是稳健的。另外，营养知识和搜寻动机的3个代理变量的交叉项（NKI* BMI，NKI* AGE，NKI* ATTI）均不显著，说明营养知识作用的发挥与消费者搜寻营养信息的动机之间的关系不大。

（2）考虑消费者理解能力对结果的干扰

营养知识作用的发挥可能会受消费者对营养标签的理解能力的影响。理解能力对于消费者阅读和处理营养标签信息具有非常重要的作用（如Barreiro-Hurlé，Gracia and de-Magistris，2010；Liu，Hoefkens and Verbeke，2015；Miller，2014）。理解能力主要是指消费者的计算能力和识字能力；而营养知识主要包括消费者对各种营养素的来源、功能、最优摄入水平等的知晓能力。因此，消费者的理解能力和营养知识的作用可能是相辅相成的。一些研究表明，理解营养标签需要消费者具备一定的营养知识（如Grunert，Wills and Fernández-Celemín，2010；Liu，Hoefkens and Verbeke，2015）。同样的，对于复杂的营养标签来说，营养知识的作用的发挥也需要消费者具备一定的标签理解能力。因此，本书构建了营养知识和消费者客观理解能力之间的交叉项，用以检验消费者理解能力对其营养知识作用的发挥产生的影响。为了避免交叉项和关键变量（NKI）出现多重共线性，本书在构建交叉项时，对消费者的客观理解能力变量进行了集中和标准化处理。具体的回归结果如表5.14所示。

结果表明，主观营养知识对两种营养标签信息的使用均有显著的正向影响；客观营养知识只对营养声称的使用具有显著的正向影响，对营养成分表的使用的影响则并不显著。该结论与之前的研究结论完全一致，说明本书结果是稳健的。另外，营养知识和理解能力的交叉项（NKI* UNDER）并不显著，说明营养知识作用的发挥与消费者理解营养信息的能力之间的关系不大。

表5.14 稳健性检验：考虑搜寻动机和理解能力的作用

变量名	营养成分表使用频率				营养声称使用频率			
	1～2	2～3	3～4	4～5	1～2	2～3	3～4	4～5
SUBNK	0.197**	0.197**	0.197**	0.197**	0.170*	0.170*	0.170*	0.170*
NKI	0.066	0.066	0.066	0.066	0.278***	0.278***	0.278***	0.278***
NKI* BMI	0.025	0.025	0.025	0.025	−0.033	−0.033	−0.033	−0.033
NKI* AGE	−0.064	−0.064	−0.064	−0.064	0.146	0.089	−0.218***	−0.092
NKI* ATTI	0.081	0.081	0.081	0.081	0.076	0.076	0.076	0.076
NKI* UNDER	−0.043	−0.043	−0.043	−0.043	0.043	0.043	0.043	0.043

续表

变量名	营养成分表使用频率				营养声称使用频率			
	1～2	2～3	3～4	4～5	1～2	2～3	3～4	4～5
_cons	−0.306	0.400	−5.613***	−8.465***	−1.679	−2.796**	−4.209***	−10.817***
样本容量	1225				1225			
R^2	0.2176				0.2267			
似然函数值	−1396.72				−1351.26			
卡方	777.14				792.08			

* $p<0.1$，** $p<0.05$，*** $p<0.01$。

(3)考虑测量误差

测量误差可能导致有偏的营养知识研究结论。因此，为了减少测量误差和极端值对估计结果的影响，本书根据消费者的客观总体营养知识指数值(NKI)对样本进行了修剪，去掉了前后 5%的消费者样本后，重新进行估计，估计结果如表 5.15 所示。

结果表明，主观营养知识对营养成分表具有显著的正向影响，但对营养声称的影响不再显著；客观营养知识仍然只对营养声称有显著的正向影响，对营养成分表的使用的影响并不显著。结果总体上仍然是稳健的。

表 5.15　稳健性检验：考虑测量误差

变量名	营养成分表使用频率				营养声称使用频率			
	1～2	2～3		1～2	2～3		1～2	2～3
SUBNK	0.186*	0.186*	0.186*	0.186*	0.151	0.151	0.151	0.151
NKI	0.034	0.034	0.034	0.034	0.296***	0.296***	0.296***	0.296***
_cons	0.234	0.410	−5.421***	−7.586***	−0.781	−2.457**	−3.883***	−10.433***
样本容量	1097				1097			
R^2	0.2155				0.2235			
似然函数值	−1242.11				−1203.68			
卡方	682.35				692.91			

* $p<0.1$，** $p<0.05$，*** $p<0.01$。

(4)考虑内生性

虽然前面的分析使用了豪斯曼检验和 DWH 检验，结果均没有拒绝营养知识不存在内生性的原假设，但为了检验结果的稳健性，本书使用工具变量法控制了营养知识的内生性问题，进行进一步分析和检验。工具变量主要采用“消费者最常获取的营养知识来源"和"最信任的营养知识来源"变量。因为消费者最常获取的营养知识来源和最信任的营养知识来源变量并不会对消费者营养标签信息的使用产生直接影响，但会直接影响消费者的客观营养知识水平，因而是比较好的工具变量。分析结果如表 5.16 和表 5.17 所示。

结果表明，无论是使用"消费者最常获取的营养知识来源"变量，还是使用"最信任的营养知识来源"变量作为工具变量，客观营养知识对消费者营养成分表的使用均没有显著影响，说明本书结果是稳健的，中国消费者的客观营养知识水平对复杂营养标签的使用的作用并不显著。这可能是当前中国消费者的整体客观营养知识水平比较低导致的。

表 5.16　稳健性检验:最信任的营养知识来源作为工具变量

NFP	系数	稳健标准误	Z 值	p 值	[95% 置信区间]	
NKI	0.39	0.45	0.88	0.38	−0.48	1.27
AGE	−0.01	0.01	−1.7	0.09	−0.02	0.00
MALE	−0.02	0.08	−0.32	0.75	−0.17	0.13
EDU	−0.05	0.10	−0.54	0.59	−0.25	0.14
POPU	0.01	0.02	0.38	0.71	−0.03	0.04
PREG	0.13	0.13	0.98	0.33	−0.13	0.38
KID	−0.09	0.06	−1.5	0.13	−0.22	0.03
CHILD	−0.02	0.04	−0.43	0.67	−0.11	0.07
OLD	0.04	0.03	1.2	0.23	−0.02	0.10
INCO	0.00	0.00	0.24	0.81	−0.01	0.01
HINCO	0.00	0.00	−1.54	0.12	−0.01	0.00
WORK	−0.14	0.09	−1.55	0.12	−0.31	0.04
TONIC	0.07	0.08	0.81	0.42	−0.09	0.22
SMOK	0.06	0.03	1.7	0.09	−0.01	0.12
DRINK	−0.01	0.02	−0.67	0.50	−0.06	0.03
EXER	0.04	0.02	1.94	0.05	0.00	0.07
FREQ	0.11	0.04	3.05	0.00	0.04	0.18
TIME	−0.05	0.03	−1.51	0.13	−0.10	0.01
IGNOR	−0.18	0.02	−7.34	0.00	−0.23	−0.13
ATTI	−0.08	0.02	−4.79	0.00	−0.12	−0.05

续表

NFP	系数	稳健标准误	Z 值	p 值	[95% 置信区间]	
SKEP	0.01	0.02	0.64	0.52	−0.02	0.04
NONED	0.00	0.02	0.02	0.98	−0.05	0.05
UNDER	0.01	0.04	0.34	0.73	−0.06	0.09
OBUND	−0.05	0.06	−0.97	0.33	−0.16	0.06
VEGE	0.09	0.08	1.14	0.25	−0.06	0.23
SLIM	−0.20	0.07	−2.77	0.01	−0.34	−0.06
NOFAT	0.02	0.03	0.65	0.52	−0.03	0.07
SNACK	0.02	0.03	0.53	0.60	−0.04	0.08
NONA	0.03	0.03	0.97	0.33	−0.03	0.08
VITAM	0.05	0.03	1.94	0.05	0.00	0.11
RELA	−0.02	0.10	−0.25	0.81	−0.22	0.17
DISE	0.03	0.06	0.45	0.65	−0.09	0.15
SUBFAT	0.19	0.07	2.73	0.01	0.05	0.32
OWEI	−0.07	0.09	−0.81	0.42	−0.25	0.10
OBES	−0.51	0.18	−2.86	0.00	−0.86	−0.16
NUTR	0.18	0.04	4.22	0.00	0.10	0.26
PRIC	−0.03	0.04	−0.8	0.42	−0.11	0.05
TAST	−0.07	0.04	−1.57	0.12	−0.15	0.02
BRAD	−0.06	0.05	−1.21	0.23	−0.16	0.04
LOOK	0.08	0.04	2.33	0.02	0.01	0.15
EASY	0.00	0.04	−0.04	0.97	−0.08	0.07
DGKNOW	−0.09	0.16	−0.59	0.56	−0.40	0.22
DGIMP	0.02	0.16	0.1	0.92	−0.29	0.32
SUBNK	0.07	0.08	0.9	0.37	−0.09	0.24
_cons	1.93	0.40	4.77	0.00	1.14	2.72

工具变量为最信任的营养知识来源，包括家人、朋友或同学等人（TFAMILY），电视、电台等多媒体（TTELE），书籍、报纸、杂志等纸媒体（TBOOK），手机应用或网络（TPHONE），专家的专题讲座（TLECT）。

表 5.17 稳健性检验:最常用的营养知识来源作为工具变量

NFP	系数	稳健标准误	Z 值	p 值	[95% 置信区间]	
NKI	0.37	0.43	0.86	0.39	−0.48	1.21
AGE	−0.01	0.01	−1.70	0.09	−0.02	0.00
MALE	−0.03	0.07	−0.35	0.72	−0.17	0.12
EDU	−0.05	0.10	−0.51	0.61	−0.24	0.14
POPU	0.01	0.02	0.39	0.70	−0.03	0.04
PREG	0.12	0.13	0.97	0.33	−0.13	0.38
KID	−0.09	0.06	−1.50	0.14	−0.22	0.03
CHILD	−0.02	0.04	−0.43	0.66	−0.11	0.07
OLD	0.04	0.03	1.23	0.22	−0.02	0.10
INCO	0.00	0.00	0.22	0.83	−0.01	0.01
HINCO	0.00	0.00	−1.50	0.13	−0.01	0.00
WORK	−0.14	0.09	−1.57	0.12	−0.31	0.03
TONIC	0.07	0.07	0.91	0.36	−0.08	0.21
SMOK	0.06	0.03	1.67	0.10	−0.01	0.12
DRINK	−0.01	0.02	−0.67	0.50	−0.06	0.03
EXER	0.04	0.02	2.01	0.04	0.00	0.07
FREQ	0.11	0.04	3.04	0.00	0.04	0.18
TIME	−0.04	0.03	−1.52	0.13	−0.10	0.01
IGNOR	−0.18	0.02	−7.33	0.00	−0.23	−0.13
ATTI	−0.08	0.02	−4.82	0.00	−0.12	−0.05
SKEP	0.01	0.02	0.65	0.52	−0.02	0.04
NONED	0.00	0.02	0.00	1.00	−0.05	0.05
UNDER	0.02	0.04	0.40	0.69	−0.06	0.09
OBUND	−0.05	0.06	−0.92	0.36	−0.16	0.06
VEGE	0.08	0.07	1.13	0.26	−0.06	0.23
SLIM	−0.20	0.07	−2.76	0.01	−0.34	−0.06
NOFAT	0.02	0.03	0.67	0.51	−0.03	0.07
SNACK	0.01	0.03	0.49	0.63	−0.04	0.07

续表

NFP	系数	稳健标准误	Z 值	p 值	[95% 置信区间]	
NONA	0.03	0.03	1.05	0.29	−0.02	0.08
VITAM	0.05	0.03	1.95	0.05	0.00	0.11
RELA	−0.02	0.10	−0.20	0.84	−0.21	0.17
DISE	0.03	0.06	0.47	0.64	−0.10	0.15
SUBFAT	0.19	0.07	2.72	0.01	0.05	0.32
OWEI	−0.07	0.09	−0.79	0.43	−0.24	0.10
OBES	−0.50	0.18	−2.79	0.01	−0.85	−0.15
NUTR	0.18	0.04	4.24	0.00	0.10	0.26
PRIC	−0.03	0.04	−0.78	0.44	−0.11	0.05
TAST	−0.07	0.04	−1.58	0.11	−0.15	0.02
BRAD	−0.06	0.05	−1.19	0.24	−0.15	0.04
LOOK	0.08	0.04	2.34	0.02	0.01	0.15
EASY	0.00	0.04	−0.02	0.99	−0.07	0.07
DGKNOW	−0.09	0.15	−0.55	0.58	−0.39	0.22
DGIMP	0.01	0.15	0.10	0.92	−0.28	0.31
SUBNK	0.08	0.08	0.98	0.33	−0.08	0.23
_cons	1.93	0.40	4.80	0.00	1.14	2.72

工具变量为最常用的营养知识来源，包括家人、朋友或同学等人(TFAMILY)，电视、电台等多媒体(TTELE)，书籍、报纸、杂志等纸媒体(TBOOK)，手机应用或网络(TPHONE)，专家的专题讲座(TLECT)。

5.6　本章小结

食品营养标签可以向消费者传递营养信息，帮助消费者做出更健康的食物选择，因而一直被认为是抑制肥胖率、促进消费者健康的有效措施。营养知识可能是消费者理解和使用营养标签的基础，因而受到国内外学者的广泛关注和研究。然而，不同研究对营养知识作用的结论争议很大。且现阶段关于中国消费者的实证研究比较少，一般是基于中国健康与营养调查中的膳食知识问题，并不是实际上的营养知识，可能会影响营养知识估计结果的准确性。

因此，本章首先基于现存文献结合中国消费者的饮食习惯和特点，设计了一套适合中国消费者的营养知识调查量表。在全国东部、中部、西部、南部、北部五大区域开展消费者问卷调查，从营养知识的视角深入剖析消费者的营养标签使用行为。营养知识在本书中从主观营养知识和客观营养知识两个维度进行量化。客观营养知识进一步划分为饮食疾病关系、营养素含量、营养素功能、日常食品选择和专家饮食建议知识，进而从多个视角和维度分析消费者营养知识对标签使用行为的影响。最后，考虑消费者标签使用的动机对结果的干扰、营养标签的理解能力对结果的干扰、测量误差以及内生性等问题，对研究结论进行稳健性检验。主要结论如下。

主观营养知识比客观营养知识对消费者标签使用行为的影响范围更广。具体来说，主观营养知识对复杂的背面营养成分表标签和简化的营养声称标签信息的使用均有显著的促进作用。而客观营养知识仅对简化的营养声称标签的使用有显著的促进作用，对复杂的背面营养成分表标签的使用无显著影响。因此，政府在设计教育政策和宣传项目时，需要以提高消费者对自己营养知识水平的主观信心为首要目标；再通过知识普及或课程推广等形式，增强消费者的实际营养知识水平。

客观营养知识作用的发挥还与营养知识的维度有关。只有饮食和疾病的关系知识、营养素来源知识对正面食品标签营养声称的使用具有显著的促进作用；而营养素功能知识、日常食物选择知识以及专家饮食建议知识 3 个维度的影响均不显著。能量信息的阅读频率主要受 3 个维度营养知识的影响：饮食和疾病之间的关系知识、营养素来源知识和专家的饮食建议知识。蛋白质信息的阅读频率只与专家的饮食建议知识有关。脂肪信息的阅读频率与 3 个维度的知识有关：饮食和疾病之间的关系知识、日常食物选择知识和专家的饮食建议知识。碳水化合物信息的阅读频率与 4 个维度的知识有关：饮食和疾病之间的关系知识、营养素来源知识、日常食物选择知识和专家的饮食建议知识。钠含量信息的阅读频率与影响脂肪信息的阅读频率的知识维度相同，分别为饮食和疾病之间的关系知识、日常食物选择知识和专家的饮食建议知识。

6 个体时间偏好对其标签使用行为的影响

6.1 引言

上一章主要聚焦于消费者的营养知识水平，分析其主观营养知识、客观营养知识、不同维度的营养知识对消费者标签使用行为的影响。目前学界在分析影响营养标签使用行为的因素时，主要可以分为以下几类：个人和家庭特征、饮食和生活习惯特征、标签和产品属性特征、外部环境特征、健康状况和知识水平等。甚少有研究从心理学视角分析消费者的标签使用行为。因此，本章将聚焦于消费者的时间偏好，从个体时间偏好的心理学视角进一步分析和理解消费者的营养标签使用行为决策。

为了增强消费者对营养信息的搜寻和利用率，改善消费者的健康和体重状况，很多研究分别从不同方面分析了影响消费者营养标签使用行为的因素。例如，营养知识（如 Nayga，2000；Drichoutis，2005），标签的大小、颜色、种类等特征（如 Graham et al.，2012），灯光效果、容器形状和大小等环境特征（如 Wansink et al.，2009）等。尽管一些研究发现消费者的时间偏好特征是吸烟、饮酒、体育锻炼等健康行为的重要因素（如 Sutter et al.，2013），但时间偏好在食物选择中可能发挥的作用却很少有研究涉及。

时间偏好或时间折现率是指消费者对于当下效用和未来效用的权衡比率。低时间偏好意味着行为主体比较有耐心，更加看重未来的效用，有很好的自控力。高时间偏好意味着行为主体缺乏耐心，更加看重当下的效用，自控力较差，对未来的折现系数比较高。绝大多数消费者在面临当下效用和未来效用之间的取舍时，总会更加偏好当下的即时满足感，而低估未来的效用值。时间偏好最初主要应用于项目评估、资产定价、投资和储蓄决策等。现如今，时间偏好已逐渐应用于消费者行为领域，如对居民肥胖、吸烟和食物选择等的影响（如 Ikeda et al.，2010；Sutter et al.，2013；Cavaliere et al.，2014；Courtemanche et al.，2014；Zimmerman et al.，2017）。

时间偏好可能通过以下两种方式影响消费者的标签使用行为。第一，营养标签使用是一种健康投资行为(Grossman,1972)。消费者搜寻营养信息的收益主要是使饮食更加健康，从而降低肥胖率或高血压、糖尿病等与饮食相关疾病的患病率。而这些收益是需要时间检验的，无法立即实现。时间偏好在消费者衡量未来收益的重要性时可能起到非常重要的作用。时间偏好比较高的消费者，自控力往往较差(Smith,Bogin and Bishai,2005；Sutter et al.,2013)，更加偏好当下的效用。时间偏好比较低的消费者则会更加偏好未来的收益。因此，时间偏好更高的消费者，更加缺乏耐心，可能会更少地投资当下效用比较低的营养标签使用行为。第二，营养信息的搜寻和使用实际上是一种跨期选择行为。因为如果在当期饮食过量，超重肥胖情况不会立即显现，而是影响未来消费者的体重积累状况。因此消费者的时间偏好在这种跨期选择中可能具有重要的作用(Cavaliere,De Marchi and Banterle,2014)。只有当消费者进行标签使用产生的未来收益的折现值，超过了立即消费产生的即时满足感时，消费者才会选择搜寻营养信息。

本章的主要目的是从时间偏好的视角剖析消费者的营养标签使用行为决策。首先，基于时间偏好理论和累积前景理论，构建个体时间偏好对消费者标签使用行为决策影响的理论模型。其次，分别从心理学视角和金钱视角对个体时间偏好进行刻画，并深入研究其对消费者标签使用行为决策的影响。整体分析框架如图 6.1 所示。

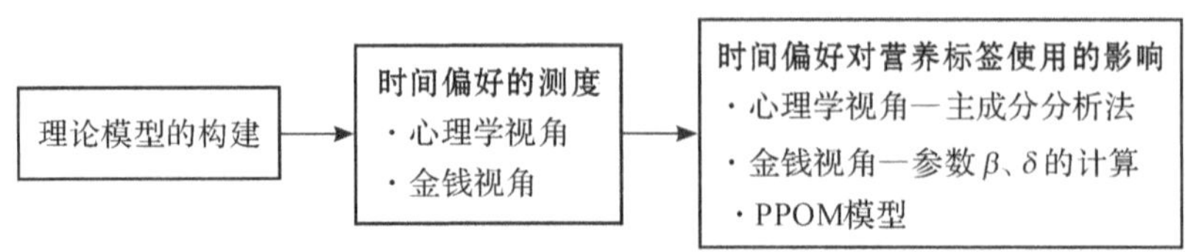

图 6.1　第 6 章整体分析框架

6.2　理论分析框架

标签使用的主要作用是帮助消费者做出更健康的食物选择，因此，将食品的健康属性引入模型，连接消费者的时间偏好和标签使用行为，并使用标签使用模型匹配消费者的最佳搜寻量。

$\nu_i(p_j,h_j,Z_j,D_i)$ 是消费者 i 在市场上购买某种食品 j 的间接效用函数，p_j、h_j 分别是食品 j 的价格和健康程度，Z_j 是其他产品属性的列向量，D_i 是影响效用的消费者特征列向量。在不损失一般性的前提下，本书关注食品的健康特征，并将该间接效用函数 $\nu(\cdot)$ 进行简化，在接下来的分析中去掉下标 i 和 p_j、Z_j、D_i。随着食品健康程度的增加，消费者的效用也会增加，但增加的速度会递减，满足间接效用函数单调递增和边际效用递减的特征，即 $\nu'(h_j)>0$，$\nu''(h_j)<0$。

在不完全信息市场中，消费者只知道选择集 $f_h(h)$ 中食品健康的分布情况，但并不知晓某种食品 j 确切的健康程度。也就是说，消费者只知道食品的健康范围，而不知道其实际的健康水平 h。h 的取值范围是$[a,b]$，其中 a 和 b 分别是选择集中最低和最高的健康水平。消费者搜寻营养信息的目的是对食品的健康程度有更准确的了解，在阅读了某一食品的营养信息后，消费者会决定继续搜寻或者选择该食品。消费者停止搜寻营养信息的临界条件是搜寻信息的成本等于或大于消费者继续搜寻的收益。另外，消费者搜寻营养信息的收益主要是更加健康的身体或更低的患病率，这些收益只能在长期实现，受时间偏好的影响需要进行折现。假设折现率为 Δ，消费者从食品 k 开始搜寻，其健康程度为 h_k，继续搜寻的预期收益 $G(h_k)$ 可以定义为式(6.1)：

$$\begin{aligned}G(h_k)&=E(gain\mid h_k)=E(\Delta v(h_{k+1})-\Delta v(h_k)\mid h_k)\\&=\int_{h_k}^{b}(\Delta v(h_{k+1})-\Delta v(h_k))f(h_{k+1})dh_{k+1}\\&=\int_{h_k}^{b}(\Delta v(h_{k+1})-\Delta v(h_k))F'_h(h_{k+1})dh_{k+1}\\&=[(\Delta v(h_{k+1})-\Delta v(h_k))F_h(h_{k+1})]\mid_{h_k}^{b}\\&\quad-\int_{h_k}^{b}\Delta(v'h_{k+1}-v'h_k)F_h(h_{k+1})dh_{k+1}\\&=\Delta(v(b)-v(h_k))-\int_{h_k}^{b}\Delta(v'(h_{k+1})-v'(h_k))F_h(h_{k+1})dh_{k+1}\end{aligned}\tag{6.1}$$

当健康的边际效用大于0时，$G(h_k)$ 是 h_k 的减函数，从而保证健康的边际效用递减。当前搜寻的食品健康程度越高，消费者继续搜寻获得收益就会越少。当健康程度 h_k 足够高，预期的收益折现小于继续搜寻的边际成本 c 时，消费者会停止搜寻。因此消费者的保留健康水平 h^* 可以由式(6.2)均衡得到：

$$\begin{aligned}G(h^*)=\Delta(v(b)-v(h^*))-\int_{h^*}^{b}\Delta(v'(h_{k+1})\\-v'(h_k))F_h(h_{k+1})dh_{k+1}=c\end{aligned}\tag{6.2}$$

式(6.2)表明，如果消费者当前搜寻的食品的健康程度 h_k 低于保留健康水平 h^* 时，消费者会继续搜寻营养信息。否则，消费者就会停止搜寻。对式(6.2)应用隐函数定理，可得式(6.3)：

$$\frac{\partial h^*}{\partial \Delta}=-\frac{\frac{\partial F}{\partial \Delta}}{\frac{\partial F}{\partial h^*}}=\frac{\frac{c}{\Delta^2}}{v'(h^*)-F_h(h^*)(v'(h^*)-v'(h_k))}>0 \quad (6.3)$$

式(6.3)恒大于0,因为$\nu'(h_j)>0$,$\nu''(h_j)<0$。因此,折现因子Δ越高,说明时间偏好越低,消费者的保留健康水平h^*则越高。也就是说,消费者时间偏好对消费者标签使用产生负向影响。时间偏好较高的消费者,更加看重当下的效用,标签使用频率更少;时间偏好较低的消费者,更加看重未来的效用,标签使用频率更高。

6.3 时间偏好的测度和变量构建

为了检验结论的稳健性,本书将分别从心理学视角和金钱视角两个维度对时间偏好进行测度,并分析不同维度的时间偏好对消费者标签使用行为的影响。

6.3.1 个体时间偏好的测度方法总结

现存文献中,时间偏好的测度方法主要有两大类:代理变量法和直接测量法。早期研究由于数据和理论的限制,主要使用代理变量对时间偏好进行分析,例如储蓄率、信用贷款的额度、意志力等。其中,应用较多的代理变量是"意志力",时间偏好高的消费者更加看重当下的效用,意志力通常比较差。Loewenstein(2000)对意志力的测量维度进行了扩展,从冲动性、强迫症、自制力3个方面测量消费者的意志力水平,发现为了未来的收益而牺牲现在的效用的行为例如抵制高卡路里食物的诱惑等,通常与意志力有关。

为了进一步分析时间偏好的作用,一些学者从金钱视角对时间偏好进行直接测量,其中应用最多的是 Holt and Laury(2002)提出的多元价格列表法(Multiple Price Lists)。个体在一系列短期较少收益和长期较多收益之间进行选择,每一组选择之间的利率单调递增。当个体选择从短期收益转换到长期收益时,即反映出该个体的跨时期选择偏好。若假设偏好是静态且时间上可分,效用是线性的,则个体的折现率是有界的,且可以通过多元价格列表中的转换点计算而得。在价格列表的转换点上,消费者对短期收益和长期收益的评估大致是等价的。令短期收益为c_t,长期收益为c_{t+k},效用函数为$U(c_t,c_{t+k})$。时间可分静态效用假设下,$U(c_t,c_{t+k})=u(c_t)+\delta\, ku(c_{t+k})$,且转换点为$u(c_t)\approx\delta\, ku(c_{t+k})$。线性效用假设下,$u(c)=c$,$\delta$可以通过$\delta\approx(c_t/c_{t+k})1/k$计算而得。此时，折现率即 $IDR=(\frac{1}{\delta})-1$。

多元价格列表法假设偏好是线性的，若实际偏好为凹型，则可能导致估计的折现率偏高(Andreoni and Sprenger，2012)。为了弥补该缺陷，一些学者在多元价格列表法的基础上进行了改进。如 Andersen et al.(2008)把时间和风险偏好进行联合估计，提出了双重价格列表法(Double Multiple Price List)。使用多元价格列表法估计时间偏好，同时使用风险测量法估计效用函数的曲率。为了既反映折现率又反映效用的凸性，Andreoni and Sprenger(2012)提出了凸时间预算法(Convex Time Budget)，从而更加准确地估计折现率和凸性参数。

然而，即使放宽了线性偏好假设，金钱视角测量的时间偏好仍存在一些问题。首先，测量方法主要使用假设性问题法，可能由于支付的不确定性和交易成本，产生支付可靠性的问题(Andreoni and Sprenger，2012；De Marchi et al.，2016)。另外，单一的折现率计算方式难以反映消费者实际的心理行为，金钱角度的衡量也不一定能反映消费者的实际心理行为倾向。

基于金钱视角测量的时间偏好可能出现的问题，一些学者从心理学视角探索了时间偏好的测量方式。具体的测量方法主要是基于一系列的陈述来测量消费者的心理路径。其中应用最广泛的是 Joireman et al.(2012)提出的将来结果考虑法(Consideration of Future Consequences)。该方法主要由 14 个问题组成，其中 7 个问题的陈述方式主要侧重于享受当下的效用，减少对未来发展趋势的思考，反映低时间偏好的个体心理特征；另外 7 个问题的陈述方式主要侧重于未来的效用，减少对当下效用的依赖，反映高时间偏好的个体心理特征。总体上衡量个体对当下行为产生的未来结果的考量，以及多大程度上受未来可能出现的结果的影响(Strathman et al.，1994；Booij and van Praag，2009；Joireman et al.，2012；De Marchi et al.，2016)。

6.3.2 心理学视角时间偏好的测度和变量构建

(1)心理学视角的时间偏好问卷设计

心理学视角的测量主要借鉴 Joireman et al.(2012)，目的是挖掘消费者如何考量未来的潜在结果，以及当下的结果。总共由 14 个问题组成。本书在浙江省杭州市对中国消费者进行预调研后，根据消费者的反馈去掉了其中含义重复性比较高、容易使消费者混淆的 4 个题目。最终的时间偏好问卷由 10 个问题组成，其中 5 个问题主要是反映消费者更加看重现在的特征，记为 CFC-I；另外 5 个问题主要是反映消费者更加看重未来的特征，记为 CFC-F。具体问题设置如表 6.1 所示。在调查时，每个问题均询问消费者该陈述是否符合其日常行为,并提供 5 个选项:1＝完全不同意,2＝比较不同意,3＝中立,4＝比较同意,5＝非常同意。

表 6.1　时间偏好心理学视角测度量

	题项	维度
1	我总会考虑事情的未来发展,并通过现在的日常行为进行改变	未来
2	我经常会做一些准备,目的是达到很多年之后才会出现的结果	未来
3	我做事只考虑当下,将来的问题基本不考虑	现在
4	只有在短期出现的结果(几天或者几周之内),才会影响我的行为	现在
5	为了实现未来的目标,我愿意牺牲现在	未来
6	对于可能产生不良后果的事,即使将来不发生,我们也必须重视	未来
7	我认为牺牲现在没有必要,因为将来的后果可以将来再处理	现在
8	当我做决定的时候,我会考虑它对我的未来产生怎样的影响	未来
9	做事的时候我只考虑现在的需求,以后的事通常留待以后处理	现在
10	相对于在很长时间内也不知道结果的事,我更重视短期内就有具体结果的事	现在

(2)心理学视角时间偏好变量的引出

心理学视角时间偏好的引出主要使用主成分分析法,对 10 个问题进行降维。根据特征值大于 1 保留主成分因子,并根据保留的主成分因子所代表的方差对其进行命名。过去一些研究在使用该方法对“未来结果考虑法”(CFC)测量的时间偏好进行降维处理后,发现可以获得两个主成分因子;其中一个代表消费者更加看重未来的特征,另一个代表消费者更加看重现在的特征(Joireman et al.,2012; De Marchi et al.,2016)。使用二维的时间偏好变量显著优于简单加总形成的传统的一维时间偏好变量。首先,传统的一维时间偏好变量隐含的假设是,消费者对于当下和未来的看重程度是完全对立的。然而实际情况是,同一个消费者可能完全同意偏重未来的题目描述的内容,但同时也并不是完全反对偏重现在的题目描述的内容。因此,使用二维的时间偏好变量可以更好地分析和解释这一现象。另外,将两个不同维度的时间偏好因子纳入模型,可以进一步分析影响消费者标签使用频率的因素到底是因为他们更加重视未来的效用,还是因为更加轻视现在的效用。

主成分分析过程中,因子旋转的方法主要有两种:正交旋转法和非正交旋转法。两种方法选择的标准主要取决于因子之间的相关程度。若因子相关性比较高,则使用非正交旋转法;若因子之间并不相关,则使用正交旋转法。在本书中，由于消费者对于未来的重视程度和对现在的重视程度因子有可能相互关联，因而首先应用了非正交旋转法。但相关性分析发现，这两个因子虽然相关，但相关性很低（$r=0.36$）。因此，为了获得解释力更强的结果，本书最终使用了正交旋转法进行分析。

6.3.3 金钱视角时间偏好的测度和变量构建

金钱视角时间偏好的测量主要借鉴 Bradford et al.（2014），由两个问题组成。第一个问题是询问消费者"假设您赢得 1000 元人民币的奖金，有两种兑现方式，一种是立即兑现 1000 元，另一种是选择一年后兑现超过 1000 元，利息最少为多少元时，您会选择一年后兑现？"得到消费者回答记为 amount 1。第二个问题内容与第一个问题相同，仅将期限由 1 年改为 1 个月，得到消费者回答记为 amount 2。参数估计主要基于前景理论和时间偏好理论，根据式（6.4）和式（6.5）计算参数 β 和 δ。其中 δ 表示消费者与时间一致的长期耐心水平。β 表示消费者时间上不一致的偏好，当 $\beta=1$ 时，说明消费者时间偏好存在时间一致性，折现因子为常数。当 $\beta<1$，说明消费者存在时间上不一致偏好，具有偏向于现在的偏差（present-biased），即存在偏好逆转现象。存在现在偏差的个体不耐心程度会随着时间递减，因此年折现率会高于月折现率。当 $\beta>1$，说明消费者具有偏向于未来的时间上不一致的偏好（future-biased）。存在未来偏差的个体不耐心程度会随着时间增加，因此年折现率会低于月折现率。

$$\beta\delta^{\frac{1}{12}}=\frac{1000}{1000+amount1} \tag{6.4}$$

$$\beta\delta=\frac{1000}{1000+amount2} \tag{6.5}$$

通过上面两个等式计算可得 $\delta=\left(\frac{1000+amount1}{1000+amount2}\right)^{\frac{12}{11}}$，$\beta=\frac{1000}{[\delta(1000+amount1)]}$。

6.4 计量模型与研究方法

首先，使用心理学视角的时间偏好进行分析。主成分分析获得的时间偏好因子（CFC-I）和 CFC-F 加入模型中，模型形式如式（6.6）所示：

$$LU_i=\alpha_0+\alpha_1 CFC-I_i+\alpha_2 CFC-F_i+\alpha_3 X_i+\varepsilon_i \tag{6.6}$$

因变量标签使用包括消费者对营养成分表、营养声称两种营养标签以及能量、蛋白质、脂肪、碳水化合物、钠 5 种营养素含量信息的搜寻频率。控制变量

X包括人口统计学因素、日常生活习惯、饮食行为因素、健康状况因素、产品属性特征等与消费者营养标签使用相关的变量(详见4.3.3)。ε_i 是随机误差项。

其次,使用金钱视角测量的时间偏好再次分析,以检验结果的稳健性。模型形式如式(6.7)所示:

$$LU_i = \gamma_0 + \gamma_1\beta_i + \gamma_2\delta_i + \gamma_3 Z_i + \upsilon_i \tag{6.7}$$

控制变量Z除了上面X包含的变量之外,还包括风险偏好和双曲线折现率的代理变量。其中风险偏好代理变量(RISK)通过询问消费者"出门的时候,降雨概率达到多大时,您会带伞?"并提供5个选项:1=10%以内,2=10%~30%,3=30%~50%,4=50%~80%,5=超过80%。双曲线折现率的代理变量(HYPER)主要测量消费者的拖延症情况,询问消费者"对日常生活、工作或学习中的事情,您会等到快到截止日期再去完成吗?"并提供5个选项:1=从不,2=很少,3=偶尔,4=经常,5=总是。变量 β_i 是根据消费者的回答计算的随时间不一致的短期偏好,变量 δ_i 是根据消费者的回答计算的随时间一致的长期偏好。υ_i 是随机误差项。

变量的描述性统计结果如表6.2所示。金钱视角的时间偏好变量中,β 的均值为0.83<1,说明中国消费者群体总体上是存在短期偏差的(present bias)。在本书1225名消费者调查样本中,93.61%的消费者均存在短期偏差($\beta<1$),1.64%的消费者的时间偏好是随时间一致的($\beta=1$),4.75%的消费者存在长期偏差($\beta>1$)。而在欧美发达国家,有9%~21.7%的消费者存在长期偏差(Ashraf, Karlan and Yin, 2005; Meier and Sprenger, 2009; Bradford et al., 2014),对未来更加重视。总体上说,中国消费者对未来的重视程度不够,远不及欧美发达国家的消费者。反映消费者长期耐心水平的变量 δ 为0.94<1,同样说明中国消费者缺乏长期的耐心,对未来的效用不够重视。

表6.2 时间偏好相关的变量定义和描述性统计

变量名	变量定义及测度	观测值	均值	标准差	最小值	最大值
RISK	风险偏好代理变量	1225	3.06	1.37	1	5
HYPER	双曲线折现率代理变量	1225	2.60	1.02	1	5
CFC-I	心理学时间偏好因子一更加偏重现在	1225	0.00	1.00	−1.27	1.84
CFC-F	心理学时间偏好因子一更加偏重未来	1225	0.00	1.00	−2.29	1.20
β	金钱视角时间偏好一时间不一致的短期偏好	1225	0.83	0.27	0.07	1.24
δ	金钱视角时间偏好一时间一致的长期偏好	1225	0.94	1.08	0.07	13.61

6.5 结果分析与讨论

6.5.1 心理学视角时间偏好对标签使用行为的影响

在进行主成分分析之前，本书首先使用了 3 种方法检验数据是否适合使用该方法进行降维。第一个是 Kaiser-Meyer-Olkin 检验统计量。若所有变量之间的偏相关系数平方和越小于简单相关系数平方和，则 KMO 值越趋近 1，说明变量之间具有较强的相关性，更加适宜应用因子分析方法。若所有变量间的简单相关系数平方和趋近于零，则 KMO 值趋近于零，说明变量之间具有较弱的相关关系，不适宜应用因子分析方法。本书的 KMO 值为 0.78>0.70，比较适合应用主成分分析法进行因子分析(Kaiser，1974)。第二个检验方式是相关系数矩阵，本书中因子相关系数为 0.13，说明相关性比较低，并不存在多重共线性的问题，因此比较适合进行因子分析。第三个检验方式是 Bartlett's 球体检验，主要检验各变量间是否各自独立，变量间的相关性越弱，因子分析的效果越好。结果显示 $\chi^2=2489.77$，$p<0.000$，说明本书的数据呈球形分布，适合做因子分析。

第二步进行主成分分析，结果发现特征值大于等于 1 的主成分因子总共有 3 个。但通过画碎石图(见图 6.2)可以发现，有两个主成分因子的特征值显著大于 1，且总体方差有 46.47%的解释力。因此，本书只保留了这两个主成分。

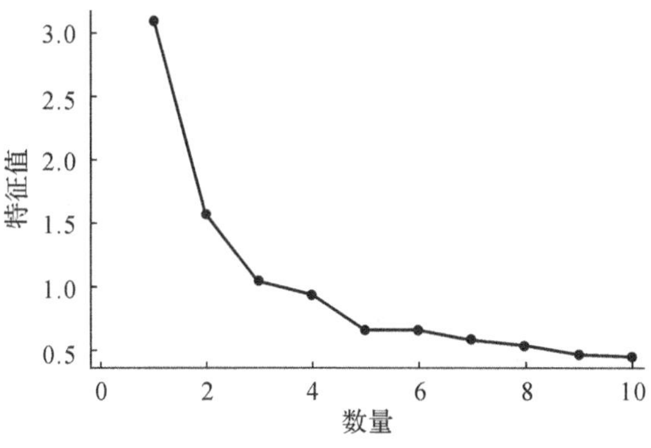

图 6.2 主成分分析碎石图

主成分分析的因子载荷矩阵如表 6.3 所示。心理学视角测量方式使用的 10 个问题均与分析得到的两个主成分因子有关。其中，对于更加看重现在的 5 个问题载荷更大的因子命名为 CFC-I；而对于更加看重未来的 5 个问题载荷更大的因子命名为 CFC-F。同时，使用克朗巴哈系数(Cronbach's α)检验问卷的可靠性。发现克朗巴哈系数值分别为 0.68 和 0.67，均大于 0.60，说明问卷结果是相对可靠的。

表 6.3　旋转后的因子载荷矩阵

问题	CFC-I 因子	CFC-F 因子
CFC 1(F)	−0.3457	0.3554
CFC 2(F)	−0.3366	0.2183
CFC 5(F)	−0.2581	0.3150
CFC 6(F)	−0.1730	0.3016
CFC 8(F)	−0.2603	0.3329
CFC 3(I)	0.4209	0.0691
CFC 4(I)	0.3157	0.4330
CFC 7(I)	0.3776	0.2185
CFC 9(I)	0.4004	0.2387
CFC 10(I)	0.1520	0.4775

最后，将主成分分析得到的两个因子加入模型中进行实证分析。心理学视角的时间偏好对消费者两种营养标签使用行为的影响结果如表 6.4 所示。心理学视角的时间偏好对消费者 5 种营养素标签使用行为的影响结果如表 6.5 所示。为了便于显示，此处仅展示了时间偏好相关变量的回归结果。

研究发现，消费者的风险偏好(RISK)对营养标签使用行为的影响比较复杂，对于不同种类的营养信息的影响结果存在很大差异。具体来说，追逐风险的消费者会显著增加对简易标签(营养声称)，以及蛋白质含量信息的搜寻频率，但会显著降低对能量、碳水化合物、钠含量信息的搜寻频率。双曲线折现率即消费者的时间折现率为双曲线形式，说明消费者的时间偏好会出现时间上的前后不一致，代表一种非理性的折现形式。本书发现，双曲线折现率形式的时间偏好(HYPER)会显著降低消费者对复杂标签(营养成分表)，以及能量、蛋白质、碳水化合物、钠含量信息的搜寻频率；但对简化的营养声称标签以及脂肪含量信息的搜寻频率没有显著影响。

心理学视角的时间偏好因子中，更加偏重当下效用的消费者(CFC-I)会显著降低对复杂标签(营养成分表)以及蛋白质含量信息的搜寻频率；但对简易标签(营养声称)以及能量、碳水化合物、脂肪、钠含量信息的搜寻频率并没有显著影响，说明导致中国消费者对营养成分表信息使用频率比较低的一个重要原因是，消费者的时间偏好水平比较高，更加重视当下的享受和效用。而更加偏重未来效用的消费者(CFC-F)会显著增加对简化标签(营养声称)，以及脂肪含量信息的使用频率；但对复杂标签(营养成分表)，以及能量、蛋白质、碳水化合物和钠含量信息并没有显著影响，说明对未来的效用比较看重的消费者，进行营养标签使用的动机更加强烈，但只对简化标签和脂肪含量信息起作用(见表6.6、表6.7)。

表6.4 心理学视角的时间偏好对消费者两种营养标签使用的影响

变量名	营养成分表使用频率				营养声称使用频率			
	1～2	2～3	3～4	4～5	1～2	2～3	3～4	4～5
AGE	−0.018*	−0.011	−0.003	−0.014	0.051***	−0.009	0.011	0.021
	(0.083)	(0.161)	(0.707)	(0.483)	(0.002)	(0.328)	(0.151)	(0.140)
MALE	−0.010	−0.306*	0.166	−0.154	−0.334	−0.150	−0.652***	−0.291
	(0.968)	(0.087)	(0.458)	(0.743)	(0.376)	(0.461)	(0.001)	(0.392)
EDU	0.297**	0.079	−0.120	0.197	0.267	0.045	0.176	0.514***
	(0.014)	(0.385)	(0.306)	(0.473)	(0.193)	(0.679)	(0.072)	(0.009)
RISK	0.034	0.045	0.104	0.035	0.322***	0.034	0.041	0.149
	(0.633)	(0.406)	(0.113)	(0.799)	(0.002)	(0.571)	(0.468)	(0.146)
HYPER	−0.027	−0.064	−0.194**	−0.112	0.284	−0.093	−0.033	−0.193
	(0.782)	(0.389)	(0.035)	(0.559)	(0.063)	(0.293)	(0.674)	(0.172)
CFC−I	−0.047	−0.050	−0.119	−0.497**	0.156	0.082	−0.078	0.016
	(0.612)	(0.495)	(0.195)	(0.017)	(0.276)	(0.331)	(0.305)	(0.903)
CFC−F	0.004	0.031	−0.114	−0.090	0.229*	0.042	0.051	0.117
	(0.969)	(0.677)	(0.222)	(0.662)	(0.091)	(0.630)	(0.516)	(0.435)
_cons	0.105	−0.858	−1.447	−4.487	3.643	0.202	−3.468**	−14.663***
	(0.937)	(0.409)	(0.279)	(0.130)	(0.081)	(0.875)	(0.002)	(0.000)
R^2	0.2086				0.2351			
对数似然函数值	−1405.39				−1329.44			
卡方值	740.82				817.44			
p 值	0.0000				0.0000			
样本容量	1225				1225			

注：括号中的值为稳健标准误。* $p<0.1$，** $p<0.05$，*** $p<0.01$。

表 6.5 心理学视角的时间偏好对能量和蛋白质信息使用的影响

变量名	能量信息使用频率				蛋白质信息使用频率			
	1～2	2～3	3～4	4～5	1～2	2～3	3～4	4～5
AGE	−0.026*** (0.004)	−0.013* (0.069)	−0.015* (0.086)	−0.022 (0.247)	−0.029*** (0.004)	−0.017** (0.027)	−0.007 (0.397)	−0.007 (0.622)
MALE	0.060 (0.781)	−0.150 (0.393)	0.072 (0.738)	0.066 (0.874)	−0.036 (0.875)	0.008 (0.964)	0.413** (0.043)	−0.134 (0.686)
EDU	0.255** (0.019)	0.107 (0.234)	0.124 (0.285)	−0.057 (0.814)	0.217* (0.077)	0.213** (0.026)	0.095 (0.372)	−0.004 (0.982)
RISK	−0.109* (0.096)	0.055 (0.279)	0.083 (0.183)	0.199 (0.109)	−0.045 (0.529)	0.005 (0.924)	0.119** (0.042)	0.236** (0.014)
HYPER	−0.068 (0.455)	−0.063 (0.381)	−0.169* (0.050)	−0.142 (0.401)	−0.127 (0.193)	−0.223*** (0.003)	−0.205** (0.011)	−0.237* (0.082)
CFC−I	−0.063 (0.454)	−0.003 (0.972)	−0.221** (0.015)	−0.132 (0.465)	−0.049 (0.600)	−0.078 (0.291)	−0.124 (0.128)	−0.166 (0.241)
CFC−F	0.094 (0.268)	0.060 (0.416)	−0.076 (0.403)	0.160 (0.406)	0.143 (0.109)	0.040 (0.589)	−0.014 (0.865)	−0.224 (0.146)
_cons	1.185 (0.336)	−0.906 (0.383)	−3.324** (0.011)	−6.718** (0.013)	2.818* (0.041)	−1.164 (0.278)	−3.316** (0.006)	−8.272*** (0.000)
R^2	0.1698				0.1934			
对数似然函数值	−1511.98				−1505.71			
卡方值	618.62				722.21			
p 值	0.0000				0.0000			
样本容量	1218				1218			

表 6.6 心理学视角的时间偏好对脂肪和碳水化合物信息使用的影响

变量名	脂肪信息使用频率				碳水化合物信息使用频率			
	1～2	2～3	3～4	4～5	1～2	2～3	3～4	4～5
AGE	−0.030*** (0.002)	−0.026*** (0.001)	−0.026*** (0.002)	−0.013 (0.288)	−0.022*** (0.007)	−0.023*** (0.002)	−0.021** (0.023)	−0.036 (0.110)
MALE	0.045 (0.846)	−0.449** (0.014)	−0.506*** (0.009)	−0.361 (0.197)	0.272 (0.173)	0.112 (0.511)	0.235 (0.260)	0.135 (0.765)
EDU	0.153 (0.203)	0.151 (0.117)	0.281*** (0.006)	−0.095 (0.543)	0.176* (0.092)	0.123 (0.178)	0.091 (0.405)	−0.160 (0.521)
RISK	−0.066 (0.341)	−0.034 (0.550)	−0.035 (0.542)	0.053 (0.514)	−0.154*** (0.009)	0.018 (0.717)	−0.040 (0.518)	0.044 (0.749)

续表

变量名	脂肪信息使用频率				碳水化合物信息使用频率			
	1～2	2～3	3～4	4～5	1～2	2～3	3～4	4～5
HYPER	−0.156 (0.116)	−0.065 (0.405)	−0.121 (0.122)	0.069 (0.537)	−0.063 (0.462)	−0.043 (0.552)	−0.208** (0.014)	−0.197 (0.276)
CFC−I	−0.052 (0.572)	0.035 (0.640)	0.039 (0.621)	−0.174 (0.138)	−0.031 (0.699)	0.041 (0.556)	0.039 (0.663)	−0.290 (0.136)
CFC−F	0.163* (0.072)	0.102 (0.189)	−0.047 (0.568)	0.004 (0.972)	0.000 (0.997)	−0.075 (0.295)	−0.132 (0.135)	−0.245 (0.220)
_cons	1.787 (0.189)	−1.822* (0.094)	−1.539 (0.165)	−5.243*** (0.002)	0.454 (0.691)	−1.120 (0.265)	−0.942 (0.450)	−4.925* (0.082)
R^2	0.1915				0.1423			
对数似然函数值	−1552.47				−1560.98			
卡方值	735.28				518.02			
p 值	0.0000				0.0000			
样本容量	1218				1218			

表 6.7 心理学视角的时间偏好对钠信息使用的影响

变量名	钠信息使用频率			
	1～2	2～3	3～4	4～5
AGE	−0.009 (0.233)	−0.010 (0.157)	0.006 (0.536)	−0.034 (0.190)
MALE	−0.003 (0.988)	−0.021 (0.906)	−0.391 (0.130)	−1.561** (0.019)
EDU	0.151 (0.128)	0.183* (0.054)	0.127 (0.311)	−0.136 (0.665)
RISK	−0.112** (0.037)	−0.068 (0.190)	0.022 (0.764)	0.880*** (0.000)
HYPER	−0.052 (0.503)	−0.044 (0.550)	−0.194* (0.050)	−1.052*** (0.000)
CFC−I	−0.034 (0.646)	0.061 (0.399)	0.065 (0.510)	−0.234 (0.387)
CFC−F	0.107 (0.146)	−0.043 (0.560)	−0.028 (0.785)	−0.205 (0.448)
_cons	1.032 (0.320)	−0.679 (0.511)	−3.160** (0.037)	1.091 (0.765)

续表

变量名	钠信息使用频率			
	1～2	2～3	3～4	4～5
R^2	0.1480			
对数似然函数值	－1493.44			
卡方值	518.97			
p 值	0.0000			
样本容量	1218			

注：括号中的值为稳健标准误。* $p<0.1$，** $p<0.05$，*** $p<0.01$。

6.5.2 金钱视角时间偏好对标签使用行为的影响

在模型中引入金钱视角的时间偏好因子后，消费者风险偏好（RISK）对两种营养成分表和5种营养素标签使用频率的影响结论不变，说明本书关于风险偏好对消费者标签使用行为的影响的结果是稳健的（见表6.8至表6.11）。越追求风险的消费者，对简化标签（营养声称）以及蛋白质信息的搜寻频率越高；但能量、碳水化合物和钠含量信息的搜寻频率会显著降低。与之前的结论相同，双曲线形式的折现率（HYPER）对营养成分表和5种营养素信息的搜寻频率均有显著的负向影响。然而，与之前结论不同的是，双曲线形式的折现率（HYPER）对消费者营养声称的使用具有一定的促进作用，说明非理性的时间偏好的消费者更加偏向于使用简化的营养标签。

金钱视角的时间偏好因子中，代表消费者时间偏好一致性的变量β对营养成分表以及能量、蛋白质、脂肪、碳水化合物含量信息的搜寻频率均有显著的正向影响；但对钠含量信息的搜寻频率有显著的负向影响，说明现在偏差（present bias）越小（β越大）的消费者，对复杂的营养标签以及复杂标签中具体的营养素含量信息关注度越高，但对钠含量信息的关注度会降低。代表消费者长期耐心程度的变量δ对营养成分表的使用具有显著的正向影响，但对脂肪含量信息的搜寻频率有负向影响，说明长期耐心程度越高的消费者对复杂标签的关注度越高，但对脂肪含量信息的关注度会有所降低。

表 6.8 金钱视角的时间偏好对两种营养标签信息使用的影响

变量名	营养成分表使用频率				营养声称使用频率			
	1～2	2～3	3～4	4～5	1～2	2～3	3～4	4～5
AGE	−0.019*	−0.010	−0.002	−0.026	0.057***	−0.007	0.011	0.020
	(0.063)	(0.206)	(0.859)	(0.194)	(0.000)	(0.450)	(0.161)	(0.151)
MALE	0.033	−0.282	0.244	0.070	−0.203	−0.147	−0.606***	−0.270
	(0.893)	(0.115)	(0.272)	(0.880)	(0.592)	(0.471)	(0.001)	(0.422)
EDU	0.332***	0.077	−0.178	0.256	0.321	0.049	0.147	0.501**
	(0.006)	(0.403)	(0.134)	(0.362)	(0.115)	(0.651)	(0.141)	(0.011)
RISK	0.035	0.038	0.102	0.048	0.301***	0.035	0.041	0.155
	(0.617)	(0.482)	(0.122)	(0.732)	(0.005)	(0.565)	(0.464)	(0.131)
HYPER	−0.032	−0.082	−0.245***	−0.146	0.305**	−0.089	−0.064	−0.201
	(0.744)	(0.273)	(0.008)	(0.447)	(0.045)	(0.310)	(0.416)	(0.156)
β	−0.355	0.209	1.072***	−0.038	−0.053	0.211	0.461	0.107
	(0.327)	(0.469)	(0.003)	(0.957)	(0.922)	(0.504)	(0.108)	(0.826)
δ	0.091	0.010	0.189**	0.089	0.033	0.031	0.015	0.059
	(0.424)	(0.891)	(0.016)	(0.471)	(0.883)	(0.741)	(0.819)	(0.637)
_cons	0.073	−1.223	−2.884*	−6.700*	3.583	−0.058	−3.809***	−14.679***
	(0.958)	(0.262)	(0.045)	(0.043)	(0.110)	(0.964)	(0.001)	(0.000)
R^2	0.2111				0.2309			
对数似然函数值	−1391.26				−1326.62			
卡方值	744.67				796.42			
p 值	0.0000				0.0000			
样本容量	1211				1211			

注：括号中的值为稳健标准误。* $p<0.1$，** $p<0.05$，*** $p<0.01$。

表 6.9 金钱视角的时间偏好对能量和蛋白质信息使用的影响

变量名	能量信息使用频率				蛋白质信息使用频率			
	1～2	2～3	3～4	4～5	1～2	2～3	3～4	4～5
AGE	−0.027***	−0.010	−0.015*	−0.018	−0.032***	−0.016**	−0.006	−0.007
	(0.002)	(0.155)	(0.096)	(0.338)	(0.001)	(0.046)	(0.507)	(0.619)
MALE	0.084	−0.115	0.112	0.153	−0.084	0.083	0.447**	−0.148
	(0.702)	(0.513)	(0.601)	(0.704)	(0.724)	(0.655)	(0.028)	(0.655)
EDU	0.261**	0.111	0.150	−0.084	0.228*	0.206**	0.081	0.024
	(0.017)	(0.222)	(0.202)	(0.726)	(0.065)	(0.035)	(0.449)	(0.902)

续表

变量名	脂肪信息使用频率				碳水化合物信息使用频率			
	1～2	2～3	3～4	4～5	1～2	2～3	3～4	4～5
RISK	−0.120* (0.069)	0.055 (0.290)	0.093 (0.141)	0.187 (0.133)	−0.044 (0.547)	0.006 (0.920)	0.120** (0.041)	0.233** (0.015)
HYPER	−0.084 (0.350)	−0.081 (0.260)	−0.166* (0.055)	−0.166 (0.333)	−0.148 (0.131)	−0.225*** (0.003)	−0.209*** (0.010)	−0.224* (0.099)
β	0.047 (0.888)	0.532* (0.054)	0.329 (0.331)	1.091 (0.149)	0.070 (0.846)	0.643** (0.027)	0.520* (0.098)	0.297 (0.579)
δ	−0.005 (0.947)	0.039 (0.529)	0.024 (0.747)	0.090 (0.523)	−0.107 (0.151)	−0.015 (0.826)	0.038 (0.618)	0.133 (0.274)
_cons	1.015 (0.434)	−1.548 (0.158)	−3.734*** (0.007)	−8.710*** (0.004)	2.376* (0.097)	−2.040* (0.074)	−3.817*** (0.002)	−8.391*** (0.000)
R^2	0.1666				0.1944			
对数似然函数值	−1508.15				−1496.23			
卡方值	603.15				722.23			
p 值	0.0000				0.0000			
样本容量	1211				1211			

表 6.10　金钱视角的时间偏好对脂肪和碳水化合物信息使用的影响

变量名	脂肪信息使用频率				碳水化合物信息使用频率			
	1～2	2～3	3～4	4～5	1～2	2～3	3～4	4～5
AGE	−0.033*** (0.001)	−0.022*** (0.006)	−0.025*** (0.003)	−0.019 (0.117)	−0.022*** (0.009)	−0.019** (0.011)	−0.020** (0.027)	−0.038* (0.078)
MALE	0.052 (0.826)	−0.486*** (0.008)	−0.506*** (0.008)	−0.342 (0.220)	0.313 (0.122)	0.146 (0.397)	0.224 (0.284)	0.218 (0.621)
EDU	0.183 (0.129)	0.149 (0.122)	0.265** (0.011)	−0.085 (0.585)	0.191* (0.068)	0.125 (0.172)	0.088 (0.419)	−0.116 (0.624)
RISK	−0.080 (0.255)	−0.027 (0.628)	−0.033 (0.566)	0.062 (0.441)	−0.155*** (0.010)	0.010 (0.848)	−0.029 (0.637)	0.047 (0.729)
HYPER	−0.170* (0.087)	−0.089 (0.252)	−0.119 (0.127)	0.047 (0.673)	−0.085 (0.324)	−0.054 (0.450)	−0.196** (0.020)	−0.253 (0.140)
β	−0.366 (0.308)	0.533* (0.066)	0.161 (0.599)	−0.338 (0.433)	0.096 (0.753)	0.469* (0.081)	−0.080 (0.800)	−0.046 (0.947)
δ	−0.163* (0.050)	0.051 (0.463)	0.030 (0.663)	0.034 (0.747)	0.017 (0.808)	0.043 (0.486)	0.050 (0.464)	−0.050 (0.778)

续表

变量名	脂肪信息使用频率				碳水化合物信息使用频率			
	1～2	2～3	3～4	4～5	1～2	2～3	3～4	4～5
_cons	2.124 (0.137)	−2.521* (0.027)	−1.701 (0.147)	−4.651* (0.012)	0.292 (0.807)	−1.725 (0.104)	−0.612 (0.640)	−4.740 (0.125)
R^2	0.1894				0.1392			
对数似然函数值	−1547.32				−1558.74			
卡方值	723.20				503.96			
p 值	0.0000				0.0000			
样本容量	1211				1211			

表 6.11 金钱视角的时间偏好对钠信息使用的影响

变量名	钠信息使用频率			
	1～2	2～3	3～4	4～5
AGE	−0.010 (0.212)	−0.008 (0.290)	0.009 (0.388)	−0.043* (0.091)
MALE	−0.002 (0.991)	0.030 (0.867)	−0.399 (0.126)	−1.487** (0.031)
EDU	0.172* (0.084)	0.186* (0.051)	0.153 (0.231)	0.043 (0.900)
RISK	−0.115** (0.035)	−0.056 (0.284)	0.039 (0.595)	1.011*** (0.000)
HYPER	−0.082 (0.292)	−0.062 (0.400)	−0.185* (0.063)	−1.177*** (0.000)
beta	0.022 (0.938)	0.319 (0.244)	0.018 (0.959)	−2.155** (0.033)
delta	0.022 (0.738)	0.075 (0.228)	0.030 (0.705)	−0.168 (0.415)
_cons	0.572 (0.601)	−1.121 (0.301)	−3.693** (0.021)	4.005 (0.281)
R^2	0.1485			
对数似然函数值	−1481.998			
卡方值	516.91			

续表

变量名	钠信息使用频率			
	1～2	2～3	3～4	4～5
p 值	0.0000			
样本容量	1211			

注：括号中的值为稳健标准误。* $p<0.1$，** $p<0.05$，*** $p<0.01$。

6.6 本章小结

时间偏好或时间折现率常应用于跨期决策，是指消费者对于当下效用和未来效用的权衡比率。低时间偏好的个体往往有很好的自控力，耐心程度更高，更加看重未来的效用。高时间偏好的个体自控力则较差，比较缺乏耐心，更加重视当下的享受。时间偏好最初主要应用于项目评估、资产定价、投资和储蓄决策等。现如今，时间偏好已逐渐被应用于消费者行为领域，分析对居民肥胖、吸烟等健康行为的影响。然而，在消费者食物选择尤其是营养标签使用行为中，时间偏好可能发挥的作用却很少有研究涉及。

因此，本章的主要目的是从时间偏好的视角剖析消费者营养标签使用中的非理性行为。首先，基于时间偏好理论和累积前景理论，构建模型从理论上分析个体时间偏好对消费者标签使用行为的影响。其次，从心理学视角和金钱视角两个维度对个体时间偏好进行量化，采用经济学策略实证检验时间偏好对消费者标签使用行为的影响。主要结论如下。

消费者风险偏好（RISK）的影响在不同种类的营养信息之间存在较大差异。风险偏好较高的消费者喜欢追逐风险，对简化的营养声称标签，以及蛋白质含量信息的搜寻频率显著增加；但对能量、碳水化合物、钠含量信息的阅读频率显著降低。而非理性的双曲线折现形式的时间偏好（HYPER）会显著降低消费者对背面食品营养成分表，以及能量、蛋白质、碳水化合物、钠含量信息的阅读频率。折现率呈现双曲线形式的消费者容易发生偏好逆转，对于当下做出的非理性决定，在将来很有可能会后悔（O'Donoghue and Rabin，2006）。因此，政府应采取相应的教育或干预措施避免这种现象的发生。

心理学视角量化的时间偏好分析发现，更加重视当下效用的消费者（CFC-I）会显著降低对背面食品营养成分表以及蛋白质含量信息的阅读频率，说明导致中国消费者营养成分表信息阅读频率低的重要原因之一是，国内消费者的时间偏好水平比较高，自控力较差，更加重视当下的享受和效用。而更加重视未来效用的消费者(CFC-F)会显著增加对简化的营养声称标签及脂肪信息的阅读频率,说明时间偏好较低的消费者,搜寻正面营养声称标签和脂肪含量信息的动机更加强烈。

金钱视角量化的时间偏好分析发现,消费者时间偏好一致性(β)越强,对营养成分表以及能量、蛋白质、脂肪、碳水化合物信息的阅读频率越高;但对钠信息的阅读频率降低,说明消费者的现在偏差(present bias)越小(β 越大),对不同种类营养素含量信息的关注度越高。消费者长期耐心程度(δ)越高,对营养成分表的阅读频率越高,但对脂肪信息的阅读频率降低。

7 预包装食品消费对中国居民肥胖的影响

7.1 引言

前面3章全面分析了中国强制性标签政策实施后，消费者营养标签使用行为现状，并分别从个体营养知识和个体时间偏好的视角，分析了影响消费者营养标签使用行为决策的因素，以期为营养标签政策的优化和实施提供有效的参考。强制性标签政策是政府采取的，通过披露食品营养信息，帮助消费者选择健康食品，从而抑制肥胖的重要措施。因此，接下来的两章将进一步研究预包装食品消费和营养标签的使用对肥胖的影响。在当前我国居民预包装食品消费和超重肥胖趋势迅速增长的大背景下，本章首先量化分析预包装食品消费对肥胖的影响。

随着我国经济的快速发展和城市化率的提高，中国居民的饮食结构正发生天翻地覆的变化，传统的以主食为主，高碳水化合物、肉类摄入较少的饮食模式，正逐渐向更加多样和丰富，但高脂肪、高胆固醇、低膳食纤维的方向发展。因口感好、风味佳、耐储存、价格低、食用方便等优点，预包装食品的消费量迅速增加，且在中低收入国家增长速度更快(Monteiro et al.，2011；Popkin，Adair and Nayga，2012；Popkin，2014)，如在中国，预包装食品消费量的年增长率超过50%(Zhou et al.，2015)。与此同时，中国居民超重肥胖趋势迅速增长，现已成为世界上肥胖人口最多的国家(NCD-RisC，2016)。

一些研究发现，预包装食品相比于传统食品往往含有更多的添加糖、脂肪等致胖营养素，但微量元素和膳食纤维等营养素含量较少(Cutler，Glaeser and Shapiro，2003；Moubarac et al.，2013)，因而可能是当前消费者超重肥胖趋势迅速增长的重要原因之一(Louzada et al.，2015)。但过去研究主要针对的是发达国家消费者，针对发展中国家尤其是中国消费者的实证研究很少。在当前中国超市、便利店等零售场所迅速扩张，预包装食品消费量迅速增加，中国消费者饮食模式和结构不断改变的背景下，研究中国消费者预包装食品消费对超重肥胖的影响具有重要的理论和现实意义。

因此，本章将利用中国健康与营养调查数据，匹配整理18岁及以上消费者每日营养素总体摄入，以及来自预包装食品的营养素摄入情况，研究中国消费者预包装食品消费对其超重肥胖的影响。

7.2 研究分析框架

本节主要利用中国健康与营养调查中消费者为期3天的24小时饮食回顾数据，深入研究预包装食品消费对当前中国消费者体重情况产生的影响。首先，根据2002年《中国食物营养成分表》对中国健康与营养调查中2004年、2006年、2009年和2011年的饮食摄入数据进行食物编码匹配整理。匹配和计算每个消费者大量营养素的摄入量，具体包括能量、蛋白质、脂肪、碳水化合物、膳食纤维和钠，同时匹配和计算每个消费者摄入的来自预包装食品的大量营养素摄入量。由于只有2011年的数据能够区分食品类别是否为预包装食品，因此消费者摄入的来自预包装食品的各种营养素数据仅限于2011年。其次，根据实际测量的消费者身高、体重、腰围和臀围，构建消费者BMI、超重、腹型肥胖等变量，多维度反映消费者的体重情况。最后，使用最小二乘法和逻辑回归法分析预包装食品消费，尤其是平均每天摄入的来自预包装食品的能量、蛋白质、脂肪、碳水化合物、膳食纤维和钠摄入量，对中国成年消费者身体质量指数、超重肥胖以及腹型肥胖的影响。研究分析框架如图7.1所示。

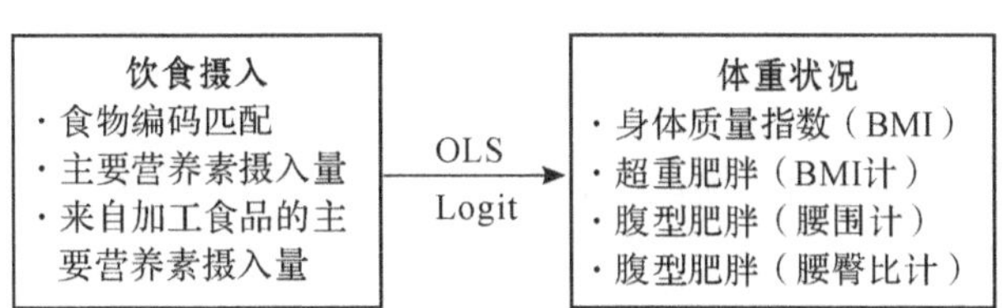

图7.1 第7章研究分析框架

7.3 数据来源与研究方法

7.3.1 数据来源与变量构建

本部分主要利用的是2011年中国健康与营养调查数据中5268个18岁及以上的成年消费者样本。中国健康与营养调查主要在全国9个不同的省市开展，包括黑龙江省、辽宁省、江苏省、山东省、河南省、湖北省、湖南省、贵州省和广西壮族自治区，以及3个超大型城市（包括北京、上海和重庆）。调查过程采用多阶段随机分层抽样方法，从而保证样本的代表性和随机性。首先在每个省份随机抽取2个城市和4个乡村。其次在每个城市或乡村随机抽取4个社区，并在每个社区随机抽取20个家庭作为调查对象。其中，所有的社区均按照人均收入水平进行分层，并按照当地区域面积的大小作为随机抽取的概率。最后对抽取到的家庭进行为期3天的采访，如果家庭成员中包含在学校寄宿的学生，则另外在周末对该家庭进行回访，从而获取该寄宿学生的相关数据。

(1)饮食摄入的测量

中国健康与营养调查采用24小时回顾法收集了家庭和个人水平上为期3天的饮食摄入数据。调查时间采用周一到周日随机抽取的方式，选择3天进行详细调查。家庭食品消费主要通过记录在一天开始和结束时家庭中各种食品的变化量，包括从菜市场购买，或从自家菜地收获的食品，以及家庭储藏室或冰箱等场所储藏的食品。除了食品消费量数据，还详细记录了烹饪方式、烹饪地点、进餐地点、进餐时间等数据。

本书基于该数据，首先对食品编码进行了整理，根据2002年《中国食物成分表》（杨月欣、王光亚和潘兴昌，2002）将消费者摄入的食品转化为能量、蛋白质、脂肪、碳水化合物、膳食纤维和钠等营养素摄入量。同时计算消费者摄入的来自预包装食品的各种营养素摄入量。由于家庭消费的食用油和调味品无法确认是否为预包装食品，也因此，本书在分析中并未涵盖。也因此，本书计算的消费者预包装食品摄入量略低于其实际消费量。

(2)预包装食品的定义

2011年中国健康与营养调查在对消费者饮食回顾的调查中，加入了一个关于该食品是不是预包装食品的问题，并把所有包装过的、冷冻的、盒装或袋装的食品定义为预包装食品。与此相一致，本部分对预包装食品也采用了相同的定义方式。

(3)人体测量及超重肥胖的定义

被试者的身高、体重、腰围和臀围均采用世界健康组织（WHO）推荐的标准程序进行实际测量。其中，体重使用地面电子称在被试者穿轻便服装的情况下进行测量。身高则使用标准米尺在被试者光脚的情况下进行测量。腰围和臀围均采用标准米尺在被试者穿轻便服装的情况下进行测量。

本书根据实际测量的个体身高和体重计算了消费者身体质量指数（BMI），即体重（kg）除以身高的平方（m^2）。同时根据卫健委疾病控制司编写的《中国成人超重和肥胖症预防控制指南》中的肥胖标准，以BMI值24和28分别作为中国成年群体超重和肥胖的边界值。若该消费者的BMI＜18.5，则说明体重过低;若该消费者的 18.5≤BMI<24,则说明体重正常;若该消费者的 24≤BMI<28,则说明体重超重;若该消费者的 BMI≥28,则说明已经肥胖。

此外,本书根据消费者的腰围和臀围计算了腰臀比,作为度量腹型肥胖的标准。根据国际糖尿病联盟在 2005 年制定的腹型肥胖的诊断标准,中国人群男性腰臀比≥0.9,女性腰臀比≥0.8,则界定为腹型肥胖。若以腰围度量,则男性腰围≥85,女性腰围≥80,界定为腹型肥胖。

(4)膳食知识水平

消费者的膳食知识水平使用 12 个问题进行测量,每一个问题询问消费者的观点,并给出 5 个选项(1=极不赞同,2=不赞同,3=中立,4=赞同,5=极赞同)和 1 个"不知道"选项供消费者选择。为了更精确地反映消费者的知识水平,每个问题根据消费者的回答计分。对于一个正确的观点描述,若消费者极赞同则计分为 2;若消费者赞同则计分为 1;若消费者中立则计分为 0;若消费者不赞同则计分为−1;若消费者极不赞同则计分为−2。对于一个不正确的观点描述,编码方式相反。具体的问题设置和编码形式如表 7.1 所示。最终消费者的总体膳食知识水平为 12 个问题的得分加总。

表 7.1 《中国健康与营养调查》膳食知识问题设置和本书中的编码形式

问题描述	答案	极不赞同	不赞同	中立	赞同	极赞同
吃很多水果蔬菜的饮食习惯对健康非常有益	正确	−2	−1	0	1	2
多吃糖对健康有益	错误	2	1	0	−1	−2
吃不同种类的食物对健康有益	正确	−2	−1	0	1	2
吃高脂肪的食物对健康有益	错误	2	1	0	−1	−2
吃大量主食的饮食习惯是不利于健康的	正确	−2	−1	0	1	2
每天吃很多肉类食品(如鱼、家禽、鸡蛋、瘦肉)对健康有益	错误	2	1	0	−1	−2
吃饭时少吃肥肉和动物脂肪对健康有益	正确	−2	−1	0	1	2
喝奶和吃乳制品对健康有益	正确	−2	−1	0	1	2
吃豆及豆制品对健康有益	正确	−2	−1	0	1	2
体力活动对健康有益	正确	−2	−1	0	1	2
大运动量的体育锻炼和剧烈的体力活动都是不利于健康的	正确	−2	−1	0	1	2
体重越重,就越健康	错误	2	1	0	−1	−2

7.3.2 计量模型与研究方法

为了检验预包装食品消费对消费者体重状况的影响，本书分别从 BMI 指数、腰围、腰臀比 3 个方面刻画消费者的超重肥胖情况；预包装食品消费进一步细分为能量、蛋白质、脂肪、碳水化合物、膳食纤维和钠等营养素的具体摄入量。实证分析时主要采用以下式(7.1)～式(7.4)4 个模型：

$$BMI_i = \alpha_0 + \alpha_1 X_i + \alpha_2 P_i + \varepsilon_1 \tag{7.1}$$

$$Overweight_i = \beta_0 + \beta_1 X_i + \beta_2 P_i + \varepsilon_2 \tag{7.2}$$

$$Obesewaist_i = \gamma_0 + \gamma_1 X_i + \gamma_2 P_i + \varepsilon_3 \tag{7.3}$$

$$ObeseWHR_i = \theta_0 + \theta_1 X_i + \theta_2 P_i + \varepsilon_4 \tag{7.4}$$

其中 X 为一系列消费者个人或家庭特征变量，P 为来自预包装食品的能量、蛋白质、脂肪、碳水化合物、膳食纤维和钠等营养素的具体摄入量，ε 为随机误差项。BMI 为个体身体质量指数连续变量，Overweight 为根据 BMI 值刻画的是否超重二元变量，Obesewaist 为根据腰围刻画的是否腹型肥胖二元变量，ObeseWHR 为根据腰臀比刻画的是否腹型肥胖二元变量。式(7.1)主要使用最小二乘法进行估计。式(7.2)到式(7.4)主要使用逻辑回归进行估计。

7.4 结果分析与讨论

7.4.1 样本基本信息

本节使用的样本基本信息如表 7.2 所示。样本的平均 BMI 值为 23.80，根据 BMI 测量的被试者中，有 32％的消费者超重，12％的消费者肥胖。样本的平均腰臀比为 0.88，根据腰臀比测算的腹型肥胖率达到 63％。根据腰围测算的腹型肥胖率达到 53％。被试者平均每天摄入的来自预包装食品的能量、蛋白质、脂肪、碳水化合物、膳食纤维和钠分别为 69.40 g、27.42 g、29.99 g、59.72 g、24.41 g、0.18 g，分别占每日能量、蛋白质、脂肪、碳水化合物、膳食纤维和钠总摄入量的 6.10％、9.18％、9.09％、6.86％、7.33％和 6.58％。

样本平均年龄为 47 岁，其中男性样本占 46％，女性样本占 54％，83％的消费者受教育程度为本科以下。正在工作的消费者占 59％，82％的消费者处于在婚状态，家庭平均年收入为 2 万元。城市样本占 55％，郊区或乡村样本占 45％。膳食知识方面，29％的消费者听说过膳食指南或平衡膳食宝塔。客观膳食知识的总体得分平均值为 8 分，说明中国消费者的整体膳食知识水平仍然偏低。

日常活动方面，被试者平均每天的睡眠时间为7.8个小时，其中2.38%的消费者睡眠时间不足6个小时，1.19%的消费者睡眠时间超过10个小时。总体上说，消费者平均每周低强度、中等强度、高强度体力劳动时间分别为24、9、8个小时。健康状况方面，51.87%的消费者并未患有与饮食有关的疾病。42.48%的消费者患有一种与饮食有关的疾病，如高血压、糖尿病、心肌梗死、中风、癌症、骨折或哮喘。患有两种或两种以上饮食相关疾病的消费者占比为5.65%。

饮食习惯方面，25.76%的消费者有吸烟的习惯，平均每天吸烟支数为4支。9.13%的消费者有每天喝酒的习惯，3.85%的消费者每周喝酒三四次，73.38%的消费者每周喝酒一两次，7.17%的消费者每月喝酒1到3次，6.47%的消费者几乎不喝酒。1.77%的消费者有每天喝咖啡的习惯，94.04%的消费者每周喝咖啡两三次，0.75%的消费者从不喝咖啡。87.18%的消费者有每天喝茶的习惯，0.47%的消费者从不喝茶。对于软饮料或含糖果汁，74.78%的消费者每月喝1到3次；1.77%的消费者有每天喝软饮料或含糖果汁的习惯。食品偏好方面，74.26%的消费者不喜欢咸味零食，10.35%的消费者喜欢咸味零食。77.84%的消费者不喜欢快餐食品，9.45%的消费者偏好快餐食品。另外，71.97%的消费者喜欢吃水果，5.30%的消费者并不喜欢吃水果。

表7.2 第7章样本基本信息

变量名	描述	样本数	均值	方差	最小值	最大值
BMI	连续变量，身体质量指数	5268	23.80	4.19	13.22	87.50
Obese	二元变量，当BMI≥28时值为1，否则为0	5268	0.12	0.32	0	1
Overweight	二元变量，当24≤BMI<28时值为1，否则为0	5268	0.32	0.47	0	1
WHR	连续变量，腰臀比(腰围/臀围)	5268	0.88	0.13	0.14	3.77
Obesewaist	二元变量，若为腹型肥胖(男性腰围≥85，女性腰围≥80)值为1，否则为0	5268	0.53	0.50	0	1
ObeseWHR	二元变量，若为腹型肥胖(男性腰臀比≥0.9，女性腰臀比≥0.8)值为1，否则为0	5268	0.63	0.48	0	1
PAENERGY	连续变量，平均每天摄入的来自预包装食品的总能量(kcal)	5268	69.40	191.47	0	3530.22
PAPROTEIN	连续变量，平均每天摄入来自预包装食品的总蛋白质(g)	5268	27.42	75.92	0	2362.19

续表

变量名	描述	样本数	均值	方差	最小值	最大值
PAFAT	连续变量,平均每天摄入来自预包装食品的总脂肪(g)	5268	29.99	89.07	0	1014.54
PACHO	连续变量,平均每天摄入来自预包装食品的总碳水化合物(g)	5268	59.72	197.82	0	5841.34
PAFIBER	连续变量,平均每天摄入来自预包装食品的总膳食纤维(g)	5268	24.41	73.50	0	887.61
PANa	连续变量,平均每天摄入来自预包装食品的总钠(g)	5268	0.18	0.60	0	17.62
age	连续变量,年龄	5268	47.03	15.18	18	100
male	二元变量,男性=1,否则为0	5268	0.46	0.50	0	1
education	离散变量	5268	2.45	1.62	0	6
	0=小学以下	723	13.73%			
	1=小学毕业	720	13.66%			
	2=初中毕业	1629	30.92%			
	3=高中毕业	805	15.29%			
	4=中等技术学校、职业学校毕业	477	9.06%			
	5=大专或大学毕业	875	16.61%			
	6=硕士及以上	38	0.73%			
married	二元变量,1=在婚,其他为0	5268	0.82	0.38	0	1
minority	二元变量,1=少数民族,其他为0	5268	0.07	0.26	0	1
work	二元变量,1=有工作,其他为0	5268	0.59	0.49	0	1
Hincome	连续变量,家庭年收入(万元)	5268	2.01	3.83	−34.85	92.78
urban	二元变量,1=住在城区,其他为0	5268	0.55	0.50	0	1
DGknow	二元变量,1=知晓膳食指南或平衡膳食宝塔,其他为0	5268	0.29	0.45	0	1
NK	连续变量,膳食知识水平	5268	8.10	4.48	−10	24
disease	连续变量,患有的疾病数量0~7,包括高血压、糖尿病、心肌梗死、中风、癌症、骨折、哮喘	5268	0.60	0.79	0	7
sleep	连续变量,平均每天睡眠时间(小时)	5268	7.79	1.18	1	18

续表

变量名	描述	样本数	均值	方差	最小值	最大值
light	连续变量,平均每周低强度体力劳动时间(小时)	5268	23.81	14.61	0	98
moderate	连续变量,平均每周中等强度体力劳动时间(小时)	5268	8.64	11.57	0	100.65
heavy	连续变量,平均每周高强度体力劳动时间(小时)	5268	8.04	11.68	0	96
smoke	连续变量,平均每天吸烟支数	5268	4.02	8.09	0	60
alcohol	离散变量,喝酒频率,1=几乎每天喝,5=每月少于一次	5268	2.98	0.86	1	5
coffee	离散变量,喝咖啡频率,1=几乎每天喝,7=几乎不喝	5268	3.04	0.54	1	7
drinks	离散变量,喝软饮料或含糖果汁频率,1=几乎每天喝,5=每月少于一次	5268	3.89	0.70	1	5
tea	离散变量,喝茶频率,1=几乎每天喝,7=几乎不喝	5268	1.28	0.85	1	7
special	二元变量,1=因患有糖尿病需要遵循特殊饮食,其他为0	5268	0.02	0.15	0	1
loseweight	二元变量,1=因患有糖尿病而需要控制体重,其他为1	5268	0.02	0.12	0	1
snack	离散变量,对咸的零食偏好程度,1=很不喜欢,5=很喜欢	5268	2.28	0.78	1	5
fruits	离散变量,对水果的偏好程度,1=很不喜欢,5=很喜欢	5268	3.74	0.69	1	5
fastfood	离散变量,对快餐的偏好程度,1=很不喜欢,5=很喜欢	5268	2.19	0.76	1	5

7.4.2　中国消费者大量营养素摄入量的变化

表7.3对不同类别群体在2004—2011年的大量营养素摄入情况进行了汇总。

表 7.3 不同类别群体 2004—2011 年大量营养素摄入量变化

营养素	类别	2004 年	2006 年	2009 年	2011 年	2004—2011 年变动比例/%
能量/kcal	男	2586.59	2562.11	2587.43	1680.38	−35.04
	女	2498.57	2539.71	2331.78	1590.90	−36.33
	18～30 岁	1888.38	2097.92	1892.88	1513.70	−19.84
	30～60 岁	2762.99	2715.84	2592.15	1679.14	−39.23
	60 岁以上	2378.99	2444.19	2501.36	1579.67	−33.60
	城区	2302.61	2395.91	2285.65	1454.73	−36.82
	非城区	2678.83	2637.91	2551.82	1848.42	−31.00
	总体	2538.54	2550.39	2450.80	1632.47	−35.69
蛋白质/g	男	360.91	341.40	339.95	322.65	−10.60
	女	313.11	299.13	312.19	285.76	−8.73
	18～30 岁	327.83	301.05	307.59	309.92	−5.46
	30～60 岁	346.35	330.50	336.24	305.55	−11.78
	60 岁以上	300.27	293.76	300.79	290.02	−3.41
	城区	332.36	310.43	315.18	313.13	−5.79
	非城区	335.89	323.54	331.41	289.21	−13.90
	总体	334.53	318.71	325.13	302.76	−9.50
脂肪/g	男	279.64	289.95	305.75	331.94	+18.70
	女	239.94	264.30	266.67	293.49	+22.32
	18～30 岁	257.53	262.34	287.34	327.30	+27.09
	30～60 岁	257.28	281.32	292.44	313.15	+21.71
	60 岁以上	259.43	270.05	256.50	295.24	+13.80
	城区	325.58	312.30	314.52	357.92	+9.93
	非城区	215.49	255.14	266.19	250.12	+16.07
	总体	257.74	276.19	284.89	311.21	+20.75

续表

营养素	类别	2004 年	2006 年	2009 年	2011 年	2004—2011 年变动比例/%
碳水化合物/g	男	1147.26	1149.92	1044.27	984.80	−14.16
	女	1036.15	1049.54	1018.02	923.25	−10.90
	18～30 岁	1026.23	1077.09	994.34	929.54	−9.42
	30～60 岁	1122.21	1127.55	1048.67	959.57	−14.49
	60 岁以上	1012.55	1007.49	995.54	942.46	−6.92
	城区	984.48	1030.16	953.10	937.71	−4.75
	非城区	1149.14	1134.45	1078.94	969.82	−15.60
	总体	1085.95	1096.05	1030.26	951.62	−12.37
膳食纤维/g	男	313.21	314.76	319.21	332.81	+6.26
	女	269.27	289.41	294.16	302.37	+12.29
	18～30 岁	288.38	289.45	295.14	324.62	+12.57
	30～60 岁	289.55	307.35	313.03	318.53	+10.01
	60 岁以上	287.51	289.90	289.53	304.86	+6.04
	城区	333.37	330.42	324.79	352.84	+5.84
	非城区	261.32	284.09	293.88	268.73	+2.84
	总体	288.97	301.15	305.84	316.40	+9.49
钠/g	男	3.35	3.16	2.98	2.98	−11.03
	女	2.98	2.85	2.86	2.68	−9.95
	18～30 岁	3.01	2.85	2.88	2.79	−7.44
	30～60 岁	3.23	3.09	2.97	2.85	−11.70
	60 岁以上	2.99	2.79	2.76	2.76	−7.57
	城区	3.13	2.93	2.79	2.84	−9.29
	非城区	3.16	3.03	3.00	2.80	−11.38
	总体	3.15	2.99	2.92	2.82	−10.34

数据来源：中国健康与营养调查。

(1)能量摄入方面

中国消费者的能量摄入呈现明显的下降趋势。2004—2011 年，平均每天摄入的能量从 2538.54 千卡下降至 1632.47 千卡，下降了 35.69%。分性别来看，男性卡路里摄入高于女性，但总体上都呈现下降趋势。男性平均每天摄入的能量从 2004 年 2586.59 千卡，下降至 2011 年 1680.38 千卡，下降了 35.04%。女性平均每天摄入的能量从 2004 年 2498.57 千卡，下降至 2011 年 1590.90 千卡，下降了 36.33%。

分年龄来看，30～60 岁群体平均每天摄入的能量下降最多，2004—2011 年从 2762.99 千卡下降至 1679.14 千卡，下降了 39.23%。60 岁以上群体平均每天摄入的能量从 2004 年 2378.99 千卡下降至 2011 年 1579.67 千卡，下降了 33.60%。相较而言，18～30 岁群体平均每天摄入的能量下降比较少，从 2004 年 1888.38 千卡下降至 2011 年 1513.70 千卡，下降了 19.84%。分地区来看，郊区或乡村等非城市地区群体的能量摄入比城区群体的能量摄入高，但总体上仍呈现下降趋势。城区消费者平均每天摄入的能量从 2004 年 2302.61 千卡下降至 2011 年 1454.73 千卡，下降了 36.82%。非城区消费者平均每天摄入的能量从 2004 年 2678.83 千卡下降至 2011 年 1848.42 千卡，下降了 31.00%。

(2)蛋白质摄入方面

中国消费者的蛋白质摄入呈现下降趋势。2004—2011 年，中国消费者平均每天摄入的蛋白质从 334.53 克下降至 302.76 克，下降了 9.50%。分性别来看，男性蛋白质摄入量高于女性，但总体上均呈现下降趋势。男性平均每天摄入的蛋白质从 2004 年 360.91 克下降至 2011 年 322.65 克，下降了 10.60%。女性平均每天摄入的蛋白质从 2004 年 313.11 克下降至 2011 年 285.76 克，下降了 8.73%。

分年龄来看，30～60 岁群体平均每天摄入的蛋白质数量最多，但下降最快。从 2004 年 346.35 克下降至 2011 年 305.55 克，下降了 11.78%。18～30 岁群体平均每天摄入的蛋白质数量从 2004 年 327.83 克下降至 2011 年 309.92 克，下降了 5.46%。但 2011 年 18～30 岁群体的蛋白质摄入量超过了 30～60 岁的群体，成为平均每天蛋白质摄入量最高的人群。60 岁以上人群的蛋白质摄入量最低，从 2004 年 300.27 克下降至 2011 年 290.02 克，下降了 3.41%。分地区来看，城市居民蛋白质摄入量高于非城区居民。2004—2011 年，城市居民平均每天蛋白质摄入量从 332.36 克下降至 313.13 克，下降了 5.79%。非城区居民蛋白质摄入量下降较快，从 2004 年 335.89 克下降至 2011 年 289.21 克，下降了 13.90%。

(3)脂肪摄入方面

中国居民脂肪摄入量呈现显著的增加趋势。2004—2011 年，中国居民平均每天脂肪摄入量从 257.74 克增加至 311.21 克，增加了 20.75%。分性别来看，男性脂肪摄入量高于女性，但均呈现显著的增加趋势。男性平均每天脂肪摄入量从 2004 年 279.64 克增加至 2011 年 331.94 克，增加了 18.70%。女性平均每天脂肪摄入量从 2004 年 239.94 克增加至 2011 年 293.49 克，增加了 22.32%。

分年龄来看，年轻群体脂肪摄入量高于中老年群体，且各年龄阶层均呈现明显的增加趋势。18～30 岁群体平均每天脂肪摄入量从 2004 年 257.53 克增加至 2011 年 327.30 克，增加了 27.09%。30～60 岁群体平均每天脂肪摄入量从 2004 年 257.28 克增加至 2011 年 313.15 克，增加了 21.71%。60 岁以上群体平均每天脂肪摄入量从 2004 年 259.43 克增加至 2011 年 295.24 克，增加了 13.80%。分地区来看，城市居民脂肪摄入量高于非城区居民，但非城区居民平均每天摄入的脂肪数量增加速度高于城区居民。2004—2011 年，城区居民平均每天摄入的脂肪从 325.58 克增加至 357.92 克，增加了 9.93%；非城区居民平均每天摄入的脂肪从 215.49 克增加至 250.12 克，增加了 16.07%。

(4)碳水化合物摄入方面

中国居民碳水化合物的摄入量呈现明显的降低趋势。2004—2011 年，中国居民平均每天摄入的碳水化合物的数量从 1085.95 克下降至 951.62 克，下降了 12.37%。分性别来看，男性碳水化合物的摄入量高于女性，但下降速度也略高于女性。2004—2011 年，男性平均每天摄入的碳水化合物的数量从 1147.26 克下降至 984.80 克，下降了 14.16%；女性平均每天摄入的碳水化合物的数量从 1036.15 克下降至 923.25 克，下降了 10.90%。

分年龄来看，30～60 岁群体碳水化合物摄入量最高，但下降速度也最快。2004—2011 年，18～30 岁群体平均每天摄入的碳水化合物的数量从 2004 年 1026.23 克下降至 2011 年 929.54 克，下降了 9.42%。30～60 岁群体平均每天摄入的碳水化合物的数量从 1122.21 克下降至 959.57 克，下降了 14.49%。60 岁以上群体平均每天摄入的碳水化合物的数量从 2004 年 1012.55 克下降至 2011 年 942.46 克，下降了 6.92%。分地区来看，非城区居民碳水化合物摄入量高于城区居民，但下降速度也更快。2004—2011 年，非城区居民平均每天摄入的碳水化合物的数量从 1149.14 克下降至 969.82 克，下降了 15.60%；城区居民平均每天摄入的碳水化合物的数量从 984.48 克下降至 937.71 克，下降了 4.75%。

(5)膳食纤维摄入方面

中国消费者膳食纤维摄入量呈现增加趋势。2004—2011 年，中国居民平均每天摄入的膳食纤维数量从 288.97 克增加至 316.40 克，增加了 9.49%。分性别来看，男性膳食纤维摄入量高于女性，但增加速度比女性低。2004—2011 年，男性平均每天摄入的膳食纤维数量从 313.21 克增加至 332.81 克，增加了 6.26%；女性平均每天摄入的膳食纤维数量从 269.27 克增加至 302.37 克，增加了 12.29%。

分年龄来看,18～30 岁群体膳食纤维摄入量最高,增加速度也最快。2004—2011 年,18～30 岁群体平均每天摄入的膳食纤维数量从 288.38 克增加至 324.62 克,增加了 12.57%;30～60 岁群体平均每天摄入的膳食纤维数量从 289.55 克增加至 318.53 克,增加了 10.01%;60 岁以上群体平均每天摄入的膳食纤维数量从 287.51 克增加至 304.86 克,增加了 6.04%。分地区来看,城区居民膳食纤维摄入量高于非城区居民,增加速度也更快。2004—2011 年,城区居民平均每天摄入的膳食纤维数量从 333.37 克增加至 352.84 克,增加了 5.84%;非城区居民平均每天摄入的膳食纤维数量从 261.32 克增加至 268.73 克,增加了 2.84%。

(6)钠摄入方面

中国消费者钠摄入量呈现下降趋势。2004—2011 年,中国消费者平均每天摄入的钠从 3.15 克下降至 2.82 克,下降了 10.34%(本书整理的中国消费者饮食数据并未包含其日常调味品、食用油摄入量,因此计算的钠摄入量低于其实际摄入量)。分性别来看,男性钠摄入量高于女性,但下降速度也高于女性。2004—2011 年,男性平均每天摄入的钠从 3.35 克下降至 2.98 克,下降了 11.03%;女性平均每天摄入的钠从 2.98 克下降至 2.68 克,下降了 9.95%。

分年龄来看,18～30 岁群体平均每天摄入的钠从 3.01 克下降至 2.79 克,下降了 7.44%;30～60 岁群体钠摄入量最高,但下降速度也最快。2004—2011 年,30～60 岁群体平均每天摄入的钠从 3.23 克下降至 2.85 克,下降了 11.70%;60 岁以上群体平均每天摄入的钠从 2.99 克下降至 2.76 克,下降了 7.57%。分地区来看,城区和非城区居民钠摄入量差别不大,总体上均呈现下降趋势。2004—2011 年,城区居民平均每天摄入的钠从 3.13 克下降至 2.84 克,下降了 9.29%;非城区居民平均每天摄入的钠从 3.16 克下降至 2.80 克,下降了 11.38%。

7.4.3 预包装食品消费对消费者体重的影响

如表 7.4 所示,消费者平均每天摄入的来自预包装食品的脂肪数量(PAFAT)是导致超重肥胖的重要原因之一。每天摄入来自预包装食品的脂肪数量每增加 100 克,会导致消费者 BMI 增加 0.5 kg/m^2,按照 BMI 刻画的超重率增加 20%,按照腰围刻画的腹型肥胖率增加 10%。消费者平均每天摄入的来自预包装食品的蛋白质数量(PAPROTEIN)有助于降低腹型肥胖率。每天摄入的来自预包装食品的蛋白质数量每增加 100 克,会导致腰围度量的腹型肥胖率降低 20%,腰臀比度量的腹型肥胖率降低 40%。另外,消费者平均每天摄入的来自预包装食品的膳食纤维数量(PAFIBER)有助于降低消费者 BMI。每天摄入的来自预包装食品的膳食纤维每增加 100 克,可以使消费者 BMI 降低 0.6 kg/m^2。消费者平均每天摄入的来自预包装食品的钠数量(PANa)会增加消费者的腹型肥胖率。每天摄入的来自预包装食品的钠每增加 1 克,会导致腰臀比度量的腹型肥胖率增加 34.5%。

表 7.4 预包装食品消费对消费者体重状况的影响结果

Variables	BMI	Overweight	Obesewaist	ObeseWHR
PAENERGY	−0.001 (0.271)	0.000 (0.517)	0.000 (0.456)	−0.000 (0.688)
PAFAT	0.005*** (0.006)	0.002* (0.077)	0.001* (0.089)	−0.000 (0.752)
PAPROTEIN	0.001 (0.717)	−0.001 (0.558)	−0.002* (0.058)	−0.004*** (0.004)
PACHO	−0.000 (0.607)	0.000 (0.505)	−0.000 (0.525)	−0.000 (0.395)
PAFIBER	−0.006** (0.023)	−0.002 (0.212)	−0.001 (0.489)	0.002 (0.170)
PANa	0.402 (0.212)	−0.059 (0.721)	0.104 (0.538)	0.345* (0.063)
age	0.017*** (0.001)	0.015*** (0.000)	0.021*** (0.000)	0.021*** (0.000)
male	0.239* (0.088)	0.240*** (0.001)	0.154** (0.030)	−1.487*** (0.000)
education	−0.065 (0.176)	0.002 (0.931)	−0.010 (0.672)	−0.053** (0.043)
married	0.914*** (0.000)	0.523*** (0.000)	0.512*** (0.000)	0.308*** (0.001)
minority	−0.349 (0.136)	−0.200 (0.120)	−0.216* (0.070)	−0.104 (0.409)
work	−0.197 (0.158)	−0.023 (0.748)	−0.094 (0.179)	−0.031 (0.682)
Hincome	0.002 (0.918)	−0.002 (0.797)	−0.007 (0.382)	−0.004 (0.629)
urban	0.284** (0.042)	0.085 (0.238)	0.156** (0.025)	0.119 (0.114)
DGknow	0.078 (0.577)	0.089 (0.217)	−0.023 (0.743)	−0.028 (0.714)

续表

Variables	BMI	Overweight	Obesewaist	ObeseWHR
NK	0.066*** (0.000)	0.018** (0.015)	0.032*** (0.000)	0.024*** (0.002)
disease	0.245*** (0.001)	−0.001 (0.970)	0.083** (0.034)	0.009 (0.834)
sleep	−0.055 (0.275)	−0.037 (0.154)	−0.063** (0.014)	−0.028 (0.309)
light	0.002 (0.707)	−0.002 (0.502)	−0.002 (0.443)	−0.003 (0.254)
moderate	0.007 (0.201)	−0.002 (0.509)	0.003 (0.373)	0.001 (0.822)
heavy	−0.015** (0.011)	−0.002 (0.516)	−0.012*** (0.000)	−0.009*** (0.005)
smoke	−0.009 (0.299)	−0.010** (0.031)	−0.003 (0.424)	0.004 (0.334)
alcohol	0.029 (0.678)	0.054 (0.134)	0.040 (0.260)	0.005 (0.901)
coffee	0.135 (0.210)	0.031 (0.580)	0.023 (0.671)	−0.038 (0.498)
drinks	−0.031 (0.719)	−0.039 (0.395)	−0.010 (0.817)	−0.034 (0.461)
tea	−0.091 (0.189)	0.020 (0.568)	−0.097*** (0.005)	−0.065* (0.078)
special	0.708 (0.146)	0.100 (0.675)	0.501* (0.074)	0.354 (0.222)
loseweight	0.105 (0.856)	0.143 (0.614)	0.344 (0.313)	0.276 (0.419)
snack	−0.136 (0.156)	−0.043 (0.392)	−0.064 (0.182)	0.065 (0.212)
fruits	−0.037 (0.683)	−0.007 (0.887)	−0.091** (0.046)	−0.099** (0.042)
fastfood	0.028 (0.779)	−0.008 (0.875)	−0.030 (0.549)	−0.080 (0.136)
_cons	22.205*** (0.000)	−1.827*** (0.000)	−0.461 (0.296)	1.003** (0.033)
N	5268	5268	5268	5268

注：括号内为稳健标准误；*、**、*** 分别代表系数在 0.10、0.05 和 0.01 的水平上显著。

年龄对体重和超重肥胖有显著的正向影响。随着年龄的增长，消费者 BMI 指数显著增加，超重和腹型肥胖率也显著提高。男性的 BMI 指数和超重肥胖率均高于女性。较高的受教育水平会降低消费者的腹型肥胖率。在婚的消费者 BMI 指数和超重肥胖率均会显著增加。居住在城市的消费者比居住在郊区或乡村的消费者的 BMI 指数和腹型肥胖率均要高，这可能是城市地区预包装食品可获得性更高导致的。

患有与饮食相关的疾病的消费者身体质量指数和腹型肥胖率均显著提高。而保证充足的睡眠时间有助于降低消费者的腹型肥胖率。睡眠时间每增加一小时，可以使腰围度量的腹型肥胖率降低 6.3%。参加重体力劳动时间有助于降低腹型肥胖率。重体力劳动时间每增加一小时，可以使腰围度量的腹型肥胖率降低 1.2%，腰臀比度量的腹型肥胖率降低 0.9%。另外，经常喝茶或吃水果有助于降低消费者的腹型肥胖率。

奇怪的是，消费者的膳食知识水平对其超重肥胖具有显著的正向影响。膳食知识得分提高 1 分会导致消费者的 BMI 增加 0.066kg/m^2，超重率提高 1.8%，腰围度量的腹型肥胖率增加 3.2%，腰臀比度量的腹型肥胖率增加 2.4%。可能的原因是中国消费者的整体膳食知识水平比较低，缺乏将膳食知识应用于日常食物选择的能力，无法根据已经掌握的知识水平平衡膳食，达到控制体重的目的。

该研究结论虽然与预期不符，但与之前学者分析营养知识对消费者行为的影响的研究结论是相辅相成的。很多研究发现营养知识对体重的影响并不显著(Levy，Fein and Stephenson，1993；Wansink，Westgren and Cheney，2005)，甚至会产生副作用(Acheampong and Haldeman，2013)。一些研究分别以女性(De Vriendt et al.，2009)、男性(Dallongeville et al.，2001)、儿童(Reinehr et al.，2003)等为研究对象，发现膳食营养知识和肥胖之间并无显著相关性，超重肥胖群体与体重正常群体的膳食营养知识水平基本相同。Acheampong and Haldeman(2013)通过研究低收入水平非裔美国妇女和西班牙妇女的营养知识、态度、信念和自我认知对其健康饮食行为以及体重的影响，发现无论哪一个种族，拥有更多膳食知识的个体肥胖率却都更高。这可能是由以下 3 个原因造成的。

第一，虽然消费者的营养知识可能是影响其食物选择和超重肥胖的重要因素，然而，实际决策时消费者并不一定会把营养知识应用于饮食行为。例如，Zhang et al.(2013)分析了中国成年消费者的钠摄入知识、态度以及饮食行为，发现 80%的受访者更偏好低钠的饮食，70%的受访者具有减少钠的摄入量的意愿，但是真正将该偏好应用于饮食行为的人却只有 39%。

第二,知识种类或维度的影响。营养知识是多维度的。例如主观知识(Moorman et al., 2004)、客观知识(Andrews,Netemeyer and Burton,2009)、膳食和疾病之间的关系知识、营养素来源知识等。不同种类的营养知识对消费者饮食行为或体重的影响可能是不同的(Brucks,Mitchell and Staelin,1984)。本节的分析主要基于中国健康与营养调查中测量的消费者的膳食知识,在量表设计时并未考虑消费者营养知识水平的多维度特征。本书已经在第5章的分析中,考虑了营养知识的多维度特征,使用自主设计的营养知识调查问卷进行了有效的补充。具体将营养知识区分为主观营养知识和客观营养知识,并进一步把客观营养知识区分为5个维度:饮食和疾病之间的关系知识、专家饮食建议知识、日常食物选择知识、营养素来源知识,以及营养素功能知识。

第三,不当的营养知识测量方法,如生僻的专业术语的使用,可能会影响消费者的理解,造成营养知识水平测量结果的低估等(Dickson-Spillmann et al., 2011),因此科学、全面的营养知识问卷设计非常重要。本节的分析中使用的膳食知识数据,主要基于中国健康与营养调查中测量的消费者的膳食知识,并不是真正意义上的营养知识,其中很多问题消费者回答的正确率均在90%以上,因而难以准确识别中国消费者的实际营养知识水平,并估计营养知识的作用。因此,本书聚焦消费者营养知识因素,设计适合中国消费者饮食习惯的营养知识调查量表,以有效地测量消费者的营养知识水平,并深入研究营养知识对消费者标签使用行为的影响。

7.5 本章小结

中国居民的饮食结构正发生天翻地覆的变化,传统的以主食为主、高碳水化合物、肉类摄入较少的饮食模式,正逐渐向更加多样和丰富,但高脂肪、高胆固醇、低膳食纤维的方向发展。尽管当前家庭食物准备和烹饪在中国居民的日常生活中仍然很重要,但预包装食品因其口感好、风味佳、耐储存、价格低、食用方便等优点,消费量迅速增加。国外一些研究发现,预包装食品消费是导致超重肥胖的重要原因之一。然而,预包装食品消费对中国消费者超重肥胖的影响,目前仍缺乏相关的实证研究。

因此,本章主要利用中国健康与营养调查中消费者为期3天的24小时饮食回顾数据,深入研究预包装食品消费对当前中国消费者体重情况产生的影响。主要结论如下。

总体上说,2004—2011年,中国消费者饮食结构有一些良性转变,如能量、碳水化合物摄入量不断下降,钠摄入量降低,但膳食纤维摄入量不断增加。然而，饮食结构转变的同时也存在一些隐患，如脂肪摄入量不断增加，蛋白质摄入量不断降低等。

预包装食品消费，尤其是脂肪和钠含量比较高的不健康的预包装食品，是导致中国消费者超重肥胖的重要原因之一。然而，选择健康的预包装食品，尤其是蛋白质和膳食纤维含量比较高的预包装食品，有助于降低消费者的超重肥胖率。在当前预包装食品消费量迅速增加的大背景下，消费者学会选择健康的预包装食品非常重要，尤其应注重选择蛋白质和膳食纤维含量比较高的食品。因此，政府应采取措施帮助消费者鉴别和选择健康的预包装食品，提高饮食质量。

随着年龄的增长，消费者 BMI 指数显著增加，超重和腹型肥胖率也显著提高。男性的 BMI 指数和超重肥胖率均高于女性。较高的受教育水平会降低消费者的腹型肥胖率。在婚的消费者 BMI 指数和超重肥胖率均会显著增加。居住在城市的消费者的 BMI 指数和腹型肥胖率比居住在郊区或乡村的消费者均要高，这可能是城市地区预包装食品可获得性更高导致的。

患有与饮食相关的疾病的消费者身体质量指数和腹型肥胖率均显著提高，而保证充足的睡眠时间有助于降低消费者的腹型肥胖率。参加重体力劳动时间有助于降低腹型肥胖率。另外，经常喝茶或吃水果有助于降低消费者的腹型肥胖率。奇怪的是，消费者的膳食知识水平对其超重肥胖具有显著的正向影响。膳食知识得分每提高 1 分会导致消费者的 BMI 增加 0.066kg/m^2，超重率提高 1.8%，腰围度量的腹型肥胖率增加 3.2%，腰臀比度量的腹型肥胖率增加 2.4%。

8　营养标签的使用对抑制中国居民肥胖的影响

8.1　引言

通过第7章的分析发现，预包装食品消费，尤其是脂肪、钠含量比较高的不健康的预包装食品的消费是超重肥胖迅速增加的重要原因之一。因此，为了抑制肥胖率的增长，首选的努力方向是减少预包装食品的摄入，增加新鲜蔬菜、水果的摄入。然而，随着城市化的推进和生活方式的改变，预包装食品消费量持续增加的趋势不可避免（Popkin，2008；Zhou et al.，2015）。经过加工后的食品，具有口感更好、价格更加便宜，且便于储藏和食用等特点，容易导致消费者过度消费（Monteiro et al.，2011；Popkin，2014；Popkin，Adair and Ng，2012）。因此，向消费者提供信息帮助他们选择健康的预包装食品成为退而求其次的努力方向。食品包装上的营养标签可以向消费者传递食品的营养信息，帮助消费者选择更加健康的预包装食品，进而抑制超重肥胖的增长，因此一直被认为是抑制肥胖率的有效措施。然而，标签使用行为是否真正可以起到促进消费者健康饮食、控制肥胖率的作用，在学界仍存在诸多争议。因此，本节将使用中国消费者调查数据，详细分析标签使用行为对中国消费者超重肥胖的影响，探究通过营养标签披露食品营养信息是否对抑制肥胖率实现了预期效果。

技术进步和城市化率的提高使多数发展中国家的食物供应和膳食正普遍处于一种快速转变状态，被称为“营养状况变迁”（Popkin，2001）。中国的膳食变迁已经进入一个新的历史时期，传统饮食正在向更加多样化但高糖、高脂肪、高能量密度、低膳食纤维方向发展（杨秀平等，2011；杜树发等，2001；路继业等，2015）。在这种变迁中，营养不良和营养过剩在国家、社区、家庭水平上出现共存（WHO，2006）。截至2020年，全球至少有26亿成年人超重，9亿人肥胖（WHO，2023），超重人数已经超过了全球营养不良或体重过轻的人数（NCD-RisC，2016），超重和肥胖已成为当前非常严重的全球性的健康问题。同时，中国的肥胖总人口已超过美国，成为世界上肥胖人口数最多的国家（NCD-RisC，2016）。根据《2015年中国居民营养与慢性病状况报告》，中国18岁以上成年人的超重率、肥胖率分别达到30.2%和11.9%，相比于2002年分别增加了7.3个百分点和4.8个百分点。肥胖不仅与心脑血管病、高血压、糖尿病、中风、癌症等几乎所有的慢性疾病发病率有关，还会给社会和政府带来沉重的财政负担。慢性疾病已经成为中国健康的头号威胁，每年有超过80%的死亡率是由慢性疾病导致的，在疾病医疗成本中占比达到68.6%（Wang，Marquez and Langenbrunner，2011）。抑制肥胖已经成为政府亟须解决的问题。

肥胖是可以控制和预防的，主要的方式是通过体育锻炼等增加能量消耗，或者通过控制饮食摄入等减少能量积累。营养标签可以向消费者传递食品的营养信息，有助于缓解或消除消费者与食品制造商之间的信息不对称问题（Akerlof，1970；Roe，Teisl and Deans，2014），进而帮助消费者选择更加健康的食品，可能起到抑制肥胖率的作用，因此世界各国广泛采用标签政策对食品的营养信息进行披露。美国1990年开始实施的《营养标识和教育法》（Nutrition Labeling and Education Act），是世界上首部强制性营养标签法律。欧盟2011年提出营养标签政策，强制企业披露食品的营养成分信息（Food Law News，2011）。如前所述，中国政府自2013年1月起，也在全国开始实施强制性标签政策，规定食品企业必须按照一定格式披露食品的能量、蛋白质、脂肪、碳水化合物、钠等营养素信息。

然而，营养标签信息是否能够发挥改善消费者饮食质量、降低肥胖率的作用在学界存在诸多争议。过去营养标签使用作用的研究主要集中于其对消费者日常食物选择和饮食摄入的影响，且研究结论并不统一。尽管一些研究肯定了营养标签对消费者购买行为和饮食质量的积极作用（如Kim，Nayga and Capps，2000；Burton et al.，2006；Graham and Laska，2012），仍有研究对营养标签的作用持怀疑态度，并发现消费者虽然阅读了营养标签，但并没有应用到实际的食物选择中，因而标签的作用非常有限，甚至会产生副作用（如Wansink and Chandon，2006；Boztuğ et al.，2015；Wang，Wei and Caswell，2016）。另外，较少有研究直接讨论营养标签使用对消费者体重状况的影响，标签使用是否能够实现控制肥胖率的作用也存在争议。例如Drichoutis，Nayga and Lazaridis（2009）控制自选择问题后发现营养标签的使用对美国消费者的BMI并没有显著影响。而Loureiro，Yen and Nayga（2012）控制自选择问题后发现营养标签的使用会显著降低美国消费者的肥胖率，其对女性的影响尤为显著。

在研究营养标签使用的作用时，容易出现自选择问题，因为无法观测的个人特征对标签使用者和非使用者可能产生不同的影响。现存文献中，处理自选择问题的方法主要有3种:内生转换法、双重差分法和倾向分数匹配法。内生转换法可以对样本直接进行处理,但是结果依赖于用于识别标签效应的排斥性前提假设。DID分析法不需要依赖于该假设,但是需要收集在餐馆或其他无标签的用餐场所中的数据样本作为对照组。倾向分数匹配法对数据样本收集的要求相对较低,且可以控制个体特征的诸多变量,进行匹配和比较,因此本书使用倾向分数匹配法(Rosenbaum and Rubin,1983)进行研究。

本章拟结合中国官方调查数据,首先披露当前中国消费者的超重肥胖现状和趋势;然后使用自主设计并开展的全国范围的消费者调查数据,通过倾向分数匹配法,深入分析消费者营养标签使用行为对抑制超重肥胖的影响,从而揭示中国强制性标签政策的实施效果。

8.2 理论分析框架

假设体重结果和是否进行标签使用的选择条件独立于观测值 X(Conditional Independence Assumption-CIA),即控制了所有的可观测因素 X 后,未观测变量不会对试验组和对照组的结果产生系统性差异。尽管CIA是一个很强的假定,但在本书中基本成立。因为本书的样本容量比较大,包含的信息量也比较多;在模型中人口统计学变量、日常生活习惯变量、态度和知识变量、饮食行为变量、健康状况变量以及产品属性特征等因素都可以得到控制。此外,本章还使用一系列的稳健性检验以及敏感性分析等方法进一步检验该假设的成立性。

在二元处理变量情况下,我们假设 T_i 指示处理情况。当个体 i 阅读营养标签时,$T_i=1$(试验组);当个体 i 不阅读营养标签时,$T_i=0$(对照组)。本书将从不阅读或很少阅读营养标签的消费者定义为对照组;偶尔、经常或总是阅读营养标签的消费者定义为试验组。倾向分数是指给定对照组的特征 X,试验组的条件概率,如式(8.1)所示:

$$P(X) \equiv \Pr(T=1 \mid X)=E(T \mid X) \tag{8.1}$$

定义不使用营养标签和使用营养标签的情况下的体重分别为 H_{0i} 和 H_{1i},则个体 i 的处理效应可以写成式(8.2):

$$t_i = H_{1i} - H_{0i} \tag{8.2}$$

但 t_i 无法观测到,我们观测到的是 H_{0i} 或者 H_{1i},即式(8.3):

$$H_i = T_i H_{1i} + (1 - T_i) H_{0i} \tag{8.3}$$

由于个体水平上很难解决该问题,因此我们在总体水平上估计平均处理效应。试验组的平均处理效应为:

$$t_{ATT}=E(t \mid T=1)=E[H_1 \mid T=1]-E[H_0 \mid T=1] \tag{8.4}$$

式(8.4)的问题在于 $E[H_0 \mid T=1]$ 是无法观测到的,如果我们直接用 $E[H_0 \mid T=0]$ 代替,则会产生自选择问题。

为了得到平均处理效应,我们做出如下 3 个假设:

假设 1:控制变量平衡假设,即试验组和对照组的特征的倾向得分没有很大差异。见式 8.5。

$$T \perp X \mid p(X) \tag{8.5}$$

假设 2:非混淆假设(unconfoundedness assumption)(Rosenbaum and Rubin,1983)或条件独立假设(conditional independence)(Lechner,2001),也称为外生性假设(exogeneity)(Imbens,2004),即在对照组中的人如果使用营养标签进行标签使用的体重均值,与试验组的人使用营养标签进行标签使用的体重均值无差异,也即消费者是否使用营养标签的选择完全基于可观测的特征,所有影响该选择的因素均已被控制。见式(8.6)。

$$H_0, H_1 \perp T \mid X, \forall X \tag{8.6}$$

假设 3:共同支撑条件(common support or overlap condition),即消费者被分配到试验组或对照组是随机的。见式(8.7)。

$$0 < p(T=1 \mid X) < 1 \tag{8.7}$$

在以上 3 个假设条件下,倾向分数匹配估计量如式(8.8)所示:

$$\begin{aligned} t_{ATT}^{PSM} &= E\{E\{H_1-H_0 \mid T=1, p(X)\}\} \\ &= E\{E\{H_1 \mid T=1, p(X)\}-E\{H_0 \mid T=0, p(X)\} \mid T=1\} \end{aligned} \tag{8.8}$$

8.3 实证模型和变量设置

本节将使用倾向分数匹配法(PSM)对调查样本进行分析。二元处理变量 T 主要受以下因素影响:人口统计学变量(D_i)、日常生活习惯变量(L_i)、态度和知识变量(K_i)、饮食行为变量(B_i)、健康状况变量(H_i)以及产品属性特征(P_i)等。人口统计学变量主要包括消费者的年龄、性别、受教育水平、家庭规模、家庭组成、收入情况、工作状况等。日常生活习惯变量主要包括是否有吃补品的习惯、吸烟频率、饮酒频率、体育锻炼的频率、购买预包装食品的频率、购物时感知的时间压力等。态度和知识变量主要包括消费者忽略标签的态度、标签有用性态度、标签怀疑性态度、标签的需求度、主观理解能力、客观理解能力等。饮食行为变量主要包括素食主义者、节食减肥者、控制脂肪摄入、零食爱好者、控盐控糖摄入、关注维生素和矿物质摄入等。健康状况变量主要包括饮食和疾病之间的关系意识、是否患有与饮食相关的疾病，如糖尿病、心脑血管病等。产品属性特征主要包括食品的营养特征、价格特征、口味特征、品牌特征、外观特征、方便准备等特征，以及在食物选择时对消费者的重要程度。模型形式如式(8.9)所示：

$$T = f(D_i, L_i, K_i, B_i, H_i, P_i) \tag{8.9}$$

自变量营养标签信息的使用包括是否使用营养成分表以及是否使用营养声称标签二元变量。将从不或很少使用标签的群体，定义为0；否则为1。因变量主要有两种，第一种是连续变量，即消费者的身体质量指数(BMI)；第二种是二元变量，表示消费者是否超重(OWEI)、肥胖(OBES)或体重过轻(UWEI)。

8.4 结果分析与讨论

8.4.1 中国消费者超重肥胖现状

(1)中国健康与营养调查数据

首先，本书整理了1989—2011年的中国健康与营养调查数据，根据实际测量的消费者的身高和体重，计算了中国消费者的身体质量指数。如图8.1所示，在1989—2011年的20多年间，中国消费者体重正常和体重过轻的比率总体呈下降趋势；超重和肥胖的比率则总体呈上升态势。具体来说，1989年中国消费者超重、肥胖的比例约为10.02%和4.40%；体重过轻的比率约为21.89%。然而，到了2011年，中国消费者超重、肥胖的比例上升为26.88%和13.80%，比1989年分别增加了16.86%和9.40%；体重过轻的比率下降了

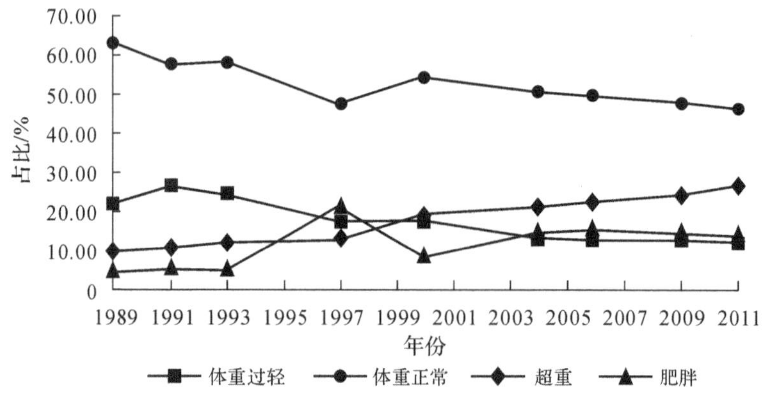

图8.1 中国消费者1989—2011年体重状况变化

数据来源：中国健康与营养调查数据。

9.35%，约占总体的12.54%（见表8.1）。

表8.1　中国消费者1989—2011年超重肥胖变化

年份	体重过轻		体重正常		超重		肥胖		总计	
	样本数	占比/%	样本数	占比/%	样本数	占比/%	样本数	占比/%	样本数	占比/%
1989	1516	21.89	4412	63.69	694	10.02	305	4.40	6927	100.00
1991	3438	26.56	7450	57.56	1383	10.69	671	5.18	12942	100.00
1993	2930	24.39	7008	58.33	1457	12.13	620	5.16	12015	100.00
1997	2536	17.71	6832	47.70	1855	12.95	3100	21.64	14323	100.00
2000	2289	17.95	6948	54.49	2475	19.41	1040	8.16	12752	100.00
2004	1610	13.22	6220	51.07	2592	21.28	1758	14.43	12180	100.00
2006	1453	12.37	5863	49.93	2642	22.50	1784	15.19	11742	100.00
2009	1517	12.72	5761	48.29	2901	24.32	1750	14.67	11929	100.00
2011	1961	12.54	7316	46.78	4204	26.88	2158	13.80	15639	100.00

数据来源：中国健康与营养调查数据。

其次，本书根据中国健康与营养调查中实际测量的消费者的腰围和臀围数据，计算了消费者的腰臀比，作为反映腹型肥胖或中心性肥胖的指标，观察消费者超重肥胖的变化趋势。按照世界卫生组织的标准，男性腰臀比≥0.90，女性腰臀比≥0.80，即为腹型肥胖。本书采用该标准对中国健康与营养调查数据进行整理发现，中国男性和女性的腰臀比增长趋势明显，女性腰臀比显著高于男性，但男性腰臀比的增长速度略快于女性（见图8.2）。1993—2011年，中国成人居民的整体腹型肥胖率从45.44%增长到63.38%，增长了17.94%。其中，男性的腹型肥胖率从22.65%增长到45.11%，增长了22.46个百分点。同阶

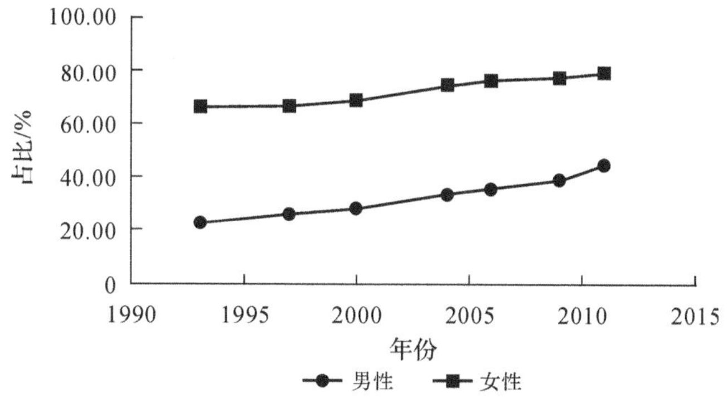

图8.2　中国男性和女性腰臀比变化趋势

数据来源：中国健康与营养调查数据。

段女性的腹型肥胖率从66.43%增长到79.64%,增长了13.21个百分点。现阶段中国腹型肥胖率已经非常严重,且呈现不断恶化的趋势。截至2011年,中国成人居民整体腹型肥胖率高达63.38%。其中,79.64%的女性居民腹型肥胖,45.11%的男性居民腹型肥胖(见表8.2)。

表8.2 以腰臀比度量的中国消费者腹型肥胖现状

调查年份	总体样本			男性				女性			
	肥胖人数	样本数	肥胖率/%	肥胖人数	样本数	肥胖率/%	腰臀比均值	肥胖人数	样本数	肥胖率/%	腰臀比均值
1993	4189	9218	45.44	1001	4419	22.65	0.95	3188	4799	66.43	0.87
1997	5153	10943	47.09	1420	5412	26.24	0.95	3733	5531	67.49	0.87
2000	5858	11921	49.14	1646	5849	28.14	0.95	4212	6072	69.37	0.88
2004	5929	10754	55.13	1791	5216	34.34	0.95	4138	5538	74.72	0.88
2006	5648	9864	57.26	1697	4703	36.08	0.95	3951	5161	76.55	0.88
2009	6153	10361	59.39	1969	4983	39.51	0.95	4184	5378	77.80	0.89
2011	8892	14030	63.38	2981	6608	45.11	0.96	5911	7422	79.64	0.89

数据来源:中国健康与营养调查数据。

除了腰臀比之外,本书还使用了消费者的腰围作为判断腹型肥胖或中心性肥胖的指标。王文绢等(2002)从超重肥胖对疾病的危害程度、中国居民对超重肥胖的可接受程度,以及公共卫生的预防等角度综合考量,发现腰围对于预测我国高血压、高血糖等疾病,具有重要的实际价值;同时建议以中国男性腰围≥85cm,女性腰围≥80cm为腹型肥胖的标准。本书按照此标准对中国健康与营养调查数据进行了整理,发现以腰围度量的中国居民腹型肥胖率的增长趋势更加明显(见图8.3)。1993—2011年,中国成人居民的整体腹型肥胖率从20.10%增长到51.08%,增长了30.98个百分点。其中,男性的腹型肥胖率从15.05%增长到49.73%,增长了34.68个百分点。同阶段女性的腹型肥胖率从24.76%增长到52.28%,增长了27.52个百分点。以腰围衡量的现阶段中国居民的腹型肥胖率比腰臀比衡量的腹型肥胖率稍低,但仍然揭露出非常严重的发展趋势。截至2011年,中国成人居民整体腹型肥胖率高达51.08%。其中,52.28%的女性居民腹型肥胖,49.73%的男性居民腹型肥胖(见表8.3)。

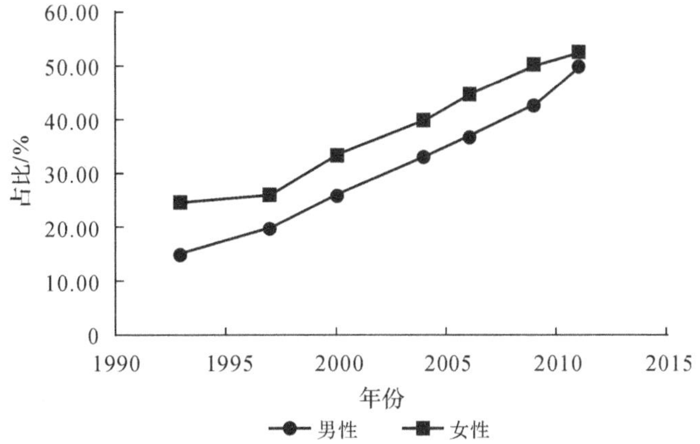

图 8.3　中国男性和女性腰围变化趋势

数据来源：中国健康与营养调查数据。

表 8.3　以腰围度量的中国消费者腹型肥胖现状

调查年份	总体样本			男性				女性			
	肥胖人数	样本数	肥胖率/%	肥胖人数	样本数	肥胖率/%	腰围均值/cm	肥胖人数	样本数	肥胖率/%	腰围均值/cm
1993	1862	9262	20.10	668	4439	15.05	90.9	1194	4823	24.76	86.68
1997	2506	11023	22.73	1063	5446	19.52	91.5	1443	5577	25.87	87.06
2000	3561	12036	29.59	1534	5902	25.99	92.22	2027	6134	33.05	87.54
2004	3996	10914	36.61	1749	5293	33.04	92.25	2247	5621	39.98	87.96
2006	4081	10002	40.80	1760	4779	36.83	92.38	2321	5223	44.44	87.94
2009	4881	10440	46.75	2164	5020	43.11	92.85	2717	5420	50.13	88.69
2011	7168	14033	51.08	3287	6610	49.73	93.53	3881	7423	52.28	89.31

数据来源：中国健康与营养调查数据。

(2)本书调查数据

本书的调查样本开展于 2016 年 7—9 月，涵盖了中国五大省份（河北、湖北、浙江、四川、广东），每一个省份随机选取了一个经济较发达的城市和一个经济欠发达的城市。最终获取的消费者体重状况相关的有效样本数为 1238 个。其中，体重过轻的样本数为 126 个，占总样本的 10.18%；超重的样本数为 282 个，占总样本的 22.78%；肥胖的样本数为 50 个，占总样本的 4.04%；体重正常的样本数为 780 个，占总样本的 63.00%。总体来说，超重肥胖率大约为 26.82%，远低于中国健康与营养调查数据显示的超重肥胖率。可能的原因是本书采取的是消费者自我汇报方式的调查，容易出现汇报偏差，而中国健康与营养调查数据使用的是直接测量法(见表8.4)。

表8.4 问卷调查样本的超重肥胖现状

类别		体重过轻		体重正常		超重		肥胖		总计	
		样本数	占比/%	样本数	占比/%	样本数	占比/%	样本数	占比/%	样本数	占比/%
性别	男性	20	3.48	344	59.83	178	30.96	33	5.74	575	100
	女性	106	15.99	436	65.76	104	15.69	17	2.56	663	100
年龄	[18,30)	91	17.64	349	67.64	65	12.60	11	2.13	516	100
	[30,50)	30	5.31	347	61.42	165	29.20	23	4.07	565	100
	50岁以上	5	3.18	84	53.50	52	33.12	16	10.19	157	100
受教育程度	小学及以下	2	6.67	16	53.33	9	30.00	3	10.00	30	100
	初中	13	7.26	102	56.98	51	28.49	13	7.26	179	100
	高中、中专或技校	24	7.41	197	60.80	88	27.16	15	4.63	324	100
	大专或本科	81	12.80	412	65.09	122	19.27	18	2.84	633	100
	硕士及以上	6	8.33	53	73.61	12	16.67	1	1.39	72	100
总样本		126	10.18	780	63.00	282	22.78	50	4.04	1238	100

分性别来看,男性的超重肥胖率约为女性的两倍,女性体重过轻率远高于男性。男性的总体超重肥胖率高达36.70%,超重或肥胖的样本数分别为178人和33人,分别占男性总样本的30.96%和5.74%。女性的总体超重肥胖率约为18.24%,超重或肥胖的样本数分别为104人和17人,分别占女性总样本的15.69%和2.56%。男性样本中,体重过轻的人数为20人,占男性总样本的3.48%。而女性样本中体重过轻的人数为106人,占女性总样本的15.99%,远高于男性。

区分年龄段后发现,随着年龄增长,超重肥胖率不断增加,体重过轻率有所减少。18～30岁的群体,超重和肥胖的人数分别为65人和11人,分别占该年龄段总样本的12.69%和2.13%。30～50岁的群体,超重和肥胖的人数分别为165人和23人,分别占该年龄段总样本的29.20%和4.07%;相比于18～30岁的群体分别增加了16.51%和1.94%。超过50岁的群体,超重和肥胖的人数分别为52人和16人,分别占该年龄段总样本的33.12%和10.19%;相比于30～50岁的群体分别增加了3.92%和6.12%。从体重过轻率来看,18～30岁的群体体重过轻率为17.64%。30～50岁群体的体重过轻率为5.31%,相比于18～30岁的群体下降了12.33%。50岁以上的群体的体重过轻率为3.18%,

相比于30～50岁的群体下降了2.13%。

区分消费者的受教育程度后发现，随着受教育水平的提高，超重、肥胖率均有所下降，而体重过轻率呈现先上升后下降的趋势。小学及以下受教育程度的消费者，超重、肥胖率最高，分别为30.00%和10.00%；但体重过轻率最低，为6.67%。初中教育程度的消费者，超重、肥胖率次之，分别为28.49%和7.26%；体重过轻率略微增加，为7.16%。高中、中专或技校教育程度的消费者的超重、肥胖率略微下降，分别为27.16%和4.63%；体重过轻率略微增加，为7.41%。大专或本科教育程度的消费者超重、肥胖率显著下降，分别为19.27%和2.84%；体重过轻率却最高，为12.80%。硕士及以上受教育程度的消费者的超重肥胖率最低，分别为16.67%和1.39%；体重过轻率显著下降，为8.33%。

8.4.2 倾向分数匹配结果分析

为了检验CIA假设的成立性以及结果的稳健性，本书使用自主设计问卷获取的调查数据，利用7种匹配方法对处理组进行匹配，分别为：一对一最近邻匹配、K近邻匹配、卡尺匹配(半径=0.1)、卡尺匹配(半径=0.01)、核匹配、局部线性匹配和马氏匹配。营养成分表和营养声称的匹配模型中，R^2分别为0.228和0.288，说明本书的控制变量X能够较好地解释处理组的参与可能性，CIA假设基本成立。本章后续还会开展敏感性分析，进一步检验假设的成立性。

结果表明，营养成分表模型的7种匹配方法均得到了完全相同的结果，说明本书的结论是非常稳健的。营养成分表信息的使用可以显著降低消费者的BMI值和个体的肥胖率，但对超重和体重过轻并没有显著影响。使用营养成分表信息的消费者群体的BMI值比不使用营养成分表信息的消费者群体的BMI值平均下降了0.67 kg/m²，肥胖率下降了4.6%，说明营养成分表信息对于控制消费者体重和肥胖率，具有显著的积极作用(见表8.5)。

表8.5 营养成分表的使用对消费者体重状况的影响

匹配方法	1	2	3	4
	NFP-BMI	NFP-OBESE	NFP-OVERWEIGHT	NFP-UNDERWEIGHT
一对一最近邻匹配	−0.667*** (0.007)	−0.046*** (0.004)	0.008 (0.799)	0.011 (0.631)
K近邻匹配，K=4	−0.667*** (0.007)	−0.046*** (0.004)	0.008 (0.799)	0.011 (0.631)

续表

匹配方法	1	2	3	4
	NFP-BMI	NFP-OBESE	NFP-OVERWEIGHT	NFP-UNDERWEIGHT
卡尺匹配，半径=0.1	−0.667*** (0.007)	−0.046*** (0.004)	0.008 (0.799)	0.011 (0.631)
卡尺匹配，半径=0.01	−0.667*** (0.007)	−0.046*** (0.004)	0.008 (0.799)	0.011 (0.631)
核匹配	−0.667*** (0.007)	−0.046*** (0.004)	0.008 (0.799)	0.011 (0.631)
局部线性匹配	−0.667*** (0.007)	−0.046*** (0.004)	0.008 (0.799)	0.011 (0.631)
马氏匹配	−0.667*** (0.007)	−0.046*** (0.004)	0.008 (0.799)	0.011 (0.631)
R^2	0.2280	0.2280	0.2280	0.2280
N	1225	1225	1225	1225

* $p<0.1$，** $p<0.05$，*** $p<0.01$。

营养声称模型的7种匹配方法的结果也完全相同，再次验证了本书结论的可靠性。营养声称信息的使用可以显著降低消费者的BMI值和肥胖率，但会显著提高消费者体重过轻的比率，对消费者的超重率则没有显著影响。使用营养声称标签的消费者群体的BMI值比不使用营养声称标签的群体的BMI值，平均下降了0.76 kg/m^2，肥胖率下降了5.8%，说明营养声称对于控制消费者体重和肥胖率的作用比营养成分表的效果更强。然而，使用营养声称标签的消费者群体的体重过轻率比不使用营养声称标签的群体上升了6.2%（见表8.6）。

表8.6 营养声称的使用对消费者体重状况的影响

匹配方法	1	2	3	4
	NC-BMI	NC-OBESE	NC-OVERWEIGHT	NC-UNDERWEIGHT
一对一最近邻匹配	−0.762** (0.023)	−0.058*** (0.006)	0.009 (0.841)	0.062* (0.051)
K近邻匹配，K=4	−0.762** (0.023)	−0.058*** (0.006)	0.009 (0.841)	0.062* (0.051)
卡尺匹配，半径=0.1	−0.762** (0.023)	−0.058*** (0.006)	0.009 (0.841)	0.062* (0.051)

续表

匹配方法	1	2	3	4
	NC-BMI	NC-OBESE	NC-OVERWEIGHT	NC-UNDERWEIGHT
卡尺匹配，半径=0.01	−0.762** (0.023)	−0.058*** (0.006)	0.009 (0.841)	0.062* (0.051)
核匹配	−0.762** (0.023)	−0.058*** (0.006)	0.009 (0.841)	0.062* (0.051)
局部线性匹配	−0.762** (0.023)	−0.058*** (0.006)	0.009 (0.841)	0.062* (0.051)
马氏匹配	−0.762** (0.023)	−0.058*** (0.006)	0.009 (0.841)	0.062* (0.051)
R^2	0.2880	0.2880	0.2880	0.2880
N	1225	1225	1225	1225

* $p<0.1$，** $p<0.05$，*** $p<0.01$。

8.4.3 共同支撑条件检验

在本书的分析中，其中一个重要的假设是共同支撑条件（Common support or overlap condition），即消费者被分配到试验组或对照组是随机的。本部分将使用“最小最大比较法”（minima and maxima comparison），检验该假设在本书中是否成立。该方法的实施过程，即去掉样本中倾向分数低于对照组的最小值、高于对照组的最大值的观测值。因此，本部分去掉了在共同支撑范围之外的处理组个体。表 8.7 总结了每个模型中损失的观测值数量。总的来说，营养成分表模型损失的样本数并不多，约占总样本的 3.76%。营养声称模型损失的样本数占总样本的 19.84%，但由于本书样本量比较大，去掉共同支撑范围之外的个体后，营养声称模型中的处理组个体仍然有 982 个，因此研究结果总体上是可信的。

表 8.7 共同支撑条件下损失的样本数

模型	匹配前	匹配后	损失的样本百分比/%
NFP-OBESE	1225	1179	3.76
NFP-OVERWEIGHT	1225	1179	3.76
NFP-UNDERWEIGHT	1225	1179	3.76
NFP-BMI	1225	1179	3.76

续表

模型	匹配前	匹配后	损失的样本百分比/%
NC-OBESE	1225	982	19.84
NC-OVERWEIGHT	1225	982	19.84
NC-UNDERWEIGHT	1225	982	19.84
NC-BMI	1225	982	19.84

8.4.4 平衡检验

在本书的分析中，还有一个重要的假设是控制变量平衡假设，即试验组和对照组特征的倾向得分没有显著差异。本部分将使用两种方法检验匹配过程是否能够平衡相关控制变量的分布（见表 8.8）。

首先，使用 Rubin（1991）提出的标准化偏差（standardized bias）方法，检验倾向分数匹配后是否仍存在较大差异。对于每一个控制变量 X，标准化偏差即为处理组和与其匹配的对照组子样本的均值差，占样本方差平方根的均值的比例。为了简化结果，本部分计算了匹配前后的平均标准化偏差。结果显示，匹配之前营养成分表模型中，样本的平均标准化偏差为 20.00%，营养声称模型中的样本平均标准化偏差为 22.30%。匹配之后，样本偏差显著降低，营养成分表模型的 6 种匹配方式的平均标准化偏差在 7.60%～12.10%；营养声称模型的 6 种匹配方式的平均标准化偏差在 9.80%～16.80%，说明本书的匹配过程能够较好地平衡相关控制变量的分布情况。

其次，本书计算了匹配前后样本的伪 R^2，伪 R^2 可以说明控制变量对处理组参与度的解释力度。匹配之后，试验组和对照组的控制变量的分布不会有显著性差异，因而伪 R^2 会降低。在本书中，营养成分表模型在匹配之前的伪 R^2 约为 0.16，匹配之后，伪 R^2 为 0.07～0.13，检验结果与预期相同。营养声称模型在匹配之前，伪 R^2 约为 0.16。匹配之后，卡尺匹配（半径＝0.1）和核匹配方法的伪 R^2 显著降低；但其他 4 种方式的伪 R^2 保持不变或有所提高，说明营养声称模型中的卡尺匹配（半径＝0.1）和核匹配方法的匹配质量比较好。

表 8.8 匹配质量指数分析结果

匹配方法	指数	模型			
		NFP-OBESE	NFP-BMI	NC-OBESE	NC-BMI
匹配之前	平均标准化偏差	20.00	20.00	22.30	22.30
	伪 R^2	0.16	0.16	0.16	0.16
	LR chi^2	171.94	171.94	106.71	106.71
	p 值	0.00	0.00	0.00	0.00
一对一最近邻匹配	平均标准化偏差	11.10	11.10	16.80	16.80
	伪 R^2	0.13	0.13	0.25	0.25
	LR chi^2	361.36	361.36	616.15	616.15
	p 值	0.00	0.00	0.00	0.00
K 近邻匹配（$K=4$）	平均标准化偏差	12.10	12.10	13.40	13.40
	伪 R^2	0.12	0.12	0.16	0.16
	LR chi^2	333.96	333.96	392.82	392.82
	p 值	0.00	0.00	0.00	0.00
卡尺匹配（半径＝0.1）	平均标准化偏差	7.60	7.60	8.80	8.80
	伪 R^2	0.07	0.07	0.11	0.11
	LR chi^2	193.57	193.57	282.44	282.44
	p 值	0.00	0.00	0.00	0.00
卡尺匹配（半径＝0.01）	平均标准化偏差	10.90	10.90	13.70	13.70
	伪 R^2	0.12	0.12	0.18	0.18
	LR chi^2	323.98	323.98	440.55	440.55
	p 值	0.00	0.00	0.00	0.00
核匹配	平均标准化偏差	8.20	8.20	9.80	9.80
	伪 R^2	0.07	0.07	0.12	0.12
	LR chi^2	193.60	193.60	293.86	293.86
	p 值	0.00	0.00	0.00	0.00

续表

匹配方法	指数	模型			
		NFP-OBESE	NFP-BMI	NC-OBESE	NC-BMI
局部线性匹配	平均标准化偏差	11.10	11.10	16.80	16.80
	伪 R^2	0.13	0.13	0.25	0.25
	LR chi^2	361.36	361.36	616.15	616.15
	p 值	0.00	0.00	0.00	0.00

8.4.5 敏感性分析

倾向分数匹配估计量基于 CIA 假设——消费者选择是基于一系列可观测的特征，也就是说，无法观测的异质性特征与消费者是否阅读营养标签的选择无关。为了检验无法观测的混淆变量对消费者选择的影响，本书使用罗森鲍姆界限(Rosenbaum Bounds)法进行敏感性分析，主要参考了 DiPrete and Gangl (2004)和 Rosenbaum(2002)的研究(见表 8.9)。

假设存在一个或多个未被控制的混淆变量，本书想要检验未控制的这些因素对选择过程的影响强度，如果这些假设的未控制变量对阅读标签的影响的大范围变动无法改变本书的结论，则本书的原结论是稳健的。假设阅读营养标签的可能性 π_i 不仅与观测到的因素 X_i 有关，还与未观测到的因素 μ_i 有关，因此得出式(8.10)：

$$\pi_i = \Pr(T_i = 1 \mid X_i) = F(\beta X_I + \gamma\mu_i) \tag{8.10}$$

其中 γ 表示 μ_i 对消费者是否阅读营养标签选择的影响。如果不存在隐藏偏差，γ 应为 0。如果存在隐藏偏差，则两个具有相同观测协变量特征(X)的个体被放进试验组的可能性会有显著差异。因此，可以根据 γ 系数的变化评估被忽视的混淆变量对消费者是否阅读营养标签产生的影响。罗森鲍姆界限分析法主要通过检验，研究结果不再显著时的 γ 系数水平。若 γ 系数接近 1 时，结论就不显著，说明已有结论并不可信；若 γ 系数取值较大(通常接近 2)时已有结论不显著，说明该结论比较可信(Rosenbaum and Rubin，1983)。本书所有模型的结论直到 γ 系数等于 10 时仍在 0.01 的水平上显著，通过了敏感性检验。也就是说，即使存在无法观测的混淆变量，营养标签的使用仍然对消费者的 BMI 和肥胖率产生显著的影响。

表 8.9 处理效应的罗森鲍姆界限分析结果

匹配方法	指数	(1)	(2)	(3)	(4)
		NFP-OBESE	NFP-BMI	NC-OBESE	NC-BMI
一对一最近邻匹配	γ 系数值	10	10	10	10
	p 值	0.01	0.00	0.01	0.00
K 近邻匹配（$K=4$）	γ 系数值	10	10	10	10
	p 值	0.01	0.00	0.01	0.00
卡尺匹配（半径＝0.1）	γ 系数值	10	10	10	10
	p 值	0.01	0.00	0.01	0.00
卡尺匹配（半径＝0.01）	γ 系数值	10	10	10	10
	p 值	0.01	0.00	0.01	0.00
核匹配	γ 系数值	10	10	10	10
	p 值	0.01	0.00	0.01	0.00
局部线性匹配	γ 系数值	10	10	10	10
	p 值	0.01	0.00	0.01	0.00
马氏匹配	γ 系数值	10	10	10	10
	p 值	0.01	0.00	0.01	0.00

8.5 本章小结

超重和肥胖在全世界范围内迅速流行，为了抑制肥胖率的增长，世界各国先后推出标签政策，通过向消费者提供标准化、可信赖的营养信息，帮助消费者选择更加健康的食品，控制脂肪、能量等致胖营养素的摄入。中国政府于 2013 年 1 月开始在全国推行强制性标签政策，要求食品企业在食品外包装上按照一定格式标注能量、蛋白质、脂肪、碳水化合物、钠等营养成分信息。然而，营养标签信息是否能够发挥改善消费者饮食质量、降低肥胖率的作用，在学界存在诸多争议。另外，过去的研究主要集中于营养信息对消费者饮食行为或饮食质量的影响；营养信息对消费者体重和肥胖率的作用的研究比较少，且结论并不明晰。

因此，本章主要量化分析营养标签政策实施后，中国消费者营养标签使用行为对于抑制超重肥胖的作用。首先，结合中国健康与营养调查数据，和自主设计并开展的较大范围的消费者调查数据，披露当前中国消费者的超重肥胖现状和趋势。然后，使用倾向分数匹配方法控制个体自选择因素，研究不同形式的营养标签的使用对消费者体重和肥胖率的影响，从而揭示营养标签政策的实施效果。主要结论如下。

在1989—2011年的20多年间，中国消费者体重正常和体重过轻的比率总体呈下降趋势；超重和肥胖的比率呈上升态势。2011年，中国消费者超重、肥胖的比例上升为26.88%和13.80%，比1989年分别增加了16.86和9.40个百分点；体重过轻的比率下降了9.35%，约占总体的12.54%。现阶段中国腹型肥胖率已非常严重，且呈现不断恶化的趋势。截至2011年，以腰臀比衡量的中国成人居民整体腹型肥胖率高达63.38%。其中，79.64%的女性居民腹型肥胖，45.11%的男性居民腹型肥胖。以腰围衡量的现阶段中国居民的腹型肥胖率比腰臀比衡量的腹型肥胖率稍低，但仍然揭示出非常严重的发展趋势。截至2011年，以腰围衡量的中国成人居民整体腹型肥胖率高达51.08%。其中，52.28%的女性居民腹型肥胖，49.73%的男性居民腹型肥胖。

使用倾向分数匹配方法控制个体自选择因素，研究不同形式的营养标签的使用对消费者体重和肥胖率的影响，研究发现，两种标签形式（营养成分表和营养声称）的使用可以显著降低中国消费者的体重和肥胖率。其中，营养成分表的使用使消费者BMI下降0.67kg/m^2，肥胖率下降4.6%；营养声称的使用使消费者BMI下降0.76kg/m^2，肥胖率下降5.8%。另外，在进行了共同支撑条件检验、平衡检验以及敏感性分析后，发现研究结论依然稳健。

9 新型营养标签设计及其对消费者购买行为的影响

9.1 引言

第 8 章研究结果表明，自 2013 年开始全国全面实施的营养标签政策对中国居民超重肥胖率具有显著的抑制作用。两种标签形式（营养成分表和营养声称）的使用可以显著降低中国消费者的体重和肥胖率，且简化的营养声称相比内容比较复杂的营养成分表的效果更好。尽管如此，第 4 章调查结果发现，中国消费者对营养成分表的使用频率偏低，不仅远低于发达国家消费者的使用频率，和强制性标签政策实施之前相比，也并未有所改善。消费者对复杂的营养成分表的理解能力欠缺，相比营养成分表，消费者更喜欢简化的正面标签如营养声称。因此，如何根据中国消费者特点设计有效的营养标签形式，帮助消费者选择健康食品，进一步增强营养标签的正面作用具有非常重要的意义。

中国市场上现存的营养标签披露的营养素信息种类较少，标签形式比较单一，难以实现营养信息向消费者传递的"最后一公里"。我国的营养标签政策起步比较晚，还未建立系统化的营养信息披露体系（杨月欣，2000；何梅和杨月欣，2008；刘文哲，2019）。目前国内强制披露的信息种类只有 5 种，其他国家广泛披露的"添加糖""饱和脂肪"等营养素信息并未纳入我国强制披露的营养素范畴（见表 3.2）。标签适用范围方面，主要应用于预包装食品，散装以及餐馆供应的食品并未纳入营养信息披露的范畴。标签形式方面，目前中国市场上的营养标签只有两种：一种是应用比较广泛的营养成分表，使用表格的形式披露每 100 克食品中含有的主要营养素信息及其占每日参考摄入量的百分比；另一种是部分食品厂商自愿披露的营养声称（如"高钙""低脂"等）。然而，营养成分表由于内容复杂难懂、印制在食品外包装的背面、位置不够明显等原因，并不能有效地改变消费者的食品选择和购买行为（Aschemann-Witzel et al.，2013；Siegrist et al.，2015；Fenko et al.，2018）。相比较而言，消费者更倾向于使用印制在食品外包装的正面、具有总结性的营养声称标签(Grebitus and Davis, 2017)。但信息简化后,无法披露食品中营养素的实际含量;且厂商出于营销目的往往只披露食品的优点,而忽略缺点,容易使消费者产生“晕轮效应”,从而高估食品的健康程度(Andrews et al., 2011)。

缺乏丰富、有效的营养信息表现形式是影响标签作用发挥的关键性问题,哪一种营养标签可以更有效地向消费者传递营养信息国内外学界也尚无定论。正面标签比背面标签更有助于减少消费者搜寻成本,帮助消费者快速理解和应用营养信息(Bialkova and van Trijp, 2010)。然而,国内目前应用的正面营养标签只有营养声称,由于信息过于简化,容易使消费者产生误解。放眼国际市场,欧美发达国家对正面营养标签形式进行了更多的尝试,如利用红、黄、绿3种颜色分别表示食品中营养素含量的高、中、低情况;使用运动时间,提示食品中能量含量的高低等。然而,不同群体消费者进行信息搜寻的动机(Aschemann-Witzel et al., 2013)及对营养标签的理解能力不同(Gregori et al., 2014),导致正面营养标签的有效性在不同消费者群体之间差异很大。如何因地制宜,设计有效的正面营养标签,是帮助消费者应用营养信息进行健康的食品选择的关键问题。

本部分旨在以软饮料产品为例,设计营养标签信息内容集;运用线上问卷调查,并结合随机对照试验对消费者进行营养标签信息干预,测试不同表现形式和价值判断方式的营养标签对消费者支付意愿的影响,探索有效的营养信息传递形式,从而为优化营养标签政策体系、促进消费者健康的食物选择提供切实可行的政策建议。

9.2 研究分析框架

首先,本章结合国内外营养标签政策的发展以及中国消费者的认知和消费特点设计不同种类的营养标签,包括数值类的营养成分表、颜色类的颜色编码标签、图片类的身体活动标签和健康选择标签、文字类的警告标签和营养声称6种不同的营养标签类型。其次,采用随机对照试验设置一个对照组和5个干预组。其中,对照组为国内市场上广泛应用的营养成分表,其他5种尚未在国内广泛采用的正面营养标签作为干预组。根据随机生成的随机数将消费者随机分配到不同的干预组或对照组中,解决个体自选择问题,并排除不可观测的个人特征对结果的影响。采用随机对照试验科学分离不同种类营养标签信息环境下消费者的购物选择和支付意愿。最后,应用经济学实证策略量化估计营养标签的表现形式和价值判断方式对消费者选择和支付意愿的影响(见图9.1)。

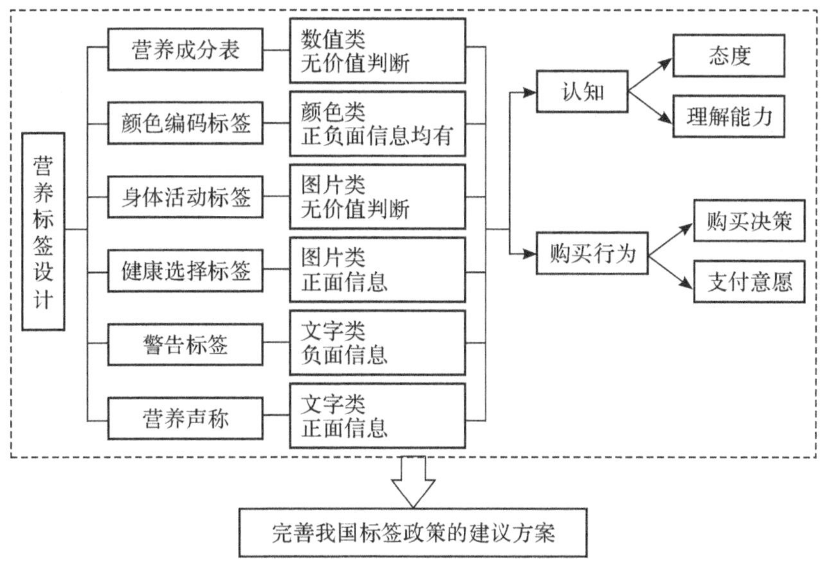

图 9.1　第 9 章研究分析框架

9.3　新型营养标签的设计

本书将以目前国内广泛应用的背面营养标签营养成分表为基础，设计 5 种正面营养标签，包括颜色类的颜色编码标签、图片类的身体活动标签和健康选择标签、文字类的警告标签和营养声称标签。中国政府自 2013 年 1 月开始在全国实施强制性标签政策，强制食品企业披露食品中的能量、蛋白质、脂肪、碳水化合物、钠含量信息。除了国内市场上目前披露的营养素之外，本书额外披露了食品中的添加糖信息，因为超加工食品尤其是软饮料中往往含有较多的添加糖，是导致肥胖的重要原因(Steele et al.，2016)。美国、欧盟、澳大利亚等国家和地区的营养标签政策中，添加糖早已成为必须披露的内容(详见表 3.2)，然而我国目前的标签政策并未要求披露添加糖信息，因此本书设计中把添加糖信息也包含在营养标签中。

9.3.1　颜色编码标签

颜色编码标签又称交通信号灯标签，其内容既有正面价值判断也有负面价值判断。根据英国卫生部、食品标准局等部门制定的《为零售店销售的预包装产品创建包装正面营养标签指南》(UK Department of Health，2016)，预包装食品颜色编码标签需要包含以下 5 个方面的信息：(1)每 100g/ml 和每一份产品中，能量、脂肪、饱和脂肪酸、(总)糖和盐的数值；(2)易于识别、对消费者有意义的分量值，如半份或一个；(3)每份包装中所含的分量数；(4)根据食物中每种营养素摄入量和能量值计算而得的参考摄入量百分比；(5)颜色编码。参考英国颜色编码标签制定我国颜色编码标签步骤如下。

步骤一：确定标签基本信息

确定分量大小，确定每一份食物的能量和不同种类营养物质的含量，确定100g/ml 食品中的能量值。

步骤二：计算参考摄入量百分比

计算每一份产品中的能量、脂肪、钠、添加糖的数值，每 100g/ml 的能量值和参考摄入量值。按照欧盟《消费者监管食品信息》对普通成年人 1 天内对脂肪、饱和脂肪酸、(总)糖和盐摄入最大量的规定(其中能量 8400Kj 或 2000Kcal)，脂肪 70g，饱和脂肪 20g，糖 90g，盐 6g)，计算每 100g/ml 食物中能量、每种营养物质占成人每日能量、对应营养物质参考摄入量的百分比，该值应四舍五入为整数。我国营养标签通则中对参考摄入量的规定与欧盟法规一致，但没有对糖进行规定。因此本书对除添加糖外的营养素编码规则与欧盟法规一致。根据《食品安全国家标准 预包装食品营养标签通则(GB 28050—2011)》，如果每 100ml 饮料中含糖≤5 g，则可以声称为低糖饮料；含糖≤0.5 g 可声称为无糖饮料。因此，本书确定的添加糖高中低编码规则分别是：每 100ml 含糖＞10g ，10g≥每 100ml 含糖＞5g，每 100ml 含糖≤5g。

步骤三：对脂肪、钠、添加糖进行颜色编码

编码标准如表 9.1 所示。能量不进行颜色编码，为便于对比使用中性背景进行标识。营养素的颜色编码根据饮料产品每 100g/ml 的含量，并将其与表 9.1 的标准进行对比，根据落入的区间范围进行颜色编码。颜色编码为红色的标准除了每 100ml 营养素含量外，还有每份营养素含量标准，适用于每份超过 150ml 的饮料。如果饮料的分量/食用分量超过 150ml，则需要将每份饮料的脂肪、钠、添加糖的含量信息与每份的红色编码标准进行对比。当每份营养素的含量超过了该临界值，无论其每 100g/ml 营养素的含量是多少，都将其编码为红色(高含量)；如果每份营养素含量未超过每份的红色编码临界值，则采用每 100g/ml 的编码标准(表 9.1 中的 2～4 列所示)。该标准确保了饮料产品的某一营养素含量超过成人每日参考摄入量的 15%时，不论其每 100g/ml 的含量如何，均以红色(高含量)编码。

表 9.1 饮料食品的颜色编码标准(每 100ml)

文本	低	中	高	
颜色编码	绿色	黄色	红色	
脂肪	≤ 1.5g/100ml	>1.5g to ≤8.75g/100ml	>8.75g/100ml	>10.5g/份
钠	≤ 0.3g/100ml	>0.3g to ≤0.75g/100ml	>0.75g/100ml	>0.9g/份
添加糖	≤ 5.0 g/100ml	>5.0 g to ≤10 g/100ml	>10 g/100ml	>13.5g/份

注:分量标准适用于分量/饮用分量超过 150ml 的饮料。

图 9.2 中的颜色编码标签说明该产品脂肪含量低,钠含量低,添加糖含量高。方框中的数值表示每 100ml 食品中对应的营养素含有量;椭圆形中百分比数据表示每 100ml 食品中对应营养素含有量占每日推荐营养素摄入参考值的比重。以钠为例,图 9.2 中的颜色编码标签说明每 100ml 饮料中钠含量 42mg,占每日推荐钠摄入参考值的 2%。

项目	每 100 ml	NRV%
能量	364 Kj	4%
蛋白质	3.0 g	5%
脂肪	2.8 g	5%
碳水化合物	12.3 g	4%
钠	75 mg	4%
添加糖	12.3 g	**

营养成分表标签 (1)

能量	脂肪	钠	添加糖
173 Kj	0 g	42 mg	10.2 g
2%	0%	2%	

颜色编码标签 (2)

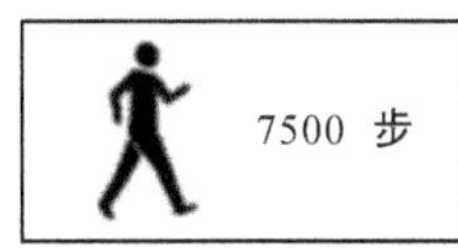

身体活动标签 (3)

健康选择标签 (4)

警示标签 (5)

营养声称标签 (6)

图 9.2 不同种类营养标签设计示例

9.3.2 身体活动标签

身体活动标签的内容并无价值判断,主要通过消耗食品中的所有卡路里所需的慢跑时间来揭示食品中能量的含量。根据《中国居民营养与慢性病状况报告(2020 年)》公布的数据,中国 18 岁以上成年男性和女性平均体重分别为 69.6 千克和 59 千克。本书取平均值以 65 千克成人为标准计算,每走 1 万步消耗的能量约为 1200Kj。然后根据一瓶饮料含有的热量总数(100ml 含有的热量×净含量/100ml)计算消耗该饮料中的所有热量需要的快走步数。如图 9.2 中的身体活动标签示例表明以 65 千克成人为例计算的消耗该食品中的卡路里所需的快走步数为 7500 步。

9.3.3 健康选择标签

健康选择标签为正面价值判断的图片类标签,采用营养素阈值法,仅考虑限制性营养成分,用一个图标来概括食品的脂肪、盐、糖信息,不展示具体营养成分及其含量信息。当预包装食品标示的脂肪、钠、添加糖含量都满足表 9.1 中"低"对应的分类界限值范围时,可在向消费者提供的最小销售单元包装上标识"健康选择"(见图 9.2),提示消费者产品满足"健康选择"规范,营养素含量均比较健康。

9.3.4 警告标签

警告标签的内容一般为负面的价值判断,本书对象为软饮料,根据表 9.1 的标准,若饮料中营养素含量落入"高"的范围区间,则在食品外包装的正面标示警告标签。如若软饮料每 100ml 添加糖含量超过 10 克或每份大于 13.5 克,则在产品外包装的正面标示"添加糖超标"的警告标签(如图 9.2 所示)。

9.3.5 营养声称标签

营养声称的内容一般为正面的价值判断,本书根据《食品安全国家标准 预包装食品营养标签通则(GB 28050—2011)》,如果每 100ml 饮料中含糖≤5g,则可以在食品外包装的正面贴示"低糖"声称;如果每 100ml 饮料含糖≤0.5g,则可以在食品外包装的正面贴示"0 糖"声称(如图 9.2 所示)。

9.4 试验设计

本节数据来源为 2022 年 11 月开展的线上随机对照试验,按照随机对照试验的基本原理,将研究对象随机分成对照组和干预组,并首先进行基础信息调研。然后对对照组不实施任何干预,对干预组进行正面营养标签信息干预。干预组 1:在食品外包装的正面提供"颜色编码标签";干预组 2:在食品外包装的正面提供"身体活动标签";干预组 3:在食品外包装的正面提供"健康选择标签”;干预组4:在食品外包装的正面提供“警告标签”;干预组5:在食品外包装的正面提供“营养声称”标签。最后通过对比干预组和对照组样本的指标变化情况,得到干预措施的实施效果。随机对照试验的优势是在控制已知变量的同时,通过设置对照组和干预组,抵消不可观测因素对干预效果的影响,从而解决个体自选择问题。

本节应用选择试验估计消费者对不同种类标签的偏好,主要是基于如下两方面考虑:第一,目前学界采用的消费者偏好估计方法主要有两种——显示性偏好方法和陈述性偏好方法。显示性偏好假设消费者在满足显示性偏好公理的条件下,根据消费者在市场中的实际消费行为推导其偏好(Afriat, 1967)。但本节设计的新型营养标签在中国市场上并未出现,获取消费者实际生活中的消费数据比较困难。因此本节采用陈述性偏好方法,即通过消费者自我陈述的方式。第二,陈述性偏好方法有很多,目前广泛采用的有:条件价值评估法(CVM)和选择试验法(CE)。其中CVM是直接询问消费者对某一产品特征的支付意愿,该方式往往会高估消费者的真实支付意愿(Lusk and Coble, 2005)。CE通过模拟消费者的真实购物场景,让消费者在模拟的场景中选择自己最偏好的产品特征组合,进而估计他们对每一个产品特征的支付意愿。相比于条件价值评估法,选择试验方法估计的支付意愿偏差更小(Lusk and Schroeder, 2004)。因此,本节采用选择试验的方式获取消费者购买选择和支付意愿数据。

除此之外,线上问卷调查的量表主要由以下5个部分组成:(1)消费者个人和家庭特征,如年龄、性别、受教育水平、收入状况、家庭结构等。(2)生活习惯和健康状况,如吸烟饮酒频率、体育锻炼频率、身高、体重、是否有慢性疾病等。(3)消费和饮食习惯,如购物频率、饮食爱好等。(4)自控能力,主要测量消费者对日常饮食的控制能力、抵制诱惑的能力,以及时间偏好等。(5)消费者对营养标签的认知情况,包括消费者态度和理解程度等。其中态度量表包括消费者对营养标签的关注度、信任度、科学性和有用性感知。理解程度既包括消费者主观认为自己对各种营养标签的理解程度,也包括实际测量的消费者的客观理解能力。

9.4.1 选择试验设计

选择试验设计一般遵循如下几个步骤(Johnson et al., 2013):一是根据研究目的选择合适的试验产品。二是确定试验产品的属性和属性水平。属性和属性水平的确定一般通过焦点小组讨论、文献回顾或预调研确定。三是根据确定的属性和属性水平进行选择试验设计。试验设计方法主要有正交设计(orthogonal designs)和效率设计(efficient designs)。正交设计虽然包含的信息更多，但需要受访者完成的选择场景往往也比较多，同时还会包含一些占优场景或不符合常理的选择场景，因此一般应用效率设计进行试验设计（Ferrini and Scarpa，2007）。最后通过恰当的方式呈现选择试验场景进行数据收集。根据以上步骤，本章试验设计的主要过程如下。

（1）试验产品的确定

本节以“软饮料”为代表的超加工食品为研究对象，主要是因为：随着生活方式的转变，国内超加工食品消费量不断增加，已成为导致肥胖的主要原因（Silva et al.，2018）。其中，超加工食品是指在加工过的食品基础上再加工的食品，通常含有5种以上工业制剂，且多高糖、高脂、高热量，如面包、饼干、软饮料等。同时，果汁、蔬菜汁、碳酸饮料、含乳饮料等“软饮料”已成为中国城乡居民不可或缺的生活消费品（贾梦等，2012）。研究表明，消费者容易对软饮料上瘾（Liu and Lopez，2012），软饮料消费会显著增加肥胖和糖尿病等慢性疾病的发病率（Basu et al.，2013；路继业等，2015）。使用软饮料作为研究对象有助于研究营养信息在消费者食品选择尤其是消费超加工食品时的作用，从而以帮助消费者选择健康食品、抑制肥胖率为目的，探索更加有效的营养标签形式，为我国营养标签政策体系的设计、完善和实施提供借鉴经验。

在试验设计时，我们使用茶饮料作为试验对象，原因如下：一是茶饮料是中国市场上除了包装饮用水以外销量最多的软饮料，广受中国消费者欢迎。二是目前国内市场上茶饮料健康程度差异很大，有零添加糖的健康的茶饮料，也有添加糖很多的不健康的茶饮料。茶饮料较大的健康分布，为本试验的设计和开展提供了现实依据。

（2）属性及属性水平的确定

选择试验为参与者提供不同的选择场景，每个选择场景代表不同的产品类型，不同产品属性组合成为不同的产品类型。在本试验中，产品属性包括该饮料是否含有甜味剂、含糖量水平和产品价格（见表9.2）。选择这些属性的原因如下。

首先，以含糖量为代表的健康水平是本章重点关注的属性，并通过营养标签的形式展示给消费者。本书设置的含糖量水平有4种：零糖、低糖、超标和严重超标。根据食品安全国家标准《GB 28050—2011 预包装食品营养标签通则》中的规定，食品中无糖（即可以标识为零）的限值是每100g食物中碳水化合物（糖，乳糖）的含量≤0.5g。低糖的标准是每100g中碳水化合物（糖，乳糖）的含量≤5g。100g是指固体食品，如果是液体类食品，则是100ml。根据国家卫生健康委发布的《健康中国行动（2019—2030年）》，目前我国人均每日添加糖（主要为蔗糖即白糖、红糖等）摄入量约30克。中国营养学会建议成年人每日添加糖的摄入量最好控制在25克以下。目前国内并没有明确规定食品中含糖量超标和严重超标的标准。根据研究需要,结合我国政策规定和中国消费者添加糖摄入量情况,本书设置含糖量超标的标准是每100g中碳水化合物(糖,乳糖)的含量>5g而≤10g;含糖量严重超标的标准是每100g中碳水化合物(糖,乳糖)的含量>10g。

其次,甜味剂可以提供甜味但是卡路里含量很少,作为一种减糖策略在食品和饮料中的应用越来越广泛(Gallagher et al.,2021)。我国食品安全国家标准《GB 28050—2011预包装食品营养标签通则》中也规定,无糖或者低糖食品,可以添加甜味剂。然而,很多消费者对甜味剂的安全性持怀疑态度或对甜味剂的口感表示怀疑(Farhat et al.,2021)。因此本书将是否含有甜味剂作为一个属性加入试验设计中。

最后,确定产品价格。根据国内市场上茶饮料的平均售价设置中间价格为5.0元,然后上下浮动35%设置一个最高价格6.7元和一个最低价格3.3元。因此产生了3个价格水平,分别为3.3元、5.0元和6.7元。为了更好地模拟消费者的实际购买场景,如果消费者在每一场景下不喜欢所提供的两种产品,可以选择"什么都不选"的选项(Gao and Schroeder,2009)。

表9.2 选择试验属性及属性水平

属性	属性水平			
甜味剂	有	无		
添加糖	零糖	低糖	超标	严重超标
价格	3.3元	5.0元	6.7元	

(1)选择集设计

为了减少受访者的负担、提高调查数据的质量,本书采用D-optional部分因子设计试验任务(Street et al.,2005)。根据上述设定的3个属性和属性水平,最终产生20个选择任务,D-error 0.0801。为了提高选择效率,进一步将20个选择任务随机分为2个版本(block),每个版本10个选择任务,即每位受访者需要完成10个选择试验问题。图9.3展示了一个选择试验任务。为了避免排序效应带来的偏差,问卷中呈现的选择任务和选项都是通过随机排序的方式确定的。为了降低假设性试验可能带来的偏差,受访者在开始选择试验任务之前,我们提供"cheap talk"信息提示,以提醒消费者根据自己的情况进行真实的选择(List,2001)。cheap talk具体内容如下。

接下来,您需要选购饮料,但最终并不需要实际付款。您选择的真实性对我们来说非常重要，因此希望您可以仔细挑选，就好像真的在购买一样。研究表明，当人们面对这种假设性决策时，非常容易夸大自己愿意支付的价格。因为当人们在假设情况下做事时，基本反应是“我愿意花这笔钱”。但是，当我们实际需要支付时，考虑到资金有限又会改变决策。我们希望问卷调查结果能够最大限度地接近现实，从而帮助我们更好地制定政策，因而希望您在回答每一个问题时都认真考虑。

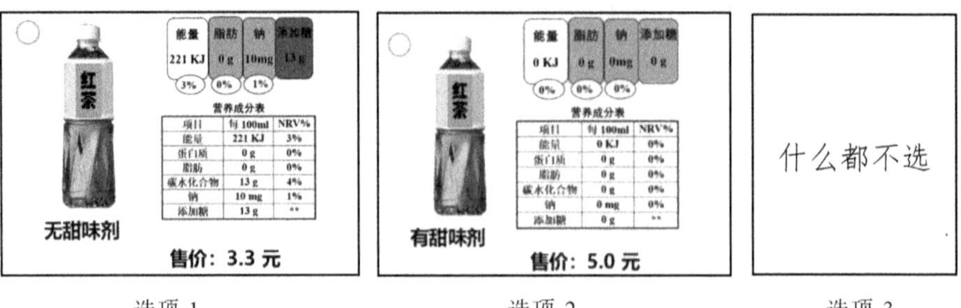

选项 1　　选项 2　　选项 3

图 9.3　选择试验任务示例

9.4.2　随机干预试验设计

为了估计不同类型营养标签对消费者饮料选择和偏好的影响，本书还构造了组间试验设计(between-subject design)。如图 9.4 所示，控制组饮料中的含糖量水平通过传统营养成分表的形式呈现。干预组 1 饮料中的含糖量水平在传统营养成分表的基础上，通过“颜色编码标签”进一步凸显。干预组 2 饮料中的含糖量水平在传统营养成分表的基础上，通过“身体活动标签”进一步凸显。干预组 3 饮料中的含糖量水平在传统营养成分表的基础上，通过“健康选择标签”进一步凸显。干预组 4 饮料中的含糖量水平在传统营养成分表的基础上，通过“警告标签”进一步凸显。干预组 5 饮料中的含糖量水平在传统营养成分表的基础上，通过“营养声称”标签进一步凸显。

由于本书设计的营养标签在中国市场上从未出现，消费者对这种新型营养标签完全不了解，因此在试验开始前，消费者会接收到本次试验中即将出现的营养标签类型的介绍。同时，为了保证不同组的消费者对试验中营养标签有一个相同的认知水平，所有组别的消费者在选择试验开始之前都有关于传统营养成分表标签的介绍。在试验过程中，为了让消费者能充分理解信息的内容，提供的干预信息以简单易懂的方式表达。信息内容精简，以尽量减少消费者的信息阅读时间。此外，信息内容用突出的方式显示，以强调信息的存在。每种营养标签首先提供一个示例(见图 9.2)，然后提供文字介绍信息，具体的信息内容

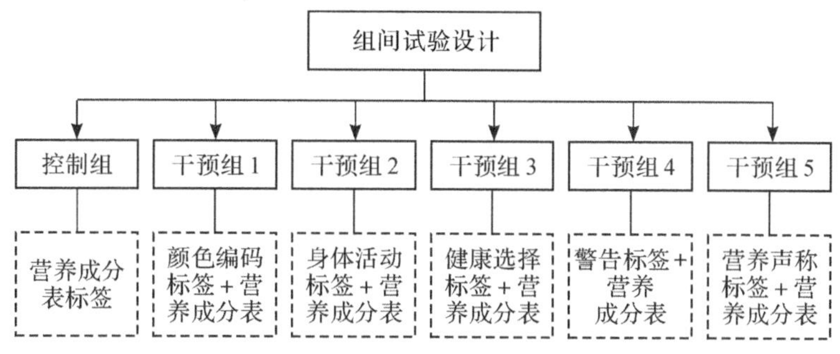

图 9.4 营养标签类型对消费者偏好影响的组间试验设计

如下所示。

营养成分表信息：图 9.2 是一个营养成分表示例。图 9.2(1)中表格第一列表示披露的营养素种类；第二列表示每 100ml 食品中对应营养素含有量；第三列表示每 100ml 食品中对应营养素含有量占每日推荐营养素摄入参考值的比重。以能量为例，图 9.2(1)第一行说明每 100ml 食品中能量为 364Kj，占每日推荐能量摄入参考值的 4%。

颜色编码标签信息：图 9.2(2)是一个红绿灯标签示例，用红、黄、绿 3 种颜色分别表示营养素含量的高、中、低情况。其中红色表示严重超标。例如图 9.2(2)说明该产品脂肪含量低，钠含量比较高，添加糖含量严重超标。方框中数值表示每 100ml 食品中对应的营养素含有量；椭圆形中百分比数据表示每 100ml 食品中对应营养素含有量占每日推荐营养素摄入参考值的比重。以钠为例，该标签说明每 100ml 食品中钠含量 42mg，占每日推荐钠摄入参考值的 2%。

身体活动标签：图 9.2(3)是一个身体活动标签示例，表明以 65 千克成人为例计算的消耗该食品中的卡路里所需的慢跑步数为 7500 步。

健康选择标签：若商品出现如图 9.2(4)所示的健康选择标签，说明该产品中的各种营养素含量都比较健康。

警告标签：若商品出现如图 9.2(5)所示的警示标签，说明该商品中添加糖含量严重超标。

营养声称标签：若商品出现如图 9.2(6)所示的“0 糖”营养标签，说明该产品中添加糖很少，每 100ml 饮料中添加糖量≤0.5 克。

9.4.3 试验假设

为了检验不同类型营养标签对消费者对茶饮料偏好的影响是否有显著差异，本节建立了如下假设：

假设 1：检验颜色编码标签是否会显著影响消费者对茶饮料的支付意愿。

$$H0_1 = WTP_{\text{茶饮料}}^{\text{颜色编码标签}} - WTP_{\text{茶饮料}}^{\text{营养成分表}} = 0 \text{ 和}$$

$$H0_2 = WTP_{\text{茶饮料}}^{\text{颜色编码标签}} - WTP_{\text{茶饮料}}^{\text{营养成分表}} \neq 0$$

如果原假设被拒绝，说明颜色编码标签会显著影响消费者对茶饮料的支付意愿；如果原假设没有被拒绝，说明颜色编码标签不会显著影响消费者对茶饮料的支付意愿。

假设 2：身体活动标签是否会显著影响消费者对茶饮料的支付意愿。

$$H0_1 = WTP_{\text{茶饮料}}^{\text{身体活动标签}} - WTP_{\text{茶饮料}}^{\text{营养成分表}} = 0 \text{ 和}$$

$$H0_2 = WTP_{\text{茶饮料}}^{\text{身体活动标签}} - WTP_{\text{茶饮料}}^{\text{营养成分表}} \neq 0$$

如果原假设被拒绝，说明身体活动标签会显著影响消费者对茶饮料的支付意愿；如果原假设没有被拒绝，说明身体活动标签不会显著影响消费者对茶饮料的支付意愿。

假设 3：检验健康选择标签是否会显著影响消费者对茶饮料的支付意愿。

$$H0_1 = WTP_{\text{茶饮料}}^{\text{健康选择标签}} - WTP_{\text{茶饮料}}^{\text{营养成分表}} = 0 \text{ 和}$$

$$H0_2 = WTP_{\text{茶饮料}}^{\text{健康选择标签}} - WTP_{\text{茶饮料}}^{\text{营养成分表}} \neq 0$$

如果原假设被拒绝，说明健康选择标签会显著影响消费者对茶饮料的支付意愿；如果原假设没有被拒绝，说明健康选择标签不会显著影响消费者对茶饮料的支付意愿。

假设 4：检验警告标签是否会显著影响消费者对茶饮料的支付意愿。

$$H0_1 = WTP_{\text{茶饮料}}^{\text{警告标签}} - WTP_{\text{茶饮料}}^{\text{营养成分表}} = 0 \text{ 和}$$

$$H0_2 = WTP_{\text{茶饮料}}^{\text{警告标签}} - WTP_{\text{茶饮料}}^{\text{营养成分表}} \neq 0$$

如果原假设被拒绝，说明警告标签会显著影响消费者对茶饮料的支付意愿；如果原假设没有被拒绝，说明警告标签不会显著影响消费者对茶饮料的支付意愿。

假设 5：检验营养声称是否会显著影响消费者对茶饮料的支付意愿。

$$H0_1 = WTP_{\text{茶饮料}}^{\text{营养声称标签}} - WTP_{\text{茶饮料}}^{\text{营养成分表}} = 0 \text{ 和}$$

$$H0_2 = WTP_{\text{茶饮料}}^{\text{营养声称标签}} - WTP_{\text{茶饮料}}^{\text{营养成分表}} \neq 0$$

如果原假设被拒绝，说明营养声称会显著影响消费者对茶饮料的支付意愿；如果原假设没有被拒绝，说明营养声称不会显著影响消费者对茶饮料的支付意愿。

9.4.4 实证模型构建

(1)随机参数 Logit 模型(Random Parameter Logit，RPL)

Lancaster(1966)的需求理论认为产品是由多种不同的特征构成，消费者从产品中获得的效用是从产品特征中获得效用的总和，根据随机效用理论

(McFadden, 1974),消费者 n 在第 t 个场景中,选择第 j 选项的茶饮料所获得的效用可以表示为式(9.1):

$$U_{njt}=V_{njt}+\varepsilon_{njt} \tag{9.1}$$

其中,V_{njt} 表示确定性效用部分,即消费者在场景 t 中选择 j 选项产品的效用,是研究者可观测的效用水平;ε_{njt} 是效用函数的随机误差项,属于研究者不可观测的部分。消费者的确定性效用部分可以表示为式(9.2):

$$V_{njt}=\beta X_{njt} \tag{9.2}$$

其中,β 是效用权重向量,X_{njt} 是第 j 个选项表示的茶饮料可观察的属性向量。假设随机项 ε_{njt} 相互独立,且服从 I 型极值分布,那么消费者 n 在第 t 个选择场景中选择 j 选项的概率可以表示为式(9.3):

$$P_{njt}=\frac{\exp(\beta X_{njt})}{\sum_{J}\exp(\beta X_{njt})} \tag{9.3}$$

若允许消费者的偏好具有异质性,则消费者 n 在 t 场景下选择 j 产品所获得的确定性效用部分可以表示为式(9.4):

$$V_{njt}=(\beta+\gamma_n)X_{njt} \tag{9.4}$$

β 是效用权重向量平均值,γ_n 是消费者 n 效用权重向量的偏差,代表消费者偏好中研究者不可解释的异质性。其选择概率可以表示为式(9.5)(Train, 2009):

$$P_{njt}=\int\frac{\exp[(\beta+\gamma_n)X_{njt}]}{\sum\exp[(\beta+\gamma_n)X_{njt}]}f(\beta)\mathrm{d}\beta \tag{9.5}$$

式(9.5)称为 Random Parameter Logit 模型,以下简称 RPL 模型。其中 $f(\beta)$ 为 β 的概率密度函数。允许消费者偏好的异质性更符合消费者的实际行为,能够更灵活反映产品之间的替代效应(Train, 2009)。因此,放松消费者同质性偏好假设的 RPL 模型更符合实际,在选择试验的分析中被广泛使用。所以本书引入 RPL 模型来分析消费者对茶饮料的偏好。具体的模型设定如式(9.6)所示:

$$U_{njt}=ASC+\beta_p price_{njt}+\beta_{n1}sweeten_{njt}+\beta_{n2}health_{njt}+\varepsilon_{njt} \tag{9.6}$$

其中,ASC 是特定常数项(Alternative Specific Constant),表示消费者两种茶饮料产品"都不选"时的效用。当选择"都不选"时,ASC 取值为 1;当选择任一茶饮料产品时,ASC 赋值为 0。$price_{njt}$ 是连续变量,即试验设计中包含的 3 个价格水平:3.3 元,5.0 元,6.7 元。$sweeten_{njt}$ 为是否含有甜味剂的虚拟变量,如果无糖或低糖饮料含有甜味剂,取值为 1,其他情况下取值为 0。$health_{njt}$ 为茶饮料 4 种健康水平,分别是含糖量零糖、低糖、超标和严重超标。β_{n1} 和 β_{n2} 是相应属性的随机参数,设定为正态分布;β_p 为价格系数,设定为固定系数。ε_{njt} 为随机误差项，代表不可观察的效用。

根据式(9.6)的估计结果，可以估算消费者对茶饮料产品属性水平的支付意愿(Willingness to Pay，WTP)。具体的计算公式为式(9.7)：

$$WTP_{attribute}=-\frac{\beta_{attribute}}{\beta_{price}} \tag{9.7}$$

$WTP_{attribute}$ 表示消费者对属性水平的支付意愿，$\beta_{attribute}$ 表示式(9.6)中估计的属性系数，β_{price} 表示价格系数。消费者对属性的支付意愿为属性系数与价格系数之间的比值。

(2)RPL specified in "WTP space"(随机参数 Logit 模型在效用空间估计)

通过式(9.6)和式(9.7)估计的支付意愿称为 WTP preference。另一种将 RPL 模型设定在效用空间估计的支付意愿称为 WTP space。根据 Train (2009)的研究，具体估计过程为：将式(9.6)的效用方程除以 s_n (scale parameter)，在没有改变原有消费者偏好估计的情况下产生一个新的误差项。价格估计系数为负数，提取负号后，式(9.6)的效用公式变成式(9.8)：

$$U_{njt}=-\frac{\beta_p}{s_n}price_{njt}+\frac{1}{s_n}ASC+\frac{\beta_{n1}}{s_n}sweeten_{njt}+\frac{\beta_{n2}}{s_n}health_{njt}+\frac{1}{s_n}\varepsilon_{njt} \tag{9.8}$$

令 $W_n=\frac{\beta'}{\beta_p}$，即个体 n 对属性支付意愿的相反数，则式(9.8)可以写成式(9.9)：

$$U_{njt}=-\frac{\beta_p}{s_n}price_{njt}+ASC+W_{n1}\frac{\beta_p}{s_n}sweeten_{njt}+W_{n2}\frac{\beta_p}{s_n}health_{njt}+\frac{1}{s_n}\varepsilon_{njt} \tag{9.9}$$

令 $\alpha_n=\frac{\beta_p}{s_n}$，即价格在 preference space 模型的系数，则效用等式(9.9)可以写成式(9.10)：

$$U_{njt}=\alpha_n(-price_{njt}+ASC+W_{n1}sweeten_{njt}+W_{n2}health_{njt})+\varepsilon_{njt} \tag{9.10}$$

效用等式(9.10)估计的属性系数即表示消费者对属性的支付意愿。相比 WTP preference 估计的支付意愿，已有研究表明通过 WTP space 估计的支付意愿的优势主要体现在：一是 WTP 的稳定性更高(Balcombe et al.，2009)；二是考虑了个体 scale 之间的差异(Scarpa and Willis，2010)；三是估计的 WTP 分布更加合理(Train，2009)。因此，本章使用 WTP space 的方法估计支付意愿。

(3)假设检验

本节采用配对检验(pairwise test)方法检验假设1至假设5,以揭示不同种类营养标签对消费者茶饮料支付意愿的影响(Fang et al.,2021)。将每个假设中涉及的两个组作为一个单独的样本,创建虚拟变量dtreat,用于区别每个独立样本中受访者n所在的组别。以假设1为例,dtreat等于1表示个体n在颜色编码标签组,dtreat等于0表示个体n在营养成分表标签组(控制组)。类似的,其他4个假设,每个假设涉及的两组共同组成一个独立的样本,然后生成虚拟变量dtreat。在式(9.10)的基础上,构建扩展的效用方程,分别对以上5个假设进行检验,具体的效用方程如式(9.11)所示:

$$U_{njt}=\alpha_n(-price_{njt}+ASC+W_{n1}sweeten_{njt}+W_{n2}health_{njt} + \gamma_1 sweeten_{njt}{}^{*}dtreat+\gamma_2 health_{njt}{}^{*}dtreat)+\varepsilon_{njt} \tag{9.11}$$

其中,dtreat为每个假设中组别的虚拟变量,值为1表示假设中的第一个组(假设中的被减数所在的组),值为0则是控制组。交互项系数γ的值和显著性能够让我们判别不同种类营养标签对支付意愿是否有显著影响以及影响的大小。其他变量取值与式(9.6)相同。

此外,为了检验结果的稳健性,我们利用WTP preference[式(9.6)和式(9.7)]估计的结果对上文5个假设进行检验。具体而言,首先根据RPL模型估计支付意愿,然后再应用Poe et al.(2005)提出的组合检验(Poe test)检验以上5个假设。Poe test检验是对bootstraping方法估计的1000个属性支付意愿的差异性检验。

9.5　数据来源与样本特征

9.5.1　数据来源

本章的数据来源于2022年11—12月对北京、上海、广州、哈尔滨、重庆5个城市的消费者问卷调查。选择上述5个调查城市的原因如下:首先,地理分布上,北京和上海位于中国东部,广州、哈尔滨和重庆分别位于中国南部、北部和西部,以便于最大限度地涵盖中国不同区域的消费者特征。其次,这5个城市属于中国一、二线城市,居民收入水平较高,对健康软饮料需求更高,具有一定的需求和支付能力。再次,一、二线城市消费者受教育程度高,对不同类型的营养标签以及整个问卷的理解能力更强,有助于线上问卷调查的顺利开展。最后,一、二线城市聚集了全国各地、各阶层的消费者,软饮料消费市场庞大,发展潜力也更大。

在面对面预调研的基础上，本章的正式问卷调查数据通过网络调查的方式收集。网络调查方式在消费者食品偏好研究中被广泛使用(Gao et al.，2020；Yang et al.，2020)。已有研究表明网络调查方式的数据质量和研究结果与面对面调查、电话访问没有显著差异(Marta-Pedroso et al.，2007)。

被调查者的招募和数据收集工作由专业问卷调查公司风铃数智①负责，具有以下优势。第一，风铃数智问卷调查平台活跃用户超过420万，日活用户4万左右；且样本性别、职业等特征与全国人口特征基本一致；调查问卷通过随机的方式发放给消费者。相比其他的网络调查方式如问卷星、腾讯等平台，通过自主方式收集问卷，风铃数智样本的代表性在很大程度上可以避免样本选择偏差。第二，注册会员均进行实名认证或者支付宝微信关联认证，运营过程中采用诚信值管理方式，能保证用户的真实性和可靠性。第三，系统层面，风铃数智的数据收集系统通过IP等技术手段，自动比较答题属性和注册属性，确保用户答题设备唯一，有效防止一人多次填写问卷的现象出现。第四，项目经理一对一服务，且行业经验超过3年，执行项目经验丰富，能保障项目顺利开展和数据的可靠性。

此外，我们采取了以下措施进一步保证数据的质量。首先，参与者在正式进入问卷填写前，被要求回答出生年月，只有年满18周岁的被试者才能进入正式的问卷调查。同时，参与者被询问是否购买过红茶饮料，答案包括：购买过、没有购买过但可以尝试、没有购买过也不想尝试。选择“没有购买过也不想尝试”的参与者直接退出调查。其次，问卷包括两部分：试验前问卷和试验后问卷。试验前问卷包括消费者个人和家庭特征、对营养标签的偏好、对糖的偏好以及营养知识，从而避免干预试验进行后对消费者原本态度和知识等变量产生的影响和污染。试验后问卷包括消费者对试验中出现的营养标签类型的态度、传统营养成分表的态度、软饮料偏好等。每位参与者大概需要20分钟完成问卷。另外，问卷中设置了多个“陷阱问题”(trap question)，以检验受访者是否认真填写问卷，没有正确回答陷阱问题的样本会直接退出调查，从而保证回收问卷的质量。参照已有文献(Gao et al.，2020；Yang et al.，2020)，具体的陷阱问题包括“为测试您在填写问卷过程中的注意力，请您在这一题中忽略其他选项，直接选择‘绿色’。请您选择您最喜欢的颜色”；“为测试您在填写问卷过程中的注意力，请您在这一题中忽略其他选项，直接选择‘香蕉’。请您选择您最喜欢的水果”“这是一道检验数据质量的问题，请在以下选项中选择‘总是符合’”。最后，清除回收问卷中质量可能较差的样本，包括问卷完成时间短于4

① 风铃数智问卷调查服务详情参见网址：www.powercx.com。

分钟的样本(平均完成时间的 20%)(Britwum and Yiannaka, 2019);以及在选择试验的 10 个选择场景中,所有选择场景都选择相同答案的样本。为了增强样本的平衡性,北京、上海、广州、哈尔滨、重庆每个城市的总体样本数量以及进入每一个干预组或控制组的样本数量均相同。最终共获得有效问卷 1800 份,北京、上海、广州、哈尔滨、重庆每个城市各 360 份。

9.5.2 样本特征描述

(1)基本人口统计特征

表 9.3 展示了样本的基本特征。从性别来看,男性占比 50%。样本平均年龄 35.03 周岁,34.89%的样本 18～30 岁,35.17%的样本 31～40 岁,21.56%的样本 41～50 岁,8.39%的样本 50 岁以上。从受教育程度上来看,83.06%的样本具有大专或本科学历,11.22%的样本具有硕士及以上学历。受教育程度高于国家平均水平,这也反映了一线城市群体受教育程度较高的事实。家庭收入方面,26.67%的样本家庭总体税前年收入为 10 万(含)～20 万元;26.44%的样本家庭总体税前年收入为 20 万(含)～30 万元,21.06%的样本家庭总体税前年收入为 30 万(含)～50 万元,高于国家平均水平。

为了保证不同组别之间消费者支付意愿的差异是标签干预的效果,控制组和试验组消费者的基本特征应该不存在显著性差异。因此,本书对控制组和试验组的样本特征进行了平衡性检验,检验结果如表 9.3 所示。对于有序变量年龄、受教育程度和家庭年收入,应用 Kruskal-Wallis 非参数估计法检验不同分组之间的中位数是否相同;对于无序的二元分类变量性别,应用 chi-squared 非参数法进行差异性检验。表 9.3 展示了样本特征平衡性检验的卡方值和 p 值。年龄和受教育程度的样本差异性检验 p 值均大于 0.40,说明控制组和试验组之间的年龄和受教育程度分布并没有显著差异。样本性别和家庭年收入的差异性检验 p 值均大于 0.70,说明控制组和试验组之间的性别和家庭年收入并没有显著差异。

表 9.3 样本人口统计特征描述及差异性检验

变量	定义	全样本	控制组	颜色编码标签	身体活动标签	警示标签	健康选择标签	营养声称
性别	女性=0,男性=1	0.50	0.50	0.49	0.51	0.53	0.42	0.53
$\chi^2=0.00$, $p=1.00$								
年龄	周岁	35.03	34.61	34.87	35.10	35.01	35.49	35.10
$\chi^2=0.60$, $p=0.44$								

续表

变量	定义	全样本	控制组	颜色编码标签	身体活动标签	警示标签	健康选择标签	营养声称
受教育程度	初中及以下	0.67	0.67	0.67	0.33	1.33	0.00	1.00
	高中、中专或技校	5.06	6.00	4.67	3.33	5.33	5.67	5.33
	大专或本科	83.06	83.67	84.33	85.00	82.67	82.00	80.67
	硕士及以上	11.22	9.67	10.33	11.33	10.67	12.33	13.00
$\chi^2=0.57$，$p=0.45$								
家庭年收入/万元	<5	7.50	8.67	7.33	6.00	7.33	6.33	9.33
	[5,10)	9.00	8.00	7.67	9.00	12.33	8.00	9.00
	[10—20)	26.67	27.00	29.33	27.33	25.33	25.67	25.33
	[20—30)	26.44	26.67	26.33	30.33	24.00	27.67	23.67
	[30—50)	21.06	20.33	19.00	17.33	22.00	24.67	23.00
	≥50	9.33	9.33	10.33	10.00	9.00	7.67	9.67
$\chi^2=0.09$，$p=0.77$								
样本数	N	1800	300	300	300	300	300	300

注：t 值、χ^2 值和 p 值是控制组和试验组之间的样本差异性检验的结果。

(2)软饮料偏好和消费习惯

消费者最喜欢喝的软饮料是茶，对 8 种软饮料的喜好排序依次为茶饮料＞果蔬汁饮料＞瓶装矿泉水＞含乳饮料＞碳酸饮料＞植物蛋白饮料＞咖啡饮料＞运动饮料。如表 9.4 所示，75.78%(1364/1800)的样本喜欢或非常喜欢喝茶饮料。70.89%(1276/1800)的样本喜欢或非常喜欢喝果蔬汁饮料。64.50%(1161/1800)的样本喜欢或非常喜欢喝瓶装矿泉水。59.06%(1063/1800)的样本喜欢或非常喜欢喝含乳饮料。56.17%(1011/1800)的样本喜欢或非常喜欢喝碳酸饮料。53.39%(961/1800)的样本喜欢或非常喜欢喝植物蛋白饮料。49.28%(887/1800)的样本喜欢或非常喜欢喝咖啡饮料。47.11%(848/1800)的样本喜欢或非常喜欢喝运动饮料。

表 9.4　样本对 8 种软饮料的消费偏好

软饮料种类		很不喜欢	不喜欢	中立	喜欢	非常喜欢
瓶装矿泉水	(N)	7	79	553	787	374
	(%)	0.39	4.39	30.72	43.72	20.78

续表

软饮料种类		很不喜欢	不喜欢	中立	喜欢	非常喜欢
碳酸饮料	(N)	50	230	509	695	316
	(%)	2.78	12.78	28.28	38.61	17.56
含乳饮料	(N)	41	207	489	784	279
	(%)	2.28	11.50	27.17	43.56	15.50
茶饮料	(N)	10	61	365	955	409
	(%)	0.56	3.39	20.28	53.06	22.72
果蔬汁饮料	(N)	14	104	406	923	353
	(%)	0.78	5.78	22.56	51.28	19.61
植物蛋白饮料	(N)	45	223	571	699	262
	(%)	2.50	12.39	31.72	38.83	14.56
运动饮料	(N)	61	278	613	645	203
	(%)	3.39	15.44	34.06	35.83	11.28
咖啡饮料	(N)	58	276	579	615	272
	(%)	3.22	15.33	32.17	34.17	15.11

如表 9.5 所示，样本软饮料消费频率很高，83.66%的样本每周消费软饮料 1 次以上。其中，59.89%的样本每周购买软饮料 3 次以上，9.50%的样本几乎每天都购买软饮料。软饮料消费地点以线下为主，占比 80.44%。关于软饮料支出，37.67%的样本每周软饮料支出 10～30 元，27.33%的样本每周软饮料支出 30～50 元。样本购买软饮料或零食时，影响最大的因素是口味，产品特征重要性依次为口味、健康程度、价格、品牌、营养成分、保质期或生产日期、便利程度、购买时的情绪状态、包装形式、重量。其中，61.00%的样本认为口味非常重要；38.67%的样本认为健康程度非常重要；37.83%的样本认为价格非常重要；29.83 %的样本认为品牌非常重要；29.00%的样本认为营养成分非常重要；27.11%的样本认为保质期或生产日期非常重要；23.06%的样本认为便利程度非常重要；20.94%的样本认为购买时情绪状态非常重要；12.50%的样本认为包装形式非常重要；4.56%的样本认为重量非常重要。

表 9.5 样本对软饮料的消费习惯

消费习惯	定义	人数	百分比/%
软饮料消费频率	几乎每天	171	9.50
	一周 5～6 次	290	16.11
	一周 3～4 次	617	34.28
	一周 1～2 次	476	26.44
	每月 1～3 次	194	10.78
	每月少于 1 次	52	2.89
软饮料消费地点	线上	352	19.56
	线下	1448	80.44
每周软饮料支出	5 元以下	111	6.17
	5～10 元	329	18.28
	10～30 元	678	37.67
	30～50 元	492	27.33
	50 元以上	190	10.56
产品特征重要性 1＝重要，否则为 0	价格	681	37.83
	口味	1098	61.00
	品牌	537	29.83
	重量	82	4.56
	包装形式	225	12.50
	生产日期及保质期	488	27.11
	营养成分	522	29.00
	健康程度	696	38.67
	便利程度	415	23.06
	购买时情绪状态	377	20.94

(3)糖和甜味剂的态度

如表 9.6 所示，13.44％的样本从不或很少购买没有甜味的软饮料，39.94％的样本偶尔购买，43.06％和 3.56％的样本经常或总是购买没有甜味的软饮料。外包装上标注“0 糖”的软饮料可以通过添加甜味剂产生甜味，因此标注“0 糖”的软饮料可能有甜味，85.89％的样本回答正确，但仍有 14.11％的样本回答错误或不知道。59.78％的样本日常饮食偏甜或喜欢吃甜食，20.66％的样本从不或很少关注饮食中糖的摄入量，39.17%的样本经常或总是关注饮食中糖的摄入量。

表 9.6　样本对糖的态度

糖态度	定义	人数	百分比/%
没有甜味软饮料购买频率	从不	22	1.22
	很少	220	12.22
	偶尔	719	39.94
	经常	775	43.06
	总是	64	3.56
0 糖是否没有甜味	没有	218	12.11
	可能有	1546	85.89
	不知道	36	2.00
喜欢吃甜食	是	1076	59.78
	否	708	39.33
	不知道	16	0.89
糖摄入量关注度	从不	53	2.94
	很少	319	17.72
	偶尔	723	40.17
	经常	619	34.39
	总是	86	4.78

甜味剂是指赋予食品甜味的食物添加剂，包括甜味素等天然甜味剂，和糖醇等人工合成甜味剂。由于甜味剂只提供甜味，没有热量或者热量极低且按国家食品安全标准合理使用是安全的，因此被广泛应用于无糖或低糖软饮料中。本书调研了消费者对甜味剂的态度，借鉴 Christiansen et al.(2023)，本书从消费者接受度、风险感知、收益感知、政策信任度 4 个方面进行测度，具体问题设置如表 9.7 所示，每个问题描述后，样本可以选择：1＝完全不同意，2＝不同意，3＝中立，4＝同意，5＝完全同意。总体上来说，样本可以接受一些食品中用没有热量的甜味剂替代添加糖（均值＝3.57＞3），但认为甜味剂味道没有添加糖好（均值＝3.32＞3）。风险感知方面，样本担忧甜味剂对身体产生的影响（均值＝3.81＞3），且认为一些甜味剂会对身体健康有害（均值＝3.63＞3）。收益感知方面，样本总体上认为如果没有甜味剂，很多无糖和低糖产品就没办法生

产了(均值=3.18>3),且食品中甜味剂的使用,可以给消费者带来好处,减少卡路里的摄入(均值=3.45>3)。说明消费者既担忧甜味剂的风险又对甜味剂收益有积极的感知,但总体上对甜味剂的风险担忧程度大于收益感知程度。在政策信任度方面,消费者总体上相信政府能够有效规定和控制食品中甜味剂的用量(均值=3.94>3)。

表 9.7 样本对甜味剂的态度

维度	问题描述	均值	标准差	最小值	最大值
接受度	(1)我可以接受一些食品中用没有热量的甜味剂替代添加糖	3.57	0.93	1	5
	(2)甜味剂味道没有添加糖好	3.32	0.91	1	5
风险感知	(3)我会担忧甜味剂对身体产生的影响	3.81	0.85	1	5
	(4)我认为一些甜味剂对身体健康有害	3.63	0.89	1	5
收益感知	(5)如果没有甜味剂,很多无糖和低糖产品就没办法生产了	3.18	1.03	1	5
	(6)食品中甜味剂的使用,可以给消费者带来好处,减少卡路里的摄入	3.45	0.92	1	5
政策信任度	(7)我相信政府能够有效规定和控制食品中甜味剂的用量	3.94	0.80	1	5

9.5.3 不同类型营养标签的态度

(1)营养成分表

本次调查中,2.58%的样本从不阅读营养成分表,11.17%的样本很少阅读营养成分表,25.92%的样本偶尔阅读营养成分表,46.83%的样本经常阅读营养成分表,13.50%的样本总是阅读营养成分表。当问及样本认为目前的营养成分表最需要在哪些方面进行改进时,只有6.42%的样本认为不需要进行任何改进。72.58%的样本认为目前营养成分表的内容理解起来有困难,内容设计需要更加容易理解。44.67%的样本认为需要增加展示的营养素种类。39.42%的样本认为营养成分表的位置需要更加明显。28.17%的样本认为目前营养成分表的颜色需要更加鲜艳醒目。25.42%的样本认为目前营养成分表的字体需要增大。11.50%的样本认为营养成分表的形状可以多变。

样本对营养成分表的态度如表9.8所示,51.61%的样本认为营养成分表标签简单易懂,21.72%的样本认为不好理解。39.11%的样本认为有吸引力,29.44%的样本认为没有吸引力。58.94%的样本认为有科学依据,14.62%的样本认为没有科学依据。55.11%的样本认为营养成分表内容真实可靠,

19.06%的样本认为其内容可能造假。48.55%的样本认为营养成分表标签可以促使自己更加关注添加糖信息,23.50%的样本则认为没有促使自己更加关注添加糖信息。33.06%的样本在看到营养成分表时感觉自己被激励,21.06%的样本则感受到压力。35.00%的样本看到营养成分表有一种愉悦的感受,而18.83%的样本则感到焦躁。

表 9.8 样本对营养成分表的态度 单位:%

	1	2	适中	4	5	
简单易懂	22.94	28.67	26.67	16.22	5.50	不好理解
有吸引力	12.83	26.28	31.44	18.72	10.72	没有吸引力
有科学依据	26.50	32.44	26.44	10.56	4.06	没有科学依据
真实可靠	21.39	33.72	25.83	15.28	3.78	可能造假
促使我更关注添加糖	22.11	26.44	27.94	15.11	8.39	没有促使我更关注添加糖
感到被激励	10.67	22.39	45.89	16.5	4.56	感受到压力
感到愉悦	12.50	22.50	46.17	14.50	4.33	感到焦躁

(2)颜色编码标签

如表 9.9 所示,关于颜色编码标签,70.39%的样本认为颜色编码标签简单易懂,15.28%的样本认为不好理解。65.45%的样本认为有吸引力,14.78%的样本认为没有吸引力。55.22%的样本认为有科学依据,11.73%的样本认为没有科学依据。54.50%的样本认为颜色编码标签内容真实可靠,14.45%的样本认为其内容可能造假。63.39%的样本认为颜色编码标签可以促使自己更加关注添加糖信息,14.78%的样本则认为没有促使自己更加关注添加糖信息。41.89%的样本在看到颜色编码标签时感觉自己被激励,17.44%的样本则感受到压力。40.56%的样本看到颜色编码标签有一种愉悦的感受,而16.67%的样本则感到焦躁。

表 9.9 样本对颜色编码标签的态度 单位:%

	1	2	适中	4	5	
简单易懂	39.00	31.39	14.33	9.67	5.61	不好理解
有吸引力	30.56	34.89	19.78	10.17	4.61	没有吸引力
有科学依据	21.44	33.78	33.06	8.56	3.17	没有科学依据

续表

	1	2	适中	4	5	
真实可靠	19.78	34.72	31.06	11.17	3.28	可能造假
促使我更关注添加糖	30.22	33.17	21.83	10.00	4.78	没有促使我更关注添加糖
感到被激励	13.61	28.28	40.67	13.61	3.83	感受到压力
感到愉悦	15.17	25.39	42.78	12.61	4.06	感到焦躁

(3)身体活动标签

如表 9.10 所示，关于身体活动标签，60.50%的样本认为身体活动标签简单易懂，19.16%的样本认为不好理解。54.83%的样本认为有吸引力，20.66%的样本认为没有吸引力。42.33%的样本认为有科学依据，21.05%的样本认为没有科学依据。40.95%的样本认为身体活动标签内容真实可靠，21.17%的样本认为其内容可能造假。41.05%的样本认为身体活动标签可以促使自己更加关注添加糖信息，27.28%的样本则认为没有促使自己更加关注添加糖信息。46.16%的样本在看到身体活动标签时感觉自己被激励，21.95%的样本则感受到压力。40.44%的样本看到身体活动标签有一种愉悦的感受，而 20.22%的样本则感到焦躁。

表 9.10　样本对身体活动标签的态度　　单位：%

	1	2	适中	4	5	
简单易懂	34.67	25.83	20.33	11.22	7.94	不好理解
有吸引力	23.89	30.94	24.5	14.33	6.33	没有吸引力
有科学依据	16.11	26.22	36.61	15.33	5.72	没有科学依据
真实可靠	14.28	26.67	37.89	15.89	5.28	可能造假
促使我更关注添加糖	15.61	25.44	31.67	15.67	11.61	没有促使我更关注添加糖
感到被激励	17.83	28.33	31.89	15.89	6.06	感受到压力
感到愉悦	13.94	26.50	39.33	14.22	6.00	感到焦躁

(4)警告标签

如表 9.11 所示，关于警告标签，74.11%的样本认为警告标签简单易懂，12.61%的样本认为不好理解。53.28%的样本认为有吸引力，18.17%的样本认为没有吸引力。49.62%的样本认为有科学依据，14.50%的样本认为没有科学依据。53.50%的样本认为警告标签内容真实可靠，15.06%的样本认为其内容可能造假。65.56%的样本认为警告标签可以促使自己更加关注添加糖信息,13.45%的样本则认为没有促使自己更加关注添加糖信息。35.89%的样本在看到警告标签时感觉自己被激励,26.33%的样本则感受到压力。31.11%的样本看到警告标签有一种愉悦的感受,而28.34%的样本则感到焦躁。

表 9.11 样本对警告标签的态度 单位:%

	1	2	适中	4	5	
简单易懂	48.94	25.17	13.28	7.00	5.61	不好理解
有吸引力	24.39	28.89	28.56	12.17	6	没有吸引力
有科学依据	18.06	31.56	35.89	10.28	4.22	没有科学依据
真实可靠	18.94	34.56	31.44	11.28	3.78	可能造假
促使我更关注添加糖	37.00	28.56	21.00	8.78	4.67	没有促使我更关注添加糖
感到被激励	11.67	24.22	37.78	18.33	8	感受到压力
感到愉悦	11.28	19.83	40.56	18.67	9.67	感到焦躁

(5)健康选择标签

如表 9.12 所示,关于健康选择标签,71.78%的样本认为健康选择标签简单易懂,11.28%的样本认为不好理解。65.28%的样本认为有吸引力,13.33%的样本认为没有吸引力。49.22%的样本认为有科学依据,15.72%的样本认为没有科学依据。49.27%的样本认为健康选择标签内容真实可靠,18.33%的样本认为其内容可能造假。41.89%的样本认为健康选择标签可以促使自己更加关注添加糖信息,25.95%的样本则认为没有促使自己更加关注添加糖信息。48.16%的样本在看到健康选择标签时感觉自己被激励,14.73%的样本则感受到压力。52.22%的样本看到健康选择标签有一种愉悦的感受,而13.23%的样本则感到焦躁。

表 9.12 样本对健康选择标签的态度 单位:%

	1	2	适中	4	5	
简单易懂	43.67	28.11	16.94	6.72	4.56	不好理解
有吸引力	31.00	34.28	21.39	8.89	4.44	没有吸引力
有科学依据	21.33	27.89	35.06	10.39	5.33	没有科学依据
真实可靠	18.83	30.44	32.39	13.39	4.94	可能造假
促使我更关注添加糖	18.50	23.39	32.17	16.06	9.89	没有促使我更关注添加糖

续表

	1	2	适中	4	5	
感到被激励	17.33	30.83	37.11	11.56	3.17	感受到压力
感到愉悦	21.33	30.89	34.56	9.17	4.06	感到焦躁

(6)营养声称

如表 9.13 所示,关于营养声称标签,75.00%的样本认为营养声称标签简单易懂,10.11%的样本认为不好理解。58.83%的样本认为有吸引力,13.11%的样本认为没有吸引力。47.06%的样本认为有科学依据,14.34%的样本认为没有科学依据。49.33%的样本认为营养声称标签内容真实可靠,18.39%的样本认为其内容可能造假。62.56%的样本认为营养声称标签可以促使自己更加关注添加糖信息,13.23%的样本则认为没有促使自己更加关注添加糖信息。43.11%的样本在看到营养声称标签时感觉自己被激励,13.50%的样本则感受到压力。43.66%的样本看到营养声称标签有一种愉悦的感受,而 14.22%的样本则感到焦躁。

表 9.13 样本对营养声称的态度 单位:%

	1	2	适中	4	5	
简单易懂	46.67	28.33	14.89	5.50	4.61	不好理解
有吸引力	26.94	31.89	28.06	9.89	3.22	没有吸引力
有科学依据	18.39	28.67	38.61	10.56	3.78	没有科学依据
真实可靠	19.11	30.22	32.28	14.06	4.33	可能造假
促使我更关注添加糖	29.00	33.56	24.22	9.06	4.17	没有促使我更关注添加糖
感到被激励	14.39	28.72	43.39	11.06	2.44	感受到压力
感到愉悦	16.94	26.72	42.11	11.00	3.22	感到焦躁

总的来说,样本对 5 种正面营养标签(包括颜色编码标签、身体活动标签、警告标签、健康选择标签,以及营养声称标签)的态度相对于背面营养成分表标签的态度更加积极。从易读性的角度来说,营养声称>警告标签>健康选择标签>颜色编码标签>身体活动标签>营养成分表,且 5 种正面营养标签的可读性评价远大于营养成分表。从标签吸引力的角度来说,颜色编码标签>健康选择标签>营养声称标签>身体活动标签>警告标签>营养成分表,且 5 种正面营养标签的吸引力评价远大于营养成分表。从是否有科学依据的角度来看,样本评价营养成分表>颜色编码标签>警告标签>健康选择标签>营养声称标

签＞身体活动标签。从感知的真实性和可靠性的角度来看，营养成分表＞颜色编码标签＞警告标签＞营养声称标签＞健康选择标签＞身体活动标签。说明消费者对复杂标签的内容的可靠性以及科学依据都有更加积极的评价。当询问样本营养标签的使用是否能够增强对添加糖的关注度时，样本评价警告标签＞颜色编码标签＞营养声称标签＞营养成分表＞健康选择＞身体活动标签，这可能是因为健康选择标签（用对号表示产品总体上健康）和身体活动标签（用慢跑步数表示产品的卡路里含量）内容并不直接展示糖相关的信息。从情绪感知的角度上来说，当问及样本营养标签的使用是否会感到被激励时，样本评价健康选择标签＞身体活动标签＞营养声称标签＞颜色编码标签＞警告标签＞营养成分表，说明正面营养标签相比于营养成分表对消费者有更强的激励作用。当被问及样本营养标签的使用是否会感到愉悦时，样本评价健康选择标签＞营养声称标签＞颜色编码标签＞身体活动标签＞营养成分表＞警告标签。“添加糖超标”等内容的警告标签披露的是负面的营养信息，会降低消费者愉快的情绪感知；其他的中性或正面内容的正面营养标签的愉悦情绪感知均大于背面营养成分表标签。

9.6 结果分析与讨论

9.6.1 营养标签有效性

营养标签帮助消费者选择健康食品的前提是有效传递信息，帮助消费者正确区分产品的健康程度。为了检验不同种类营养标签的有效性，被试者被提供4种软饮料并从中选择认为最健康的是哪一个，软饮料除了含糖量以外其他特征均完全相同。含糖量水平有4种：零糖、低糖、含糖量超标、含糖量严重超标。消费者被随机分配到不同种类营养标签控制组或干预组中，通过观察消费者是否能选出最健康的软饮料初步判断不同种类标签的有效性。

如表9.14所示，颜色编码标签、营养声称标签、健康选择标签、警告标签情境下的正确率均高于营养成分表标签；而身体活动标签情境下的正确率略低于营养成分表标签。颜色编码标签情境下，消费者选出最健康的软饮料的正确率最高，为53.33％。其次是营养声称标签和健康选择标签情境下，正确率分别为50.33％和50.00％。再次是警告标签情境下，47.67％的样本能够正确选出最健康的软饮料。接着是营养成分表和身体活动标签情境下，样本选出最健康的软饮料的正确率依次为45.00％和41.67％。说明颜色编码标签、营养声称标签、健康选择标签和警告标签相比，背面营养成分表能更有效地帮助消费者选出健康软饮料；而身体活动标签的效果稍差。这可能是因为简化的正面标签有助于帮助消费者正确理解标签内容，但过于简化的形式，如身体活动标签，也可能对消费者产生误导。

表 9.14　选择健康食品的正确率

标签种类	观测值	均值	标准差	最小值	最大值
营养成分表	300	0.4500	0.498	0	1
颜色编码标签	300	0.5333	0.500	0	1
身体活动标签	300	0.4167	0.494	0	1
警告标签	300	0.4767	0.500	0	1
健康选择标签	300	0.5000	0.501	0	1
营养声称标签	300	0.5033	0.501	0	1

9.6.2　支付意愿估计

在进行支付意愿估计之前，首先利用对数似然检验分析不同组别样本的偏好是否具有显著性差异。原假设为：$\beta_{控制组}=\beta_{颜色编码标签组}=\beta_{身体活动标签组}=\beta_{警告标签组}=\beta_{健康选择标签组}=\beta_{营养声称组}$。检验结果显示原假设被拒绝（LR＝154.05），说明营养成分表标签控制组与不同种类正面标签试验组的样本偏好存在显著性差异。因此，本书分别估计了试验组和控制组样本的支付意愿。根据式（9.10），应用效用空间的随机参数 Logit 模型分别估计了 WTP space，设定价格系数为固定参数，含糖量属性、甜味剂属性设为正态分布的随机参数，估计的 WTP space 结果如表 9.15 所示，得到的主要结论如下。

第一，样本对低糖茶饮料具有更高的支付意愿，且颜色编码标签情境下消费者对低糖茶饮料的需求更加积极。在控制组，样本对低糖茶饮料的支付意愿为 1.66 元/500ml（$p<0.01$）；颜色编码情境下，样本对低糖茶饮料的支付意愿进一步提高为 2.65 元/500ml（$p<0.01$）；身体活动标签情境下，样本对低糖茶饮料的支付意愿为 1.54 元/500ml（$p<0.05$）；营养声称标签情境下，样本对低糖茶饮料的支付意愿为 1.26 元/500ml（$p<0.05$）；警告标签和健康选择标签情境下，样本对低糖茶饮料的平均支付意愿也为正数，但并不显著。

第二，颜色编码标签、警告标签、健康选择标签会显著降低样本对含糖量超标的茶饮料的平均支付意愿，警告标签的效果最为明显。颜色编码情境下，样本对含糖量超标茶饮料的支付意愿为－1.65 元/500ml（$p<0.05$）；警告标签情境下，样本对含糖量超标茶饮料的支付意愿为－7.61 元/500ml（$p<0.01$）；健

康选择标签情境下，样本对含糖量超标茶饮料的支付意愿为－1.79 元/500ml（$p<0.05$）；营养成分表标签控制组、身体活动标签、营养声称标签情境下，样本对含糖量超标茶饮料的平均支付意愿也为负数，但并不显著。

第三，传统营养成分表标签控制组情境下，样本对含糖量严重超标的茶饮料有积极的支付意愿，在其他 5 种正面营养标签情境下，样本对含糖量严重超标的茶饮料的支付意愿是消极的。其中，传统营养成分表标签控制组情境下，样本对含糖量严重超标的茶饮料的支付意愿为 0.67 元/500ml（$p<0.05$）。5 种正面营养标签情境下，警告标签效果最明显，样本对含糖量严重超标的茶饮料的支付意愿为－6.72 元/500ml（$p<0.01$）；其次为颜色编码情境下，样本对含糖量严重超标茶饮料的支付意愿为－3.22 元/500ml（$p<0.01$）；再次为健康选择标签情境下，样本对含糖量严重超标茶饮料的支付意愿为－2.08 元/500ml（$p<0.01$）；接着是身体活动标签情境下，样本对含糖量严重超标茶饮料的支付意愿为－0.97 元/500ml（$p<0.01$）；最后是营养声称标签情境下，样本对含糖量严重超标茶饮料的支付意愿为－0.52 元/500ml（$p<0.10$）。

第四，样本对甜味剂有消极的支付意愿，在低糖饮料中添加甜味剂会使他们的支付意愿降低。颜色编码标签、身体活动标签、警告标签、健康选择标签情境下，样本对含甜味剂的茶饮料的支付意愿分别为－1.31 元/500ml（$p<0.05$）、－1.77 元/500ml（$p<0.01$）、－2.58 元/500ml（$p<0.01$）和－1.90 元/500ml（$p<0.05$）。我国食品安全国家标准《GB 28050—2011 预包装食品营养标签通则》中规定，无糖或者低糖食品可以添加甜味剂。营养成分表控制组情景下，样本对添加甜味剂的低糖茶饮料支付意愿为－2.33 元/500ml；5 种正面标签干预情境下，样本对添加甜味剂的低糖茶饮料的支付意愿相比控制组有所提高，但仍然显著为负。颜色编码标签、身体活动标签、警告标签、健康选择标签、营养声称标签情境下，样本对含甜味剂的低糖茶饮料的支付意愿分别为－1.79 元/500ml（$p<0.05$）、－1.22 元/500ml（$p<0.10$）、－1.34 元/500ml（$p<0.10$）、－2.12 元/500ml（$p<0.01$）和－1.42 元/500ml（$p<0.05$）。

表 9.15　平均支付意愿估计结果　　单位：元/500ml

自变量	因变量					
	控制组	颜色编码标签	身体活动标签	警告标签	健康选择标签	营养声称标签
低糖	1.66***	2.65***	1.54**	0.29	0.43	1.26**
超标	0.80	－1.65**	0.57	－7.61***	－1.79**	0.18
严重超标	0.67**	－3.22***	－0.97***	－6.72***	－2.08***	－0.52*

续表

自变量	因变量					
	控制组	颜色编码标签	身体活动标签	警告标签	健康选择标签	营养声称标签
含甜味剂	−0.46	−1.31**	−1.77***	−2.58***	−1.90**	−0.26
低糖*甜味剂	−2.33***	−1.79**	−1.22*	−1.34*	−2.12***	−1.42**
Log likelihood	−2294.24	−2240.12	−2286.44	−2373.67	−2383.28	−2344.78
观察值	9000	9000	9000	9000	9000	9000

注：参数值即为消费者的支付意愿值。*、**、*** 分别代表系数在 0.10、0.05 和 0.01 的水平上显著。

9.6.3 营养标签干预对支付意愿的影响

表 9.15 的结果表明不同种类正面标签干预后，消费者增加了对健康茶饮料的支付意愿，降低了对含糖量超标的不健康的茶饮料的支付意愿。但是无法判断试验组消费者对茶饮料的支付意愿与控制组消费者的支付意愿是否有显著性差异。因此，本节应用 Poe et al.（2005）的方法检验控制组与试验组消费者茶饮料支付意愿是否有显著性差异。

首先，根据式（9.10）估计随机参数 Logit 模型结果，如表 9.16 所示。低糖的系数显著为正，含糖量超标、严重超标，以及含有甜味剂的系数显著为负，说明消费者从低糖的茶饮料中获得的效用高于从含糖量超标或严重超标的茶饮料中获得的效用，消费者愿意为健康茶饮料支付更高的溢价；且消费者对含有甜味剂的茶饮料中获得的效用低于不含甜味剂的茶饮料中获得的效用，与表 9.15 的估计结果一致。

表 9.16　随机参数 Logit 模型回归结果

自变量	因变量					
	控制组	颜色编码标签	身体活动标签	警告标签	健康选择标签	营养声称标签
低糖	0.38***	0.53***	0.33**	0.06	0.08	0.29**
超标	0.18	−0.33**	0.12	−1.50***	−0.33**	0.04
严重超标	0.15**	−0.65***	−0.21***	−1.32***	−0.39***	−0.12*
含甜味剂	−0.11	−0.26**	−0.38***	−0.51***	−0.35**	−0.06
低糖*甜味剂	−0.53***	−0.36**	−0.26*	−0.26*	−0.39***	−0.33**

续表

自变量	因变量					
	控制组	颜色编码标签	身体活动标签	警告标签	健康选择标签	营养声称标签
Log likelihood	−2294.24	−2240.12	−2286.44	−2373.67	−2383.28	−2344.78
N	9000	9000	9000	9000	9000	9000

注：*、**、*** 分别代表系数在 0.10、0.05 和 0.01 的水平上显著。

根据表 9.15 的估计系数，控制组和试验组之间消费者对茶饮料支付意愿的差异性检验——Poe test 的检验结果如表 9.17 所示。假设 1～5 均被拒绝，说明 5 种正面营养标签与背面营养成分表控制组之间的消费者茶饮料支付意愿存在显著差异。

表 9.17　试验组与控制组消费者软饮料支付意愿差异性检验结果

假设检验	p-value
假设 1：$WTP^{颜色编码标签}_{茶饮料}-WTP^{营养成分表}_{茶饮料}=0$	<0.01
假设 2：$WTP^{身体活动标签}_{茶饮料}-WTP^{营养成分表}_{茶饮料}=0$	<0.01
假设 3：$WTP^{健康选择标签}_{茶饮料}-WTP^{营养成分表}_{茶饮料}=0$	<0.01
假设 4：$WTP^{警告标签}_{茶饮料}-WTP^{营养成分表}_{茶饮料}=0$	<0.01
假设 5：$WTP^{营养声称}_{茶饮料}-WTP^{营养成分表}_{茶饮料}=0$	<0.01

9.7　本章小结

我国目前的营养标签体系还不健全，标签形式比较单一，以复杂的背面营养成分表为主，消费者对复杂标签的理解能力有限，阅读频率很低，大大限制了营养信息作用的发挥，如何设计有效的标签形式，建立科学的信息标示体系，对于引导消费者进行健康的食品选择、抑制超重肥胖率具有重大意义。缺乏丰富、有效的营养信息表现形式是影响标签作用发挥的关键性问题，哪一种营养标签可以更有效地向消费者传递营养信息，国内外学界也尚无定论。首先，本书结合国内外营养标签政策的发展以及中国消费者的认知和消费特点设计不同种类的营养标签。其次，采用随机对照试验设置一个对照组和 5 个干预组，科学分离出消费者在不同种类营养标签信息环境下的实际购物选择和真实支付意愿，并应用经济学实证策略量化估计不同种类营养标签对消费者选择和支付意愿的影响。主要结论如下。

总的来说，消费者对5种正面营养标签的态度比对背面营养成分表标签的态度更加积极。5种正面营养标签的可读性和吸引力评价远大于营养成分表。营养成分表的内容比较复杂，但消费者对其可靠性以及科学依据的评价都更加积极。消费者认为警告标签、营养声称标签和颜色编码标签有助于增强他们对添加糖信息的关注度。在情感评价方面，正面营养标签相比于背面营养成分表对消费者的激励作用更加明显。警告标签中“添加糖超标”等内容披露的是食品中的负面营养信息，显著降低了消费者愉悦的情绪感知；其他正面标签中的正面或中性内容的愉悦情绪感知均大于背面营养成分表标签。

在帮助消费者选择健康食品方面，颜色编码标签、健康选择标签、警告标签的有效性更强；身体活动标签和营养声称标签的效果则稍差。说明选择合适的营养信息披露方式非常重要，政府在设计和推广正面营养标签时应重点关注颜色、健康选择标识等的运用，并适当披露食品负面信息。

回归结果表明，消费者对零糖和低糖茶饮料的支付意愿更加积极，对含糖量超标和严重超标的茶饮料的支付意愿更加消极，且对甜味剂持有消极的支付意愿。5种正面营养标签相比于背面营养成分表能够增加消费者对健康茶饮料的支付意愿，并显著降低对含糖量超标和严重超标等不健康茶饮料的支付意愿。说明正面营养标签相比于传统营养成分表能够更有效地促使消费者降低对不健康茶饮料的购买意愿，且新型正面营养标签如警告标签和颜色编码标签的效果最大，其次是健康选择标签和身体活动标签，最后是营养声称标签。因此，我国应尽快完善现存食品标签政策体系，加快设计和推广警告标签、颜色编码标签等新型标签类型，帮助消费者选择健康食品。

10　结论与展望

10.1　主要结论

如今中国居民的饮食正在从高碳水化合物向更加多样化但高糖、高脂肪、高胆固醇方向发展。与此同时，中国居民超重肥胖迅速增加，已成为世界上肥胖人口最多的国家。超重和肥胖不仅对消费者的身心健康产生严重的负面影响，减弱工作效率，影响劳动力市场表现，还会给社会和政府带来沉重的财政负担。在此现实背景下，中国政府自 2013 年 1 月开始在全国实施强制性标签政策，强制食品企业披露食品中的能量、蛋白质、脂肪、碳水化合物、钠含量信息，以期修正食品市场中营养信息的不对称，帮助消费者选择更加健康的食品，控制超重肥胖率。然而，现阶段针对我国消费者强制性标签政策实施后的营养标签使用行为的现状、影响机制等的研究很少。国际相关研究中对于消费者营养标签信息使用行为的理解，特别是营养知识对标签使用行为的作用存在很大争议；且极少有研究涉及个体时间偏好等心理学因素的作用。另外，我国目前标签政策以背面营养成分表为主，内容复杂、有效性较差，缺乏丰富、有效的营养信息表现形式是影响标签作用发挥的关键性问题，哪一种营养标签可以更有效地向消费者传递营养信息，国内外学界也尚无定论。本书在参考信息经济学、新古典经济学、消费者行为学等理论以及国内外相关文献的基础上，设计和开展全国范围内的消费者调查和随机对照试验，同时结合官方调查数据(《中国健康与营养调查》)，系统地研究中国消费者的营养标签使用行为及其对超重肥胖的影响，设计并检验有效的新型营养标签形式。

本书第 3 章首先梳理了国内外营养标签政策的发展历程，对比分析了美国、欧盟、澳大利亚、中国的营养标签政策。通过对比不同地区的政策发展历史和政策现状，更加深入了解营养标签的历史、内容和格式，发现我国标签政策同西方发达国家之间的差距，为政府标签政策的进一步完善提供参考和依据。由于缺乏标签使用行为相关的数据，本书自主设计了适合中国消费者消费和饮食习惯的调查量表,并在全国5个省份10所城市开展消费者调查。第4章主要利用此次调查数据,全面揭露了中国消费者在强制性标签政策实施后的营养标签使用行为现状。第5章和第6章则进一步研究消费者营养标签使用行为的影响机制,具体包括消费者营养知识水平对其标签使用行为决策的作用,以及个体时间偏好对其标签使用行为决策的影响。第7章利用中国健康与营养调查数据量化分析了预包装食品消费对中国居民肥胖的影响。第8章采用自主设计的调查量表和数据,量化研究了标签使用对抑制肥胖的作用。第9章结合中国消费者特点设计新型营养标签,并开展随机对照试验对比分析不同种类营养标签对消费者选择健康食品的影响。第7～9章为中国标签政策的制定提供了理论和现实依据。本书的主要研究结论如下。

第一,与发达国家相比,中国的标签政策起步比较晚,直至2013年1月才开始实施强制性标签政策。目前食品市场中的标签种类比较少,只包括营养成分表标签和声称标签。标签政策的适用范围仅涵盖了预包装食品,而不包括散装食品以及餐馆等场所消费的食品。强制企业披露的营养素信息种类方面,中国市场目前只有5种——能量、蛋白质、脂肪、碳水化合物、钠,而澳大利亚强制披露的信息种类有7种,欧盟有8种,美国强制披露的信息种类超过10种。

第二,中国消费者对背面食品标签营养成分表的使用频率偏低,不仅远低于发达国家消费者的使用频率,和强制性标签政策实施之前相比,也并未有所改善。调查发现,中国消费者更加倾向于阅读正面食品标签——营养声称。在目前国内政策要求食品企业强制披露的5种营养素信息中,消费者最关注的是脂肪和蛋白质,其次是碳水化合物和能量,最不关注的是钠信息。在当前国内居民盐摄入严重超标的背景下,提高消费者对钠信息的关注度,减少每日盐摄入量非常重要。分性别来看,女性对营养信息的关注度普遍高于男性。不同性别关注的营养素种类有所不同,女性最关注的是脂肪,而男性最关注的是蛋白质和脂肪。

第三,主观营养知识比客观营养知识对消费者标签使用行为的影响范围更广。具体来说,主观营养知识对消费者复杂标签和简单标签信息的使用均有显著的正向影响。而客观营养知识仅对简单标签的使用有显著的正向影响,对复杂标签的使用的影响则并不显著。客观营养知识作用的发挥还与营养知识的维度有关。不同种类的标签形式或营养素信息的使用所需的营养知识维度并不相同。消费者的客观营养知识水平对营养声称的使用具有显著的正向影响,但并不是所有维度的营养知识均起作用。只有饮食和疾病知识及营养素来源知识具有显著的正向影响;而营养素功能知识、日常食物选择、专家饮食建议知识的影响均不显著。能量信息的搜寻频率主要受3个维度营养知识的影响,分别为饮食和疾病之间的关系知识、营养素来源知识和专家的饮食建议知识。蛋白质信息的搜寻频率只与专家的饮食建议知识有关。脂肪信息的搜寻频率与3个维度的知识有关,分别为饮食和疾病之间的关系知识、日常食物选择知识和专家的饮食建议知识。碳水化合物信息的搜寻频率与4个维度的知识有关,分别为饮食和疾病之间的关系知识、营养素来源知识、日常食物选择知识和专家的饮食建议知识。而钠含量信息的搜寻频率与影响脂肪信息的搜寻频率的知识维度相同:饮食和疾病之间的关系知识、日常食物选择知识和专家的饮食建议知识。

第四,个体时间偏好是消费者标签使用行为的重要影响因素。心理学视角的时间偏好因子中,更加偏重当下效用的消费者会显著降低对复杂标签(营养成分表)以及蛋白质含量信息的搜寻频率。说明导致中国消费者对营养成分表信息使用频率比较低的一个重要原因是,消费者的时间偏好水平比较高,更加重视当下的享受和效用。而更加偏重未来效用的消费者会显著增加对简化标签(营养声称),以及脂肪含量信息的使用频率。说明对未来的效用比较看重的消费者进行营养标签使用的动机更加强烈,但只对简化标签和脂肪含量信息起作用。

金钱视角的时间偏好分析发现,现在偏差越小的消费者,对复杂的营养成分表标签以及不同种类的详细营养素含量信息关注度更高,但对钠含量信息的关注度降低。另外,长期耐心程度越高的消费者对复杂营养成分表标签的关注度越高,但对脂肪含量信息的关注度有所降低。时间偏好为解释消费者购物时总是忽略营养信息等非理性行为提供了一个新的解释视角,消费者短期耐心程度和长期耐心程度的不一致是导致其标签使用频率偏低的重要原因。因此政策制定者在设计干预措施时需要考虑消费者的时间偏好特点,帮助消费者克服由于短期耐心程度降低导致的非理性消费决策。

第五,总体上说,2004—2011年,中国消费者饮食结构有一些良性转变:能量、碳水化合物摄入量下降,钠摄入量降低,膳食纤维摄入量增加。然而,饮食结构转变的同时也存在一些隐患。如脂肪摄入量不断增加,蛋白质摄入量不断降低等。研究发现,消费脂肪和钠含量比较高的不健康的预包装食品,会显著增加中国消费者的超重肥胖率。而消费蛋白质和膳食纤维含量比较高的健康的预包装食品,可以显著降低消费者的超重肥胖率。在当前国内零售商店、大型超市迅速普及、预包装食品消费量迅速增加的大背景下,消费者学会甄别和选择健康的预包装食品非常重要。政府应加强宣传或开展教育活动,帮助消费者鉴别和选择健康食品,尤其是蛋白质和膳食纤维含量比较高的预包装食品,提高饮食质量,降低超重肥胖率。

第六，中国消费者超重肥胖现状非常严峻，并呈现加速上升态势。在1989—2011年的20多年间，中国消费者体重正常和体重过轻的比率总体呈下降趋势；超重和肥胖的比率则总体呈上升态势。2011年，中国消费者超重、肥胖率分别为26.88%和13.80%；比1989年分别增加了16.86%和9.40%。体重过轻的比率下降了9.35%，约占总体的12.54%。现阶段中国腹型肥胖率已非常严重，且呈现不断恶化的趋势。截至2011年，以腰臀比衡量的中国成人居民整体腹型肥胖率高达63.38%。其中，79.64%的女性居民腹型肥胖，45.11%的男性居民腹型肥胖。

使用倾向分数匹配方法控制个体自选择因素后发现，两种标签形式（营养成分表和营养声称）的使用可以显著降低中国消费者的体重和肥胖率。其中，营养成分表的使用可以使消费者BMI下降0.67kg/m^2，肥胖率下降4.6%。营养声称的使用可以使消费者BMI下降0.76 kg/m^2，肥胖率下降5.8%。营养标签印制在食品外包装上，政策成本低且效果显著，因此政府应加强立法，进一步完善我国标签政策体系。

第七，总的来说，消费者对5种正面营养标签的态度相对于背面营养成分表标签的态度更加积极。5种正面营养标签的可读性和吸引力评价远大于营养成分表。警告标签、营养声称标签和颜色编码标签的使用能够增强消费者对添加糖的关注度。另外，研究发现，正面营养标签相比于传统营养成分表能够显著降低消费者对不健康食品的支付意愿，且新型正面营养标签如警告标签和颜色编码标签的效果最好，其次是健康选择标签和身体活动标签，最后是营养声称标签。因此，政府在设计标签政策时应优先考虑推广通过颜色标识营养信息的颜色编码标签和披露食品负面信息的警告标签。

10.2 研究启示

本书系统地分析了中国消费者的营养标签使用行为及其对超重、肥胖率的影响，设计并验证了适合中国消费者的新型营养标签类型，对政府设计更加合理有效的标签形式和政策，制定有针对性的消费者教育和宣传项目具有参考意义，同时也为消费者选择更加健康的食品，抑制超重、肥胖率等具有指导意义。

10.2.1 政策启示

第一，完善标签政策，进一步规范营养信息标示体系。本书第3章梳理的国内外标签政策现状和历史表明，与发达国家相比，中国的标签政策起步比较晚。目前食品市场中应用的标签种类和披露的营养信息种类均比较少，适用范围仅涵盖了预包装食品，不包括散装食品以及餐馆等场所消费的食品。因此，首先，政府需要进一步完善食品市场营养标签政策，规范市场环境。第 9 章研究发现，正面营养标签有助于帮助消费者选择健康食品并降低其对不健康食品的购买意愿，其中警告标签和颜色编码标签效果最为明显。因此，除了当前已经应用的营养成分表和营养声称标签之外，政府应加强以警告标签和颜色编码标签为代表的新型营养标签的设计和应用。鼓励企业自发标示多种正面标签，并鼓励食品零售场所应用货架标签，展示食品的总体健康程度。其次，增加营养信息的披露种类。除了目前强制披露的能量、蛋白质、脂肪、碳水化合物、钠信息之外，其他与消费者健康状况紧密相关的营养素也需要披露，如添加糖、胆固醇、反式脂肪、维生素和矿物质等。最后，扩大营养标签信息的应用范围。随着生活水平的提高，中国居民在餐馆等场所的消费频率不断增加。因此，除了食品商店零售的预包装食品之外，餐馆等消费场所供应的食品也需要向消费者提供营养信息，从而帮助消费者测算在不同场所消费食品的总体健康程度和营养素总体摄入量，更加合理地规划和安排膳食。

第二，针对目标群体，引导和加强消费者的营养标签使用行为。本书第 4 章详细分析了两种营养标签以及 5 种营养素标签使用行为现状。政府可根据政策目的选择目标消费者群体，开展有针对性的教育项目。例如，若要促进消费者对复杂营养标签如营养成分表标签信息的使用频率，应该聚焦于受教育程度比较低且有工作的中老年群体。若要促进消费者对简化营养标签如营养声称标签信息的使用频率，则应该聚焦于受教育程度比较低且没有工作的年轻男性群体。

第三，开展教育项目，助力营养标签信息的推广和应用。本书第 5 章实证研究发现，主观营养知识比客观营养知识对消费者标签使用行为的影响范围更广。主观营养知识对消费者复杂标签和简单标签信息的使用均有显著的促进作用。而客观营养知识仅对简单标签的使用有显著的促进作用，对复杂标签的使用的影响并不显著。因此，政府需要采取合适的教育政策和宣传项目，促进消费者营养知识作用的发挥。在设计教育项目时，需要首先考虑提高消费者对营养知识水平的主观信心；之后通过知识普及或课程推广等形式，增强消费者的客观营养知识水平。具体到营养知识的维度方面，饮食和疾病之间的关系知识和营养素来源知识对消费者营养标签使用行为的促进作用最为显著。因此，政府在设计教育课程时，需要首先加强消费者对日常饮食和相关疾病之间的关系的认知，并从日常摄入的食品中各种营养素含量的角度对消费者加强教育。

第四，强化危机意识，减弱时间偏好较高对消费者饮食行为的不良影响。本书第 6 章实证研究发现，消费者的风险和时间偏好对营养标签使用行为的影响非常显著。更加关注当下效用的消费者更不愿意花费时间和精力进行营养信息的搜寻和应用。另外，中国消费者的时间偏好呈现非理性的双曲线形式。这种非理性的双曲线折现形式的时间偏好会显著降低消费者对复杂标签，以及能量、蛋白质、碳水化合物、钠含量信息的搜寻频率。这对政府采取相应的教育和干预措施具有重要的启示意义，因为双曲线折现形势下的消费者对于当下做出的决定，在将来很有可能会后悔。因此，政府可以采取相应的教育或干预措施避免这种现象的发生，例如加强消费者对未来效用的感知，以及不健康饮食行为对未来产生的严重后果的认知等。

10.2.2 消费者实践启示

第一，利用营养标签信息，选择更加健康的食品。本书第 7 章实证研究发现，当前中国消费者预包装食品消费不断增加，已成为导致中国消费者超重、肥胖的重要原因之一。因此，消费者需要清晰地了解预包装食品的危害，控制不健康食品的摄入。另外，第 8 章实证研究发现，营养标签政策可以改善食品市场中的信息不对称，显著降低超重、肥胖率。而根据本书的调查结果，消费者对营养标签的关注普遍较低，限制了营养信息作用的发挥。因此，消费者应加强对营养信息的关注，提高对营养标签有用性的感知，进行食品选择，尤其是在选择预包装食品时，更多地利用营养标签信息进行决策。

第二，参加教育项目，提高营养知识水平。本书第 5 章实证研究发现，主观和客观营养知识水平对消费者营养标签使用行为有显著的影响。营养知识是消费者理解和应用标签信息的基础。因此，首先，消费者需要增强利用营养知识和标签信息进行食品选择的信心。其次，通过阅读书籍或积极参加相关教育项目，提高营养知识水平，尤其需要积累各种营养素摄入量与健康疾病之间的关系知识、营养素主要的食品来源知识，以及营养学专家推荐的消费者每日营养素摄入量知识。若需要控制饮食中脂肪、碳水化合物、钠营养素的摄入量，还需要注意提高日常食物选择知识的积累。

第三，提高自控能力，理性看待过度饮食和不健康饮食对未来造成的风险。本书第 6 章实证研究表明，中国消费者的时间偏好较高，更加看重当下的效用，而轻视未来的效用，减弱了对营养信息的关注度。营养信息的收益并不能立即实现，过度饮食导致的超重、肥胖等后果的产生也具有时间跨度。因此，消费者在日常食物选择中需要提高自控力，抵制不健康食品的诱惑，理性看待过度饮食或不健康食品对未来造成的风险，并于当下采取措施积极应对。

10.3 研究局限与未来研究展望

本书结合自主设计、并在全国范围内开展的问卷调查数据、官方调查数据以及消费者随机对照试验数据，通过描述性分析和实证分析方法，系统研究了营养标签政策以及中国消费者的营养标签使用行为。具体包括预包装食品消费的迅速增长对中国消费者超重、肥胖率的影响，营养标签的使用对抑制中国消费者超重肥胖的作用，中国实施强制性营养标签政策后消费者营养标签使用行为现状，并聚焦于个体营养知识和时间偏好深入剖析消费者的营养标签使用行为决策，最后结合中国消费者特点设计新型营养标签，并开展随机对照试验对比分析不同种类标签的作用。但本书在样本代表性、研究方法等方面仍存在一些不足。后续研究可以从以下几个方面进行完善。

第一，为了增强样本代表性，本书自主设计了调查量表并在全国 5 个省份 10 所城市开展了消费者调查。同时结合中国健康与营养调查数据，进一步丰富样本特征，旨在深入、全面地分析当前中国强制性标签政策实施后，消费者的营养标签使用行为的作用、现状及其决策机制。但由于数据可获得性原因，本书使用的数据主要为截面数据。未来研究可以在本书研究框架的基础上，收集时间序列数据，进一步分析消费者营养标签使用行为的动态变化。另外，本书的取样范围虽然已尽可能涵盖中国东部、西部、南部、北部以及中部地区，但仍然难以全面反映中国消费者的特征。调查区域主要位于城市，未来研究可以基于本书框架收集农村居民数据，分析强制性标签政策的实施对农村居民消费和营养健康状况的影响。

第二，本书为了多维度地度量消费者的营养标签使用行为，分别从两种中国市场上应用最广泛的营养标签以及 5 种中国强制性标签政策要求披露的营养素信息的视角，询问消费者在日常消费时阅读这些信息的频率。这种消费者自我汇报形式的调查虽然可以反映消费者的总体营养标签使用频率，但可能存在汇报误差。一方面，消费者可能由于记忆偏差等原因，无法准确地回答出对这些营养信息的关注度；另一方面，消费者可能故意高估应用食品营养信息的频率，出现社会偏差(social bias)。因此，未来研究可以尝试使用眼球追踪技术(eye-tracking)等试验方法客观地测度消费者对食品营养信息的实际关注情况，进一步提高估计结果的准确性。

第三，本书使用选择试验法测度消费者对不同健康属性的茶饮料的支付意愿。选择试验理论是基于随机效用理论和 Lancaster 消费理论提出，效用是消费者从食品的某些特征或属性中获得的。当消费者从给定的选择集中做出决策时，选择试验可以很好地模拟其真实的偏好决策。与其他显示性偏好试验方法相比，选择试验能更好地体现随机效用理论和 Lancaster 消费理论。选择试验方法广泛应用于食品需求研究、制定和实施农业发展政策，并被用于指导环境、能源、农业等领域法规的制定和出台等。然而，选择试验方法测度的是消费者的显示性偏好和支付意愿，与其实际购买行为可能存在差异；一些研究表明，消费者在假设性情境下容易夸大自己的支付意愿。鉴于此，未来研究可以尝试以拍卖等方式进行实际交易，从而更加准确地测度消费者的实际支付意愿。

参考文献

[1] Acheampong, I., & Haldeman, L. Are nutrition knowledge, attitudes, and beliefs associated with obesity among low-income Hispanic and African American women caretakers? Journal of Obesity, 2013, 123901.

[2] Afriat, S. N. The construction of utility functions from expenditure data. International Economics Review, 1967, 8(1), 67-77.

[3] Ahmadi, A., Torkamani, P., Sohrabi, Z., & Ghahremani, F. Nutrition knowledge: Application and perception of food labels among women. Pakistan Journal of Biological Sciences, 2013, 16(24), 2026-2030.

[4] Ajzen, I. The theory of planned behavior. Organizational Behavior and Human Decision Processes, 1991, 50, 179-211.

[5] Allison, D., & Baskin, M. Handbook of assessment methods for eating behaviors and weight related problems: Measures, theory and research. Thousand Oaks: Sage Publications, 2009.

[6] Alston, J., Sumner, D. A., & Vosti, S. A. Farm subsidies and obesity in the United States: National evidence and international comparisons. Food Policy, 2008, 33(6), 470-479.

[7] Akerlof, G. A. The market for "lemons": Quality uncertainty and the market mechanism. The Quarterly Journal of Economics, 1970, 84(3), 488-500.

[8] Andersen, S., Harrison, G. W., Lau, M. I., & Rutstrom, E. E. Eliciting risk and time preferences. Econometrica, 2008, 76(3), 583-618.

[9] Anderson, M. L., & Matsa, D. A. Are restaurants really supersizing America? American Economic Journal: Applied Economics, 2011, 3(1), 152-188.

[10] Andreoni, J., & Sprenger, C. Estimating time preferences from convex budgets. American Economic Review, 2012, 102(7), 3333-3356.

[11] Andrews,J. C. , Netemeyer,R. G. , & Burton,S. The nutrition elite,do only the highest levels of caloric knowledge, obesity knowledge, and motivation matter in processing nutrition ad claims and disclosures. Journal of Public Policy and Marketing,2009, 28(1),41-55.

[12] Andrews, J. C. , Burton, S. , & Kees, J. Is simpler always better? Consumer evaluations of front-of-package nutrition symbols. Journal of Public Policy & Marketing, 2011, 30(2), 175-190.

[13] Andreyeva,T. , Michaud,P. C. , & van Soest,A. Obesity and health in Europeans aged 50 years and older. Public Health, 2007, 121 (7), 497-509.

[14] Aschemann-Witzel,J. , Grunert,K. G. , van Trijp, H. C. M, et al. Effects of nutrition label format and product assortment on the healthfulness of food choice. Appetite,2013,71,63-74.

[15] Ashraf,N. , Karlan,D. S. , & Yin,W. Tying odysseys to the mast: Evidence from a commitment savings product in the Philippines. Quarterly Journal of Economics, 2006, 121(2),635-672.

[16] Balcombe, K. , Chalak, A. , &Fraser, I. Model selection for the mixed logit with Bayesian estimation. Journal of Environmental Economics and Management, 2009, 57(2), 226-237.

[17] Barreiro-Hurlé, J. , Gracia, A. , & de-Magistris, T. Does nutrition information on food products lead to healthier food choices. Food Policy, 2010,35,221-229.

[18] Basu, S. , McKee, M. , Galea, G. , & Stuckler, D. Soft drink consumption to global overweight, obesity, and diabetes. American Journal of Public Health,2013, 103(11), 2071-2077.

[19] Baum,C. The effects of food stamps on obesity. Southern Economic Journal,2007,77(3),623-651.

[20] Bell,J. , & Zimmerman,F. Shortened nighttime sleep duration in early life and subsequent childhood obesity. Archives of Pediatrics and Adolescent Medicine,2010,164(9),840.

[21] Bialkova,S. , & van Trijp,H. What determines consumer attention to nutrition labels? Food Quality and Preference,2010,21(8),1042-1051.

[22] Blaine,B. Does depression cause obesity? A meta-analysis of longitudinal studies of depression and weight control. Journal Health Psychology,

2008,13(8),1190-1197.

[23] Blaylock, J., Smallwood, D., Kassel, K., et al. Economics, food choices, and nutrition. Food Policy, 1999, 24, 269-286.

[24] Blitstein, J. L., & Evans, W. D. Use of nutrition facts panels among adults who make household food purchasing decisions. Journal of Nutrition Education and Behavior, 2006, 38(6), 360-364.

[25] Bonanno, A., & Goetz, S. J. Adult obesity and food stores' density. Colorado: Agricultural and Applied Economics Association, 2010.

[26] Booij, A. S., & van Praag, B. M. S. A simultaneous approach to the estimation of risk aversion and the subjective time discount rate. Journal of Economic Behavior and Organization, 2009, 70(1-2), 374-388.

[27] Borghans, L., & Golsteyn, B. H. Time discounting and the body mass index. Evidence from the Netherlands. Economics and Human Biology, 2006, 4(1), 39-61.

[28] Boztuğ, Y., Juhl, H. J., Elshiewy, O., & Jensen, M. B. Consumer response to monochrome Guideline Daily Amount nutrition labels. Food Policy, 2015, 53, 1-8.

[29] Bradford, D., Courtemanche, C., Heutel, G., et al. Time preference and consumer behavior. National Bureau of Economic Research. NBER Working Paper, 2014, 55.

[30] Brecher, S., Bender, M., Wilkening, V., et al. Status of nutrition labeling, health claims, and nutrient content claims for processed foods. Journal of the American Dietetic Association, 2000, 100(9), 1057-1062.

[31] Britwum, K., & Yiannaka, A. Consumer willingness to pay for food safety interventions: The role of message framing and issue involvement. Food Policy, 2019, 86, 101726.

[32] Brown, D. J., & Schrader, L. F. Cholesterol information and shell egg consumption. American Agricultural Economics Association, 1990, 8, 548-556.

[33] Brucks, M., Mitchell, A. A., & Staelin, R. The effect of nutritional information disclosure in advertising: An information processing approach. Journal of Public Policy Marketing, 1984, 3, 1-25.

[34] Burton, S., & Andrews, J. C. Age, product nutrition, and label format effects on consumer perceptions and product evaluations. Journal of

Consumer Affairs,1996,30(1),68-89.

[35] Burton, S., Garretson, J. A., & Velliquette, A. M. Implications of accurate usage of nutrition facts panel information for food product evaluations and purchase intentions. Journal of the Academy of Marketing Science,1999,27(4),470-480.

[36] Burton, S., Creyer, E. H., Kees, J., & Huggins, K. Attacking the obesity epidemic: The potential health benefits of providing nutrition information in restaurants. American Journal of Public Health,2006, 96 (9), 1669-1675.

[37] Campos, S., Doxey, J., & Hammond, D. Nutrition labels on pre-packaged foods: A systematic review. Public Health Nutrition,2011,14 (8),1496-1506.

[38] Cannoosamy, K., Pugo-Gunsam, P., & Jeewon, R. Consumer knowledge and attitudes toward nutritional labels. The Journal of Nutrition Education and Behavior,2014,46(5),334-340.

[39] Cappuccio,F. P., Taggart,F. M., Kandala,N., et al. Meta-analysis of short sleep duration and obesity in children and adults. Sleep,2008,31 (5),619-626.

[40] Carrillo, E., Varela, P., & Fiszman, S. Influence of nutritional knowledge on the use and interpretation of Spanish nutritional food labels. Journal of Food Science,2012,71(1),1-8.

[41] Caswell, J. A., & Mojduszka, E. M. Using informational labeling to influence the market for quality in food products. American Journal of Agricultural Economics,1996,78(5),1248-1253.

[42] Cavaliere,A., De Marchi,E., & Banterle,A. Healthy-unhealthy weight and time preference: Is there an association? An analysis through a consumer survey. Appetite,2014,83,135-143.

[43] Cavaliere, A., De Marchi, E., & Banterle, A. Does consumer health-orientation affect the use of nutrition facts panel and claims? An empirical analysis in Italy. Food Quality and Preference, 2016, 54, 110-116.

[44] Cawley, J. The impact of obesity on wages. The Journal of Human Resources,2004,39(2),451.

[45] Cawley,J., Grabka,M. M., & Lillard,D. R. Obesity and earnings in

the US and Germany. Schmollers Jahrbuch,2005,125(1),119-129.

[46] Chen, S. E., Florax, R., & Snyder, S. D. Obesity in urban food markets. Wisconsin: Agricultural and Applied Economics Association, 2009.

[47] Chen,Z., Yen,S., & Eastwood,D. Effects of food stamp participation on body weight and obesity. American Journal of Agricultural Economics,2005,87(5),1167-1173.

[48] Christakis,N. A., & Fowler,J. H. The spread of obesity in a large social network over 32 years. The New England Journal of Medicine, 2007,357,370-379.

[49] Christiansen, P., et al. A validation of a questionnaire to assess consumer attitudes towards artificial sweeteners. Food Quality and Preference, 2023, 103, 104707.

[50] Cooke, R., & Papadaki, A. Nutrition label use mediates the positive relationship between nutrition knowledge and attitudes towards healthy eating with dietary quality among university students in the UK. Appetite,2014,83,297-303.

[51] Costa-Font, J., Fabbri, D., & Gil, G. Decomposing cross-country differences in levels of obesity and overweight-does the social environment matter. Social Science & Medicine, 2008, 70 (8), 1185-1193.

[52] Coulson,N. An application of the stages of change model to consumer use of food labels. British Food Journal,2000,102(9),661-668.

[53] Courtemanche,C., Heutel,G., & McAlvanah,P. Impatience,incentives and obesity. The Economic Journal,2014,125,1-31.

[54] Cowburn, G., & Stockley, L. Consumer understanding and use of nutrition labelling: A systematic review. Public Health Nutrition,2007, 8(1),21-28.

[55] Cutler,D. M., Glaeser,E. L., & Shapiro,J. M. Why have Americans become more obese. The Journal of Economic Perspectives,2003,17(3), 93-118.

[56] Dallongeville,J., Mare'caux,N., Cottel,D., et al. Association between nutrition knowledge and nutritional intake in middle-aged men from Northern France. Public Health Nutrition,2001,4(1),27-33.

[57] Davidson, R., & MacKinnon, J. G. Estimation and inference in econometrics. Oxford: Oxford University Press, 1993.

[58] De Marchi, E., Caputo, V., Nayga, R. M., & Banterle, A. Time preferences and food choices: Evidence from a choice experiment. Food Policy, 2016, 62, 99-109.

[59] De Vriendt, T., Matthys, C., Verbeke, W., et al. Determinants of nutrition knowledge in young and middle-aged Belgian women and the association with their dietary behavior. Appetite, 2009, 52(3), 788-792.

[60] Dennison, B., Erb, T., & Jenkins, P. Television viewing and television in bedroom associated with overweight risk among low-income preschool children. Pediatrics, 2002, 109(6), 1028-1035.

[61] Dickson-Spillmann, M., Siegrist, M., & Keller, C. Development and validation of a short, consumer-oriented nutrition knowledge questionnaire. Appetite, 2011, 56, 617-620.

[62] DiPrete, T., & Gangl, M. Assessing bias in the estimation of causal effects: Rosenbaum bounds on matching estimators and instrumental variables estimation with imperfect instruments. Sociological Methodology, 2004, 34(1), 271-310.

[63] Drichoutis, A. C. Nutrition knowledge and consumer use of nutritional food labels. European Review of Agriculture Economics, 2005, 32(1), 93-118.

[64] Drichoutis, A. C., Lazaridis, P., & Nayga, R. M. Consumers' use of nutritional labels: A review of research studies and issues. Academy of Marketing Science Review, 2006, 9, 1-12.

[65] Drichoutis, A. C., Lazaridis, P., Nayga, R. M., et al. A theoretical and empirical investigation of nutritional label use. The European Journal of Health Economics, 2008, 9(3), 293-304.

[66] Drichoutis, A. C., Lazaridis, P., & Nayga, R. M. On consumers' valuation of nutrition information. Bulletin of Economic Research, 2009, 61(3), 223-247.

[67] Drichoutis, A. C., Lazaridis, P., & Nayga, R. M. Would consumers value food-away-from-home products with nutritional labels? Agribusiness, 2009, 25(4), 550-575.

[68] Drichoutis, A. C., Lazaridis, P., Nayga, R. M., et al. Can nutritional

label use influence body weight outcomes? Kyklos,2009,62(4),500-525.

[69] Elbon, S. M. , Johnson, M. A. , & Fischer, J. G. Developing an instrument to measure the influence of knowledge, behaviors, and attitudes on milk consumption patterns in older participants of a community wellness group: A pilot study. Journal of Nutrition for Elderly,1996,15(4),21-37.

[70] Elfassy,T. , Yi,S. , Eisenhower,D. , et al. Use of sodium information on the nutrition facts label in New York City adults with hypertension. Journal of the Academy of Nutrition and Dietetics, 2015, 115 (2), 278-283.

[71] Fan,M. Do food stamps contribute to obesity in low-income women? Evidence from the national longitudinal survey of youth 1979. American Journal of Agricultural Economics,2010,92(4),1165-1180.

[72] Fang, D. , Nayga, R. M. , West, G. H. , et al. On the use of virtual reality in mitigating hypothetical bias in choice experiments. American Journal of Agricultural Economics, 2021, 103(1), 142-161.

[73] Farhat, G. , Dewison, F. , & Stevenson, L. Knowledge and perceptions of nonnutritive sweeteners within the UK adult population. Nutrients, 2021, 13(2), 444.

[74] Fenko, A. , Nicolaas, I. , Galetzka, M. Does attention to health labels predict a healthy food choice? An eye-tracking study. Food Quality and Preference, 2018, 69, 57-65.

[75] Ferrini, S. , & Scarpa, R. Designs with a priori information for nonmarket valuation with choice experiments: A Monte Carlo study. Journal of Environmental Economics and Management, 2007, 53(3), 342-363.

[76] Feunekes,G. I. J. , Gortemaker,I. A. , Willems,A. A. , et al. Front-of-pack nutrition labelling: Testing effectiveness of different nutrition labelling formats front-of-pack in four European countries. Appetite, 2008,50(1),57-70.

[77] Field,A. E. , Coakley,E. H. , Must,A. , et al. Impact of overweight on the risk of developing common chronic diseases during a 10-year period. Archives of Internal Medicine,2001,161(13),1581-1586.

[78] Finkelstein, E. , Ruhm, C. , & Kosa, K. Economic causes and

consequences of obesity. Annual Review of Public Health, 2005, 26(1), 239-257.

[79] Fitzgerald, N., Damio, G., Segura-Perez, S., & Perez-Escamilla, R. Nutrition knowledge, food label use, and food intake patterns among Latinas with and without type 2 diabetes. Journal of the Academy of Nutrition and Dietetics, 2008, 108(6), 960-967.

[80] Foss, B., & Dyrstad, S. M. Stress in obesity: Cause or consequence? Medical Hypotheses, 2011, 77(1), 7-10.

[81] Frankenfeld, C. L., Leslie, T. F., & Makara, M. A. Diabetes obesity and recommended fruit and vegetable in relation to food environment sub-types. BMC Public Health, 2015, 15(491), 1-9.

[82] Frederick, S., Loewenstein, G., & O'Donoghue, T. Time discounting and time preference: A critical review. Journal of Economic Literature, 2002, XL, 351-401.

[83] Friedman, J. M. Obesity causes and control of excess body fat. Nature, 2009, 459(7245), 340-342.

[84] Gallagher, A. M., Ashwell, M., Halford, J. C., et al. Low-calorie sweeteners in the human diet: Scientific evidence, recommendations, challenges and future needs. A symposium report from the FENS 2019 conference. Journal of Nutritional Science, 2021, 10, 1-11.

[85] Gangwisch, J. E., Malaspina, D., Boden-Albala, B., & Heymsfield, S. B. Inadequate sleep as a risk factor for obesity: Analyses of the NHANES I. Sleep, 2005, 28(10), 1289-1297.

[86] Gao, A., & Schroeder, T. C. Effects of label information on consumer willingness-to-pay for food attributes. American Journal of Agricultural Economics, 2009, 91(3), 795-809.

[87] Gao, Z., Li, C., Bai, J., & Fu, J. Chinese consumer quality perception and preference of sustainable milk. China Economic Review, 2020, 59(1), 100939.

[88] Garaulet, M., Ortega, F. B., Ruiz, J. R., et al. Short sleep duration is associated with increased obesity markers in European adolescents: Effect of physical activity and dietary habits. International Journal Obesity, 2011, 35(10), 1308-1317.

[89] Gracia, A., Loureiro, M., & Nayga, R. M. Do consumers perceive

benefits from the implementation of a EU mandatory nutritional labelling program? Food Policy,2007,32(2),160-174.

[90] Grebitus, C., & Davis, G. C. Change is good!? Analyzing the relationship between attention and nutrition facts panel modifications. Food Policy, 2017, 73, 119-130.

[91] Georgina, R. C., Burke,P. F., Waller,D. S., & Wei,E. The impact of front-of-pack marketing attributes versus nutrition and health information on parents' food choices. Appetite,2017,116,323-338.

[92] Gracia, A., Loureiro, M., & Nayga, R. M. Do consumers perceive benefits from the implementation of a EU mandatory nutritional labelling program? Food Policy,2007,32(2),160-174.

[93] Gracia,A., Loureiro,M. L., & Nayga,R. M. Consumers' valuation of nutritional information: A choice experiment study. Food Quality and Preference,2009,20(7),463-471.

[94] Graham,D. J., & Laska,M. N. Nutrition label use partially mediates the relationship between attitude toward healthy eating and overall dietary quality among college students. Journal of the Academy of Nutrition and Dietetics,2012,112(3),414-418.

[95] Graham,D. J., Orquin,J. L., & Visschers,V. H. M. Eye tracking and nutrition label use: A review of the literature and recommendations for label enhancement. Food Policy,2012,37(4),378-382.

[96] Grasso,S., Monahan,F. J., Hutchings,S. C., & Brunton,N. P. The effect of health claim information disclosure on the sensory characteristics of plant sterol-enriched turkey as assessed using the Check-All-That-Apply (CATA) methodology. Food Quality and Preference,2017,57,69-78.

[97] Gregori, D., Ballali, S., Vogele, C., et al. Evaluating food front-of-pack labelling: A pan-European survey on consumers' attitudes toward food labelling. International Journal of Food Sciences and Nutrition, 2014, 65(2), 177-186.

[98] Grossman, M. On the concept of health capital and the demand for health. Journal of Political Economy,1972, 80(2),223-255.

[99] Grunert, K. G., Scholderer, J., & Rogeaux, M. Determinants of consumer understanding of health claims. Appetite, 2011, 56 (2),

269-277.

[100] Grunert, K. G., & Wills, J. M. A review of European research on consumer response to nutrition information on food labels. Journal of Public Health, 2007, 15(5), 385-399.

[101] Grunert, K. G., Wills, J. M., & Fernández-Celemín, L. Nutrition knowledge, and use and understanding of nutrition information on food labels among consumers in the UK. Appetite, 2010, 55(2), 13.

[102] Guthrie, J. F., Fox, J. J., Linda E, C., & Welsh, S. Who uses nutrition labeling, and what effects does label use have on diet quality? Journal of Nutrition Education, 1995, 27(4), 163-172.

[103] Hausman, J. A. Specification tests in econometrics. Econometrica, 1978, 46(6), 1251-1271.

[104] Hersey, J. C., Cwohlgenant, K., Arsenault, J. E., et al. Effects of front-of-package and shelf nutrition labeling systems on consumers. Nutrition Reviews, 2013, 71(1), 1-14.

[105] Hess, R., Visschers, V. H., & Siegrist, M. The role of health-related, motivational and sociodemographic aspects in predicting food label use: A comprehensive study. Public Health Nutrition, 2012, 15(3), 407-414.

[106] Holt, C. A., & Laury, S. K. Risk aversion and incentive effects. The American Economic Review, 2002, 92(5), 1644-1655.

[107] Houghton, J. R., Rowe, G., Frewer, L. J., et al. The quality of food risk management in Europe: Perspectives and priorities. Food Policy, 2008, 33(1), 13-26.

[108] Hung, Y., Grunert, K. G., Hoefkens, C., et al. Motivation outweighs ability in explaining European consumers' use of health claims. Food Quality and Preference, 2017, 58, 34-44.

[109] Huston, S. J., & Finke, M. S. Diet choice and the role of time preference. The Journal of Consumer Affairs, 2003, 37(1), 143-160.

[110] Ikeda, S., Kang, M. I., & Ohtake, F. Hyperbolic discounting, the sign effect, and the body mass index. Journal of Health Economics, 2010, 29(2), 268-284.

[111] Imbens, G. Nonparametric estimation of average treatment effects under exogeneity: A review. The Review of Economics and Statistics,

2004,86(1),4-29.

[112] Ippolito,P. M. How government policies shape the food and nutrition information environment. Food Policy,1999,24,295-306.

[113] Jensen, T. K. Measuring the impact of health awareness on food demand. Review of Agricultural Economics,2015, 14(2), 299-312.

[114] Johnson, F. R. , Lancsar, E. , Marshall, D. , et al. Constructing experimental designs for discrete-choice experiments: Report of the ISPOR conjoint analysis experimental design good research practices task force. Value in Health, 2013, 16(1), 3-13.

[115] Joireman,J. , Shaffer,M. J. , Balliet,D. , & Strathman,A. Promotion orientation explains why future-oriented people exercise and eat healthy: Evidence from the two-factor consideration of future consequences-14 scale. Personality and Social Psychology Bulletin, 2012,38(10),1272-1287.

[116] Jones,K. E. , Johnson,R. K. , & Harvey-Berino,J. R. Losing sleep and obesity. British Nutrition Foundation Nutrition Bulletin,2008, 33, 272-278.

[117] Kabir,A. A. , Whelton,P. K. , Khan,M. M. , et al. Association of symptoms of depression and obesity with hypertension: The Bogalusa heart study. American Journal Hypertension,2006,19(6),639-645.

[118] Kahneman, D. , & Tversky, A. Prospect theory: An analysis of decision under risk. Econometrica,1979,47(2),263-291.

[119] Kaiser, H. An index of factorial simplicity. Psychometrika, 1974, 39 (1),31-36.

[120] Kasl,S. V. , & Cobb,S. Health behavior,illness behavior and sick role behavior. Archives of Environmental Health: An International Journal,1966,12(2),246-266.

[121] Kenkel, D. S. Health behavior, health knowledge, and schooling. Journal of Political Economy,1991,99(2),287-305.

[122] Khandpur,N. , Graham,D. J. , & Roberto,C. A. Simplifying mental math: Changing how added sugars are displayed on the nutrition facts label can improve consumer understanding. Appetite,2017,114,38-46.

[123] Kim,H. S. , Oh,C. , & No,J. K. Can nutrition label recognition or usage affect nutrition intake according to age? Nutrition,2016,32(1),

56-60.

[124] Kim,S. Y., Nayga,R. M., & Capps,O. The effect of food label use on nutrient intakes: An endogenous switching regression analysis. Journal of Agricultural and Resource Economics,2000,25(1),215-231.

[125] Kim, S.-Y., Nayga, R. M., & Capps, O. Food label use, self-selectivity,and diet quality. The Journal of Consumer Affairs,2001,35(2),346-364.

[126] Klohe-Lehman,D. M., Freeland-Graves,J., Anderson,E. R., et al. Nutrition knowledge is associated with greater weight loss in obese and overweight low-income mothers. Journal of the American Dietetic Association,2006,106(1),65-75.

[127] Komlos,J., Smith,P. K., & Bogin,B. Obesity and the rate of time preference: Is there a connection? Journal of Biosocial Science,2004,36(2),209-219.

[128] Kumar,N., & Kapoor,S. Do labels influence purchase decisions of food products? Study of young consumers of an emerging market. British Food Journal,2017,119(2),218-229.

[129] Laibson,D. Golden eggs and hyperbolic discounting. The Quarterly Journal of Economics,1997,112(2),443-477.

[130] Lakdawalla, D., & Philipson, T. The growth of obesity and technological change. Economics & Human Biology, 2009, 7(3), 283-293.

[131] Lancaster, K. J. A new approach to consumer theory. Journal of Political Economy, 1966, 74,132-157.

[132] Lechner,M. Program heterogeneity and propensity score matching: An application to the evaluation of active labor market policies. The Review of Economics and Statistics, 2002, 84(2), 205-220.

[133] Levy,A. S., Fein,S. B., & Stephenson,M. Nutrition knowledge levels about dietary fats and cholesterol: 1983—1988. Journal of Nutrition Education,1993,25(2),60-66.

[134] Lin,B.-H., & Yen,S. T. Consumer knowledge,food label use and grain consumption in the US. Applied Economics, 2008, 40(4), 437-448.

[135] List, J. A. Do explicit warnings eliminate the hypothetical bias in

elicitation procedures? Evidence from field auctions for sportscards. American Economics Review, 2001, 91(5), 1498-1507.

[136] Liu, X., & Lopez, R. Evidence of rational addiction to carbonated soft drinks? China Agricultural Economic Review, 2012, 4(3), 300-317.

[137] Liu, R., Pieniak, Z., & Verbeke, W. Food-related hazards in China: Consumers' perceptions of risk and trust in information sources. Food Control, 2014, 46, 291-298.

[138] Liu, R., Hoefkens, C., & Verbeke, W. Chinese consumers' understanding and use of a food nutrition label and their determinants. Food Quality and Preference, 2015, 41, 103-111.

[139] Loewenstein, G. Emotions in economic theory and economic behavior. The American Economic Review, 2000, 90(2), 426.

[140] Loureiro, M. L., Yen, S. T., & Nayga, R. M. The effects of nutritional labels on obesity. Agricultural Economics, 2012, 43(3), 333-342.

[141] Louzada, M., Baraldia, L. G., Steelea, E. M., et al. Consumption of ultra-processed foods and obesity in Brazilian adolescents and adults. Preventive Medicine, 2015, 81, 9-15.

[142] Lundborg, P., Bolin, K., Höjgård, S., & Lindgren, B. Obesity and occupational attainment among the 50+ of Europe. The Economics of Obesity, 2006, 17, 219-251.

[143] Luntz, S. Food, not lack of exercise, causes obesity. Hawksburn: Control Publications Pty Ltd, 2009, 30, 5.

[144] Lusk, J. L., & Coble, K. H. Risk perception, risk preference, and acceptance of risky food. American Journal of Agricultural Economics, 2005, 87(2), 393-405.

[145] Lusk, J. L., & Schroeder, T. C. Are choice experiments incentive compatible? Atest with quality differentiated beef steaks. American Journal of Agricultural Economics, 2004, 86(2), 467-482.

[146] Machado, P. P., Claro, R. M., Canella, D. S., et al. Price and convenience: The influence of supermarkets on consumption of ultra-processed foods and beverages in Brazil. Appetite, 2017, 116, 381-388.

[147] Mandal, B. Use of food labels as a weight loss behavior. The Journal of Consumer Affairs, 2010, 44(3), 516-528.

[148] Marta-Pedroso, C., Freitas, H., & Domingos, T. Testing for the survey mode effect on contingent valuation data quality: A case study of web based versus in-person interviews. Ecological Economics, 2007, 62, 388-398.

[149] Martinez, S. E., Baraldi, L. G., Louzada, M. L., et al. Ultra-processed foods and added sugars in the US diet: Evidence from a nationally representative cross-sectional study. BMJ Open, 2016, 6(3), 1-9.

[150] McFadden, D. Conditional logit analysis of qualitative choice behavior. In P. Zarembka (ed.), Frontiers in Econometrics. New York: Academic Press, 1974.

[151] Meier, S., & Sprenger, C. D. Stability of time preferences. IZA Discussion Paper, No. 4756, 2009.

[152] Merwe, D., Kempen, E. L., Breedt, S., & Beer, H. Food choice: Student consumers' decision-making process regarding food products with limited label information. International Journal of Consumer Studies, 2010, 34, 11-18.

[153] Miller, L. M., & Cassady, D. L. Making healthy food choices using nutrition facts panels. The roles of knowledge, motivation, dietary modifications goals, and age. Appetite, 2012, 59(1), 129-139.

[154] Miller, L. M., & Cassady, D. L. The effects of nutrition knowledge on food label use. A review of the literature. Appetite, 2015, 92, 207-216.

[155] Miller, L. M., Cassady, D. L., Applegate, E. A., et al. Relationships among food label use, motivation, and dietary quality. Nutrients, 2015, 7(2), 1068-1080.

[156] Misra, R. Knowledge, attitudes, and label use among college students. Journal of the American Dietetic Association, 2007, 107(12), 2130-2134.

[157] Monteiro, C. A., Levy, R. B., Claro, R. M., et al. Increasing consumption of ultra-processed foods and likely impact on human health: Evidence from Brazil. Public Health Nutrition, 2011, 14(1), 5-13.

[158] Moore, R., Cotner, S., & Bates, A. The influence of religion and high school biology courses on students' knowledge of evolution when they

enter college. The Journal of Effective Teaching,2009,9(2),4-12.

[159] Moorman,C. The effects of stimulus and consumer characteristics on the utilization of nutrition information. Journal of Consumer Research, 1990,17(3),362-374.

[160] Moorman,C., & Matulich,E. A model of consumers' preventive health behaviors: The role of health motivation and health ability. Journal of Consumer Research,1993,20(2),208-228.

[161] Moorman, C., Diehl, K., Brinberg, D., & Kidwell, B. Subjective knowledge,search locations,and consumer choice. Journal of Consumer Research,2004, 31, 673-681.

[162] Moubarac,J. C., Martins,A. P., Claro,R. M., et al. Consumption of ultra-processed foods and likely impact on human health. Evidence from Canada. Public Health Nutrition,2013,16(12),2240-2248.

[163] Munasinghe,L., & Sicherman,N. Why do dancers smoke? Smoking, time preference,and wage dynamics. Eastern Economic Journal,2006, 32(4),595-616.

[164] Must,A., Spadano,J., Coakley,E. H., et al. The disease burden associated with overweight and obesity. Journal of the Academy of Marketing Science,1999,282(16), 1523-1529.

[165] Nayga, R. M. Determinants of consumers' use of nutritional information on food packages. Journal of Agricultural and Applied Economics,1996,28(2),303-312.

[166] Nayga,R. M. Toward an understanding of consumers' perceptions of food labels. International Food and Agribusiness Management Review, 1999,2(1),29-45.

[167] Nayga,R. M. Nutrition knowledge,gender,and food label use. The Journal of Consumer Affairs,2000,34(1),97-112.

[168] Nayga, R. M., Lipinski, D., & Savur, N. Consumers' use of nutritional labels while food shopping and at home. Journal of Consumer Affairs,1998,32(1),106-120.

[169] NCD-RisC,N. Trends in adult body-mass index in 200 countries from 1975 to 2014: A pooled analysis of 1698 population-based measurement studies with 19 • 2 million participants. The Lancet,2016,387(10026), 1377-1396.

[170] Nelson, P. Information and consumer behavior. Journal of Political Economy, 1970, 78(2), 311-329.

[171] Norazlanshah, H., Muhammad, I., Hasmira, M. D., et al. The use of nutrition label on food purchasing decision among university students in Kuantan, Malaysia. Health and the Environment Journal, 2013, 14(1), 1-10.

[172] O'Brien, G., & Davies, M. Nutrition knowledge and body mass index. Health Education Research, 2007, 22(4), 571-575.

[173] O'Donoghue, T., & Rabin, M. Optimal sin taxes. Journal of Public Economics, 2006, 90(10-11), 781-796.

[174] OECD. How's Life? Measuring Well-being. Paris: OECD Publishing, 2015.

[175] Ogden, C. L., Carroll, M. D., Kit, B. K., & Flegal, K. M. Prevalence of obesity in the United States. U.S. Department of Health and Human Services, 2012.

[176] Ollberding, N. J., Wolf, R. L., & Contento, I. Food label use and its relation to dietary intake among US adults. Journal of the American Dietetic Association, 2011, 111(5), 47-51.

[177] Pajor, E. M., Eggers, S. M., Curfs, K., Oenema, A., & Vries, H. Why do Dutch people use dietary supplements? Exploring the role of socio-cognitive and psychosocial determinants. Appetite, 2017, 114, 161-168.

[178] Parmenter, K., & Wardle, J. Development of a general nutrition knowledge questionnaire for adults. European Journal of Clinical Nutrition, 1999, 53(4), 298-308.

[179] Petrovici, D., Fearne, A., Nayga, R. M., & Drolias, D. Nutritional knowledge, nutritional labels, and health claims on food. British Food Journal, 2012, 114(6), 768-783.

[180] Plantinga, A. J., & Bernell, S. Can urban planning reduce obesity? The role of self-selection in explaining the link between weight and urban sprawl. Review of Agricultural Economics, 2007, 29(3), 557-563.

[181] Poe, G. L., Giraud, K. L., & Loomis, J. B. Computational methods for measuring the difference of empirical distributions. American Journal of Agricultural Economics, 2005, 87(2), 353-365.

[182] Pollan,M. Cruising on the ark of taste. Mother Jones,2003,28(3),74.

[183] Popkin,B. M. Nutrion transition and obesity in developing country. American Society for Nutritional Sciences,2001,871-873.

[184] Popkin,B. M. Will China's nutrition transition overwhelm its health care system and slow economic growth? Health Affairs,2008,27(4), 1064-1076.

[185] Popkin,B. M. Nutrition,agriculture and the global food system in low- and middle-income countries. Food Policy,2014,47,91-96.

[186] Popkin,B. M., Adair,L. S., & Ng,S. W. Global nutrition transition and the pandemic of obesity in developing countries. Nutrition Reviews,2012,70(1),3-21.

[187] Punamäki, R.-L., Wallenius, M., Nygård, C., et al. Use of information and communication technology(ICT) and perceived health in adolescence: The role of sleeping habits and waking-time tiredness. Journal of Adolescence,2007,30(4),569-585.

[188] Rasberry, C. N., Chaney, B. H., Housman, J. M., et al. Determinants of nutrition label use among college students. American Journal of Health Education,2007,38(2),76-82.

[189] Reinehr, T., Brylak, K., Alexy, U., et al. Predictors to success in outpatient training in obese children and adolescents. International Journal of Obesity and Related Metabolic Disorders, 2003, 27 (9), 1087-1092.

[190] Richards,T. J., Patterson,P. M., & Tegene,A. Obesity and nutrient consumption: A rational addiction? Contemporary Economic Policy, 2007,25(3),309-324.

[191] Roe,B. E., Teisl,M. F., & Deans,C. R. The economics of voluntary versus mandatory labels. The Annual Review of Resource Economics, 2014,6,407-427.

[192] Rosenbaum,P. R. Observational study. Encyclopedia of Statistics in Behavioral Science,2002,3,1451-1462.

[193] Rosenbaum,P. R., & Rubin,D. B. The central role of the propensity score in observational studies for causal effects. Biometric,1983,70(1), 41-55.

[194] Rosenstock, I. M. The health belief model and preventive health

behavior. Health Education Monographs,1966,2(4),354-386.

[195] Salois,M. J., Tiffin,R., & Balcombe,K. G. Impact of income on nutrient intakes: Implications for undernourishment and obesity. Journal of Development Studies,2012,48(12),1716-1730.

[196] Samuelson,P. A. A note on measurement of utility. The Review of Economic Studies,1937,4(2),155-161.

[197] Sapp,S. G., & Jensen,H. H. Reliability and validity of nutrition knowledge and diet-health awareness tests developed from the 1989—1991 diet and health knowledge surveys. Journal of Nutrition Education,1997,29(2),63-72.

[198] Scarpa, R., & Willis, K. Willingness-to-pay for renewable energy: Primary and discretionary choice of British households' for micro-generation technologies. Energy Economics, 2010, 32(1), 129-136.

[199] Scharff,R. L. Obesity and hyperbolic discounting: Evidence and implications. Journal of Consumer Policy,2009,32(1),3-21.

[200] Shepherd,R., & Towler,G. Nutrition knowledge,attitudes and fat intake: Application of the theory of reasoned action. Journal of Human Nutrition and Dietetics,1992,5,387-397.

[201] Shimokawa,S. When does dietary knowledge matter to obesity and overweight prevention? Food Policy,2013,38,35-46.

[202] Shimokawa,S. Why can calorie posting be apparently ineffective? The roles of two conflicting learning effects. Food Policy,2016,64,107-120.

[203] Siegrist, M., Leins-Hess, R., & Keller, C. Which front-of-pack nutrition label is the most efficient one? The results of an eye-tracker study. Food Quality and Preference, 2015, 39, 183-190.

[204] Silva, F., Giatti, L., de Figueiredo, R., et al. Consumption of ultra-processed food and obesity: Cross sectional results from the Brazilian Longitudinal Study of Adult Health (ELSA-Brasil) cohort (2008—2010). Public Health Nutrition (Wallingford), 2018, 21 (12), 2271-2279.

[205] Smith,P. K., Bogin,B., & Bishai,D. Are time preference and body mass index associated? Evidence from the National Longitudinal Survey of Youth. Economics and Human Biology,2005,3(2),259-270.

[206] Song,J., Huang,J., Chen,Y., et al. The understanding,attitude and

use of nutrition label among consumers (China). Nutrition Hospitalaria,2015,31(6),2703-2710.

[207] Stigler,G. J. The economics of information. The Journal of Political Economy,1961,69(3),213-225.

[208] Stranieri,S. , Baldi,L. , & Banterle,A. Do nutrition claims matter to consumers? An empirical analysis considering European requirements. Journal of Agricultural Economics,2010,61(1),15-33.

[209] Strathman,A. , Gleicher,F. , Boninger,D. S. , & Edwards,C. S. The consideration of future consequences: Weighing immediate and distant outcomes of behavior. Journal of Personality and Social Psychology, 1994,66(4),742-752.

[210] Street, D. J. , Burgess, L. , & Louviere, J. J. Quick and easy choice sets: Constructing optimal and nearly optimal stated choice experimental. International Journal of Research in Marketing, 2005, 22 (4), 459-470.

[211] Sturm, R. The effects of obesity, smoking, and drinking on medical problems and costs. The Determinants of Health, 2002, 21 (2), 245-253.

[212] Sutter,M. , Kocher,M. G. , Glätzle-Rützler,D. , & Trautmann,S. T. Impatience and uncertainty: Experimental decisions predict adolescents' field behavior. American Economic Review,2013,103(1),510-531.

[213] Teisl,M. F. , Bockstael,N. E. , & Levy,A. Measuring the welfare effects of nutrition information. American Journal of Agricultural Economics,2001,83(1),133-149.

[214] Thaler, R. Some empirical evidence on dynamic inconsistency. Economic Letters,1981,8,201-207.

[215] Thompson,D. , & Wolf,A. M. Medical-care cost of obesity. Obesity Reviews,2001, 2, 189-197.

[216] Towler,G. , & Shepherd,R. Development of a nutritional knowledge questionnaire. Journal of Human Nutrition and Dietetics,1990,3(4), 255-264.

[217] Train, K. E. Discrete choice methods with simulation. Cambridge: Cambridge University Press, 2009.

[218] Tversky, A. , & Kahneman, D. Advances in prospect theory:

Cumulative representation of uncertainty. Journal of Risk and Uncertainty, 1992, 5, 297-323.

[219] Unnevehr, L. J., & Jagmanaite, E. Getting rid of trans fats in the US diet: Policies, incentives and progress. Food Policy, 2008, 33 (6), 497-503.

[220] van den Bulck, J. Television viewing, computer game playing, and internet use and self-reported time to bed and time out of bed in secondary-school children. Sleep, 2004, 27(1), 101-104.

[221] van Trijp, H. C., & van der Lans, I. A. Consumer perceptions of nutrition and health claims. Appetite, 2007, 48(3), 305-324.

[222] Variyam, J. N. Do nutrition labels improve dietary outcomes? Health Economic, 2008, 17(6), 695-708.

[223] Variyam, J. N., & Cawley, J. Nutrition labels and obesity. The National Bureau of Economic Research, 2008, 1-42.

[224] Verbeke, W., & Ward, R. W. Consumer interest in information cues denoting quality, traceability and origin. Food Quality and Preference, 2006, 17, 453-467.

[225] Visschers, V. H. M., Hartmann, C., Leins-Hess, R., et al. A consumer segmentation of nutrition information use and its relation to food consumption behavior. Food Policy, 2013, 42, 71-80.

[226] Vriendt, T. D., Matthys, C., Verbeke, W., et al. Determinants of nutrition knowledge in young and middle-aged Belgian women and the association with their dietary behavior. Appetite, 2009, 52, 788-792.

[227] Wang, E. Y., Wei, H., & Caswell, J. A. The impact of mandatory trans fat labeling on product mix and consumer choice: A longitudinal analysis of the U. S. market for margarine and spreads. Food Policy, 2016, 64, 63-81.

[228] Wang, S., Marquez, P., & Langenbrunner, J. Toward a healthy and harmonious life in China: Stemming the rising tide of non-communicable diseases. Washington, D C: The World Bank, 2011.

[229] Wansink, B., & Chandon, P. Can "low-fat" nutrition labels lead to obesity? Journal of Marketing Research, 2006, XLIII, 605-617.

[230] Wansink, B., Westgren, R. E., & Cheney, M. M. Hierarchy of nutritional knowledge that relates to the consumption of a functional

food. Nutrition,2005,21(2),264-268.

[231] Wansink,B., Just,D. R., & Payne,C. R. Mindless eating and healthy heuristics for the irrational. American Economic Review,2009,99(2), 165-169.

[232] Wansink, B., Sonka, S. T., & Hasler, C. M. Front-label health claims: When less is more. Food Policy,2004,29,659-667.

[233] Ward-Begnoche,W. L., Pasold,T. L., McNeill,V., et al. Childhood obesity treatment literature review. Handbook of Obesity Intervention for the Lifespan, 2009,5-20.

[234] Wardle,J., Parmenter,K., & Waller,J. Nutrition knowledge and food intake. Appetite,2000,34,269-275.

[235] WHO. Working together for health. France: World Health Organization,2006.

[236] WHO. Global status report on noncommunicable diseases 2014. Switzerland,2014,1-302.

[237] Williams,P. G. Consumer understanding and use of health claims for foods. Nutrition Reviews,2005, 63(7), 256-264.

[238] Worsley,A. Nutrition knowledge and food consumption: Can nutrition knowledge change food behavior? Asia Pacific Journal Clinical Nutrition,2002,11,579-585.

[239] Yamaji,T., Mikami,S., Kobatake,H., et al. Does eating fast cause obesity and metabolic syndrome? Journal of the American College of Cardiology,2018,71(11),A1846.

[240] Yang, Y., & Hobbs, J. E. The power of stories: Narratives and information framing effects in science communication. American Journal of Agricultural Economics, 2020, 102(4), 1271-1296.

[241] Zhang, J., Xu, A. Q., Ma, J. X., et al. Dietary sodium intake: Knowledge,attitudes and practices in Shandong Province,China. PLoS One,2013,8(3),e58973.

[242] Zhou,L., Zeng,Q., Jin,S., & Cheng,G. The impact of changes in dietary knowledge on adult overweight and obesity in China. Plos One, 2017,12(6),1-11.

[243] Zhou,Y., Du,S., Su,C., et al. The food retail revolution in China and its association with diet and health. Food Policy,2015,55,92-100.

[244] Zhu, C., Lopez, R. A., & Liu, Xi. Information cost and consumer choices of healthy foods. American Journal of Agricultural Economics, 2016, 98(1), 41-53.

[245] Zimmerman, A. R., Ferriday, D., Davies, S. R., et al. "What time is my next meal?" delay-discounting individuals choose smaller portions under conditions of uncertainty. Appetite, 2017, 116, 284-290.

[246] 曹聪，李乃和. 跨期决策中的消费者自我控制行为研究. 上海管理科学，2012，34(2)，67-70.

[247] 钞凤，叶冰，张书芳，等. 郑州市成年居民预包装食品认知和消费情况调查. 中国卫生检验杂志，2016，26(15)，2249-2251.

[248] 陈卫平，牛明婵. 消费者对食品营养标签的使用行为及其影响因素. 中国人民大学学报，2009，23(4)，105-113.

[249] 杜树发，吕冰，王志宏，等. 中国居民膳食的变迁. 卫生研究，2001，4，221-225.

[250] 冯小双，范泽涵，彭嘉雯，等. 2013—2014 年广州超市预包装食品营养标签标示变化情况. 现代预防医学，2016，43(2)，252-255.

[251] 范焱红，秦明，许栩，等. 城乡居民关注食品营养标签差异的主成分分析. 中国食物与营养，2015，21(8)，50-54.

[252] 龚苹，张莹瑶，刘新瑜，等. 2011 年全国 12 省成人不同性别 BMI 影响因素分析. 2015 年(第四届)全国大学生统计建模大赛，2015，中国北京.

[253] 何梅，杨月欣. 各国营养标签实施方案的分析. 国外医学(卫生学分册)，2008，2，114-119.

[254] 何学军，杨月欣. 食品营养标签现状及卫生监督对策. 中国卫生监督杂志，2005，5，369-372，400.

[255] 何宇纳，翟凤英，王志宏，等. 中国居民膳食能量、蛋白质、脂肪的来源构成及变化. 营养学报，2005，5，358-362.

[256] 金李君，陈文龙，林希. 大学生 BMI 指数与心理健康状况的关系及其相关因素的研究. 中医教育，2016，1，29-32.

[257] 贾梦，王超，张玉梅，等. 北京市部分中学生含糖软饮料消费与肥胖的调查. 卫生研究，2012，41(2)，310-312.

[258] 刘宁，高尔生，武俊青. 居民营养知识、态度、行为及影响因素分析. 中国公共卫生，2008，4，482-485.

[259] 刘文哲. 论食品中营养成分表的标示方法及问题. 食品安全导刊，2019，27，67.

[260] 李园,翟凤英,王惠君,等. 膳食和体力活动因素对 BMI 影响的多水平分析研究. 营养学报,2008,1,26-30,38.

[261] 李思杰,周琦,彭焱. 重庆某地区小学儿童超重和肥胖的危险因素研究. 中国健康教育,2014,30(3),235-237,244.

[262] 路继业,张丽莎,李淼. 中国成年人软饮料消费与公共健康——引入消费理性成瘾特性的实证分析. 东北财经大学学报,2015,5,24-31.

[263] 浦科学. 基于膳食认知的肥胖问题分析. 中国卫生事业管理,2016,33(2),150-153.

[264] 汪浩瀚. 跨期选择、制度转型与居民消费行为的不确定性. 当代财经,2006,5,12-15.

[265] 王凤玲,杨月欣,王玉. 预包装食品营养标签现况调查. 中国食品卫生杂志,2010,22(2),150-153.

[266] 下川哲. 食品价格和饮食知识在提高中国饮食质量方面的作用. 宏观质量研究,2015,3(3),16-26.

[267] 徐爱萍,何梅,杨月欣. 八城市消费者营养标签的认知能力调查. 卫生研究,2010,39(5),624-625.

[268] 徐明凡, 刘合光,杨秀平. 基于国际比较的中国食品消费模式转变分析. 世界农业,2011,6,67-71.

[269] 杨月欣. 国内外食品营养标签法规. 中国食物与营养, 2000, 4, 45-47.

[270] 杨月欣,王光亚,潘兴昌. 中国食物成分表. 北京:北京大学医学出版社,2002.

[271] 王凤玲,杨月欣,王玉. 预包装食品营养标签现况调查. 中国食品卫生杂志,2010,22(2),150-153.

[272] 王利森,祁国鹰,李丰荣. 运动因素影响大学生 BMI 指数的统计研究. 北京体育大学学报,2006,10,1379-1380,1391.

[273] 王文绢,王克安,李天麟,等. 体重指数、腰围和腰臀比预测高血压、高血糖的实用价值及其建议值探讨. 中华流行病学杂志,2002,1,16-19.

[274] 翟凤英,何宇纳,马冠生,等. 中国城乡居民食物消费现状及变化趋势. 中国流行病学杂志,2005,7,485-489.

[275] 张利庠,王录安,刘晓鸥. 食品企业自主营养标签与食品安全. 农业经济问题(月刊),2017,38(6),3,101-109.

[276] 张睿佳,张东霞,余泳泉,等. 广州预包装食品营养标签标示及消费者认知现状调查. 现代预防医学,2014,41(13),2342-2344.

[277] 张欣,孙桂菊. 消费者营养知识、态度、行为现状及影响因素的研究进展.

健康教育与健康促进,2008,1,45-48.

[278] 赵丽云,翟凤英,李丹,等.“中国居民膳食指南”:营养教育项目效果分析.卫生研究,2001,3,176-179.

附　录

附录 1　消费者访谈提纲

该提纲主要应用于问卷设计之前及问卷设计的过程中，具体内容如下：

(1)您日常饮食中主要吃哪些食品？

(2)您知道营养标签吗？您在购物时，会看食品的营养标签吗？一般会看哪些标签？

(3)您认为食品包装上的营养标签对您的食物选择有影响吗？有什么样的影响？

(4)您在购买食品时，会关注食品的营养构成吗？一般会关注哪些营养元素？

(5)您认为最健康或者特别健康的食物是什么？为什么？

(6)您认为最不健康或者特别不健康的食物是什么？为什么？

(7)您认为健康饮食的总体组成应该是怎样的？

附录2　中国消费者食品消费行为调查问卷

问卷编号________　调查地点________省________市________（地点）调研员________

食品消费调查问卷

您好！这是一份关于城市居民食品消费行为的调查问卷，调查结果将用于学术研究。本问卷不记名，且答案无对错之分，请您按您的实际情况或想法填写即可。感谢您的参与！

浙江大学管理学院课题组

2016年7月

第一部分

A1.您的年龄________岁；民族________；性别：A.男　B.女

A2.您的婚姻状况：

A.未婚　B.在婚　C.离婚　D.丧偶　E.分居　F.不知道

A3.你的最高教育程度是什么？

A.小学及以下　B.初中　C.高中、中专或技校

D.大专或本科　E.硕士及以上

A4.您的主要职业是什么？

A.高级专业技术工作者（医生、教授、律师、建筑师、工程师等）

B.一般专业技术工作者（助产士、护士、教师、编辑、摄影师等）

C.管理者/行政官员/经理（厂长、政府官员、处长、司局长、行政干部及村干部等）

D.办公室一般工作人员（秘书、办事员）

E.农民、渔民、猎人

F.技术工人或熟练工人（工段长、班组长、工艺工人等）

G.非技术工人或熟练工人（普通工人、伐木工等）

H.军官与警官

I.士兵与警察

J.司机

K.服务行业人员（厨师、服务员、看门人、理发员、售货员、洗衣工、保育员等）

L.运动员、演员、演奏员

M.其他（具体注明：________）

A5. 您个人年收入________万元；家庭年收入________万元。

A6. 您的身高________厘米；体重________公斤。

A7. 您认为您现在的体重情况是？

A. 很瘦　　B. 偏瘦　　C. 标准　　D. 偏胖　　E. 很胖

A8. 您最想达到的理想体重是________公斤。

A9. 您的家人或亲戚朋友认为您现在的体重情况是？

A. 很瘦　　B. 偏瘦　　C. 标准　　D. 偏胖　　E. 很胖

A10. 您的家人或亲戚朋友认为您的理想体重是________公斤。

A11. 您的健康状况如何？

A. 很好　　B. 好　　C. 中等　　D. 差　　E. 很差　　F. 不知道

A12. 包括您在内，与您共同生活的共有几人？________；家里现在是否有孕妇？

A. 有　　B. 没有

A13. 您的家中有几个 3 岁以下的婴幼儿？________

A14. 您的家中有几个 3～12 岁的未成年人？________

A15. 您的家中有几个 60 岁以上与您一起生活的家人？________

第二部分

B1. 您在吃钙片、蛋白粉、维生素片、燕窝之类的补品吗？

A. 有　　B. 无

B2. 您现在每天吸烟的频率？

A. 不吸烟　　B. 5 根以内　　C. 5～10 根　　D. 半包到一包

E. 一包到两包　　F. 两包以上

B3. 您喝酒的频率如何？

A. 几乎每天喝　　B. 每周 3～4 次　　C. 每周 1～2 次

D. 每月 1～3 次　　E. 每月少于 1 次　　F. 不喝酒

B4. 您参加广场舞、跑步、健身、瑜伽之类的体育锻炼的频率如何？

A. 几乎每天　　B. 每周 3～4 次　　C. 每周 1～2 次　　D. 每月 1～3 次

E. 每月少于 1 次　　F. 不参加

B5. 您平均每天静坐的时间有多少小时？________（小时/天）

B6. 家里主要是您买菜吗？　　A. 是　　B. 不是

B7. 家里主要是您做饭吗？　　A. 是　　B. 不是

B8. 您在超市、商店等场所，购买包装食品的频率？

A. 从不买　　B. 很少买　　C. 偶尔买　　D. 经常买　　E. 总是买

B9. 您有购买或食用有机食品的习惯吗？

A. 从不买　　B. 很少买　　C. 偶尔买　　D. 经常买　　E. 总是买

B10. 您购物时通常使用的付款方式是？

A. 现金　　B. 银行卡　　C. 支付宝、微信等　　D. 信用卡

B11. 您平时购物时间如何？

A. 非常宽松　　B. 宽松　　C. 中等　　D. 紧张　　E. 非常紧张

B12. 您或家人是否患有糖尿病、高血压、高血脂、心脑血管病之类的疾病？

A. 有　　B. 无

B13. 您或家人对某些食物过敏吗？　A. 有　　B. 无

第三部分

营养成分表

项目	每 100g	NRV
能量	1474Kj	18%
蛋白质	12.5g	21%
脂肪	0.5g	1%
碳水化合物	73.1g	24%
钠	2mg	0

C1. 在购买食品或饮料之前，您阅读类似上图中的营养成分表的频率如何？

A. 从不看　　B. 很少看　　C. 偶尔看　　D. 经常看　　E. 总是看

C2. 购买以下哪一类食品时，您使用类似上图的营养成分表的频率最高？（单选）

A. 牛奶和奶制品　　B. 豆制品　　C. 肉制品　　D. 饮料　　E. 面包饼干　　F. 零食小吃　　G. 其他

C3. 您对上图所示的营养成分表中各种营养成分的关注情况如何？

属性	从不看	很少看	偶尔看	经常看	总是看
1　能量	1	2	3	4	5
2　蛋白质	1	2	3	4	5
3　脂肪	1	2	3	4	5
4　碳水化合物	1	2	3	4	5
5　钠	1	2	3	4	5

C4. 请对以上 5 种营养成分的关注度由高到低进行排序(填 1～5 序号)：

________、________、________、________、________。

C5. 总体上说，请用 1～5 或 9 表示您对上图中类似的营养成分表的态度。

	题项	完全不同意→完全同意					不知道
1	我很少注意到包装上有营养成分表	1	2	3	4	5	9
2	我不太理解营养成分表的内容	1	2	3	4	5	9
3	营养成分表对我的食物选择没有帮助	1	2	3	4	5	9
4	我从没有因营养成分表而改变购买决定	1	2	3	4	5	9
5	营养成分表的内容不一定有科学依据	1	2	3	4	5	9
6	厂家可能对营养成分表的内容造假	1	2	3	4	5	9
7	我基本了解不同食物的营养成分，不需要看标签	1	2	3	4	5	9

C6. 您认为上图营养成分表中的“NRV”是什么意思？(单选)

A. 营养素最大值　　B. 营养素参考值　　C. 营养素最小值　　D. 不知道

C7. 200 克食品，标签如上图所示，脂肪含量是________克。

C8. 一次性吃 500 克上图包装的食品，能量摄入是否超标？

A. 超标　　B. 不超标　　C. 不知道

富含钙、铁、维生素、蛋白

高钙低聚糖

C9. 在购买食品或饮料前，您阅读类似上图的营养声称(如高钙、低脂、低糖等)的频率如何？

A. 从不看　　B. 很少看　　C. 偶尔看　　D. 经常看　　E. 总是看

C10. 同类食品，外包装上带有或不带有上图所示的营养声称，您更倾向于买哪一种？

A. 有营养声称标签的食品　　B. 无营养声称标签的食品

C. 两种食品都一样

C11. 购买以下哪一种食品时，您使用上图类似的营养声称的频率最高？(单选)

A. 牛奶和奶制品　　B. 豆制品　　C. 肉制品　　D. 饮料

E. 面包饼干　　F. 零食小吃　　G. 其他________

C12. 请用 1～5 或 9 表示您对上图(高钙、低脂、低糖等)类似的营养声称的态度。

题项		完全不同意→完全同意					不知道
1	我很少注意到包装上有营养声称	1	2	3	4	5	9
2	我不太理解营养声称的内容	1	2	3	4	5	9
3	营养声称对我的食物选择没有帮助	1	2	3	4	5	9
4	我从没有因为营养声称而改变购买决定	1	2	3	4	5	9
5	营养声称的内容不一定有科学依据	1	2	3	4	5	9
6	厂家可能对营养声称的内容造假	1	2	3	4	5	9
7	我基本了解不同食物营养成分，不需要看声称标签	1	2	3	4	5	9

C13. 请用1～5表示在实际购物时，下列食品属性对于您选择食品的重要程度。

属性	非常不重要	不重要	一般	重要	非常重要
A 价格	1	2	3	4	5
B 口味	1	2	3	4	5
C 外观	1	2	3	4	5
D 品牌	1	2	3	4	5
E 方便程度	1	2	3	4	5
F 营养成分	1	2	3	4	5
G 保质期	1	2	3	4	5

C14. 请根据您的实际情况，判断下列陈述是否符合您的日常行为。

题项		选择打"√"	
1	我经常在外面用餐(不在家里)	是□	否 □
2	我是一个素食主义者，很少吃肉	是□	否 □
3	我最近正在减肥	是□	否 □

C15. 请根据您的实际情况，判断下列陈述是否符合您的日常行为(1＝完全不同意、2＝比较不同意、3＝中立、4＝比较同意、5＝完全同意)。

	题项	完全不同意→完全同意				
1	我尽量避免吃脂肪含量高的食物	1	2	3	4	5
2	我总是克制不住地吃薯片、辣条、甜食等食品	1	2	3	4	5
3	我尽量限制饮食中糖和盐的摄入	1	2	3	4	5
4	我会主动吃含钙、铁等高的食物	1	2	3	4	5
5	三餐之间，我尽量避免吃零食	1	2	3	4	5
6	我很关注饮食中维生素和矿物质的摄入量	1	2	3	4	5
7	实际购物时我会舍弃更加健康的食品而选择口味更好的食品	1	2	3	4	5
8	实际购物时我会舍弃更加健康的食品而选择更加方便的食品	1	2	3	4	5
9	实际购物时我会舍弃更加健康的食品而选择比较便宜的食品	1	2	3	4	5

第四部分

D1. 您知道膳食指南或平衡膳食宝塔吗？

A. 知道　　B. 不知道

D2. 遵循膳食指南的建议对您来说重要性如何？

A. 完全不重要　　B. 不重要　　C. 一般　　D. 重要　　E. 非常重要

D3. 您认为饮食与疾病有联系吗？

A. 完全没有联系　　B. 没有联系　　C. 一般　　D. 有联系　　E. 有很大联系

D4. 您认为您的营养知识整体水平与一般人相比，情况怎么样？

A. 很差　　B. 比较差　　C. 差不多　　D. 比较高　　E. 很高

D5. 您最常获得营养知识的途径？

A. 家人/朋友/同学　　B. 电视、电台　　C. 书籍/报纸/杂志

D. 手机短信/手机应用/网络　　E. 专题讲座

F. 其他，请注明________

D6. 您最信任哪一种营养知识来源？

A. 家人/朋友/同学　　B. 电视、电台　　C. 书籍/报纸/杂志

D. 手机短信/手机应用/网络　　E. 专题讲座

D7. 判断题，如果不确定，请在“不知道”处打“√”。

表 4.2 调查样本年龄分布

	题项	选择请打“√”
1	多吃猪油，有助于预防心脏病	正确□ 错误□ 不知道□
2	平时多吃蔬菜水果，有助于预防某些癌症	正确□ 错误□ 不知道□
3	多吃能量高的食物变胖	正确□ 错误□ 不知道□
4	平时吃得咸容易得高血压	正确□ 错误□ 不知道□
5	从脂肪角度考虑，畜肉比鱼肉更健康	正确□ 错误□ 不知道□
6	新鲜猪肉比腊肉更健康	正确□ 错误□ 不知道□
7	方便面比手工面更健康	正确□ 错误□ 不知道□
8	猪油比植物油更健康	正确□ 错误□ 不知道□
9	等量的牛肉和鸡肉的卡路里(能量)含量是相同的	正确□ 错误□ 不知道□
10	白斩鸡比炸鸡的脂肪含量高	正确□ 错误□ 不知道□
11	等量的牛肉和鸡肉的卡路里(能量)含量是相同的	正确□ 错误□ 不知道□
12	肉类比水果的膳食纤维含量高	正确□ 错误□ 不知道□
13	膳食纤维是高能量物质	正确□ 错误□ 不知道□
14	维生素 C 可以促进钙的呼吸	正确□ 错误□ 不知道□
15	锌有助于改善食欲	正确□ 错误□ 不知道□
16	日常活动所需能量的最主要来源是碳水化合物	正确□ 错误□ 不知道□
17	均衡膳食意味着各种类型食物的摄入量应该相同	正确□ 错误□ 不知道□
18	营养学家建议我国居民多吃糖(如白糖、红糖等)	正确□ 错误□ 不知道□
19	营养学家建议我国成人每天食盐摄入量不超过 9 克	正确□ 错误□ 不知道□
20	营养学家建议每日饮食中脂肪提供的能量比例不宜超过总能量的 50%	正确□ 错误□ 不知道□

第五部分

E1. 您借过贷款吗？ A. 借过 B. 没借过

除了房贷以外，您现在是否还有其他贷款？ A. 有 B. 无

E2. 对日常生活、工作或学习中的事情，您会等到快到截止日期再去完成吗？

A. 从不 B. 很少 C. 偶尔 D. 经常 E. 总是

E3. 出门的时候，降雨概率达到多大时，您会带伞？

A. 10%以内　　B. 10%～30%　　C. 30%～50%　　D. 50%～80%　　E. 超过 80%

E4. 假设您赢得 1000 元人民币的奖金，有两种兑现方式，一种是立即兑现 1000 元，另一种是选择一年后兑现超过 1000 元，利息最少为________元时，您会选择一年后兑现。

E5. 假设您赢得 1000 元人民币的奖金，有两种兑现方式，一种是立即兑现 1000 元，另一种是选择一个月后兑现超过 1000 元，利息最少为________元时，您会选择一个月后兑现。

E6. 请对下表中列出的各项陈述，选择最符合您实际想法的一项，并在相应的位置上打钩"√"，每题只打一个"√"（1～5 表示您的符合程度，1 完全不符合，2 不符合，3 中立，4 符合，5 完全符合）

	题项	完全不同意→完全同意				
1	我总会考虑事情的未来发展，并通过现在的日常行为进行改变	1	2	3	4	5
2	我经常会做一些准备，目的是达到很多年之后才会出现的结果	1	2	3	4	5
3	我做事只考虑当下，将来的问题基本不考虑	1	2	3	4	5
4	只有在短期出现的结果（几天或者几周之内），才会影响我的行为	1	2	3	4	5
5	为了实现未来的目标，我愿意牺牲现在	1	2	3	4	5
6	对于可能产生不良后果的事，即使将来不发生，我们也必须重视	1	2	3	4	5
7	我认为牺牲现在没有必要，因为将来的后果可以将来再处理	1	2	3	4	5
8	当我做决定的时候，我会考虑它对我的未来产生怎样的影响	1	2	3	4	5
9	做事的时候我只考虑现在的需求，以后的事通常留待以后处理	1	2	3	4	5
10	相对于在很长时间内也不知道结果的事，我更重视短期内就有具体结果的事	1	2	3	4	5

再次感谢您的配合，祝您身体健康，万事如意！